U0729684

杭州市第三届重大教育科研成果

丛书主编 | 沈建平

让每一个生命都收获成功

基于大数据构建学生成长助力系统

章继钢 / 编著

中国出版集团

现代出版社

杭州市第三届重大教育科研成果丛书

编委会名单

主　任：沈建平

副主任：蒋　锋

成　员：陈秋兴　潘长青　孙叶方　孔永国

　　　　宋小华　俞晓东　朱　可　沈美华

　　　　何　丹　金卫国　洪彬彬

序

    教育是民族振兴、社会进步的基石，是提高国民综合素质、促进人的全面发展的根本途径，对于增强中华民族创新创造活力、实现中华民族伟大复兴具有决定性意义。努力办好人民满意的教育，加快实现教育现代化，努力建设教育强国，是新时期党和国家对教育事业提出的新方向、新要求、新动力，既是国家意志，也是人民期待。但是，由于种种原因，目前我国中小学教育质量与国家和人民的要求还有较大差距，特别是促进学生个性化成长方面尤显突出，因此必须立足当下学情，遵循教育规律，加快教育研究与实践的探索。

    近年来，杭州市拱墅区秉持"干在实处、走在前列、勇立潮头"的浙江精神，在中小学教育研究和改革方面一直走在浙江省乃至全国前列，尤其是大关中学教育集团，历经十余年的时间，开展了初中生成长助力系统的研究与实践，取得了丰硕的成果，先后获得浙江省教育科研成果二等奖、杭州市教育科研优秀成果评审一等奖。学校成为"中国STEM教育2029行动计划"首批领航学校、全国STEM示范学校、全国STEM基地学校、全国篮球教育示范学校、全国学校体育联盟（教学改革）实验学校、全国智慧校园实验学校、浙江省评价典型培育学校、浙江省第二届"千校结好"项目学校、浙江省重视教科研先进单位。中央广播电视总台、新华社、人民网、浙江电视台等国内主流媒体对学校办学情况进行专访，取得了积极的社会反响。

    初中生成长助力系统充分利用大数据，实施动态规划助力学会做人，建设智慧课堂助力自主学习,强化自身优势助力个性发展,进而达到学生真正成长的目标。成长助力系统打破单一教学成绩评价模式,注重多元化评价,进一步激发学生的学习兴趣,让学生的能力和潜能得到长效的开发。

《让每一个生命都收获成功:基于大数据构建学生成长助力系统》是育人方式的变革,也为大数据时代下的教育改革提供了有效范例。大关中学的探索走在了全市、全省乃至全国的前列,反映了近年来大关中学在进行教育改革方面的种种举措和成功经验,值得广大中小学教师思考、借鉴,能够给广大教育工作者带来有益的启示。

首先,具有前瞻性。大关中学围绕当前基础教育改革中的一个重点问题——基于大数据探索助力学生成长,选题具有前瞻性。设计具有结构化、体系化、专业化的App,收集成长助力系统实施过程性的大数据资源,进行分析,明确情况,开展规划,制定方案,有效实施,实现助力。通过机制创新,构建起网络系统,逐步实现"因材施教,因人导学,教学融合"。这样的改革育人模式和教学方式,既解决当前问题,又符合未来方向。

其次,具有可操作性。该著作有理论研究,也有实践应用,是一线教师和学校管理智慧的结晶。主要通过"综合素质、学业水平、个性特长"三个维度助力,结合"诊断反馈、动态规划、精准实施、定期评估"四个阶段依次推进,借助"教师发展、家校合作和身心健康"三个支持系统,达成对初中生成长的助力,依托大数据技术思维实现了育人模式的转变和教育理念的思维创新,具有很强的操作性。

最后,具有借鉴意义。该课题通过几年实践,取得了明显的成效,打造了大关育人特色品牌。基于大数据,呈现成长图谱,实现动态规划,创新综合素质评价样式;了解学习情况,精准推送资源,教师的教引导学生的学,从而达到"教是为了不教"的目的;了解学生情况,借助拓展性课程,帮助他们的个性特长获得发展。研究还带动了教师培养、家校合作和特殊学生培养等支持系统工作的创新。学校基于大数据构建初中生成长助力系统,多维度助力学生成长,为中小学提供了接地气的样本,具有很强的借鉴意义。

　　杭州市大关中学以科研引领学校内涵的发展,努力探索一条有助于学生健康而有个性成长的教育改革之路,为孩子们的成长保驾护航。希望以此为新的起点,在继续研究探索的路上取得更为丰硕的成果,为基础教育改革提供宝贵的经验。

　　是为序。

刘京海

2020年9月

目 录

CONTENTS

第 一 章

绪 论

第一节　助力学生成长的时代挑战

世界上没有两片完全相同的叶子。我们要从每个孩子的个性化需求出发,为孩子提供适宜的教育教学方式,因类施教,才能取得最好的教育教学效果,让孩子的成长更精彩。用好大数据构建初中生成长助力系统,面对有差异的学生,实施有差异的教育,促进有差异的进步,获得有差异的成功。

一、教育现状的审视

(一)学生发展的需要

首先,初中学段的孩子刚刚步入青春期,无论是生理还是心理上,都陷入"矛盾动荡",就像是波涛汹涌大海里的一条小船,充满了不安和变动。这一时段是学生认识自我的主要时期,也是学生自我意识不断发展的时期,客观上要求学生能正确认识自我,对自己的学习、兴趣、爱好、能力、价值观和特点等进行综合分析与权衡。从图1-1中可见,目前学生对自我和人际关系的认识还较为稚嫩,有25.38%的学生认为越来越不了解自己,42.70%的学生对如何处理与同学、老师等身边人的人际关系产生困惑,更多的孩子对未来没有方向与规划。由于初中生还未具备疏解心理变化的能力,要根据自身实际情况做出行之有效的判断还比较难,容易产生沉默、烦躁、不安等自我封闭状态,出现自我认同危机。需要教师、家长和同伴帮助他们正确认识自我,从而促进他们更好地开发潜能,积极面对生活中的各种困难,获得长效发展。

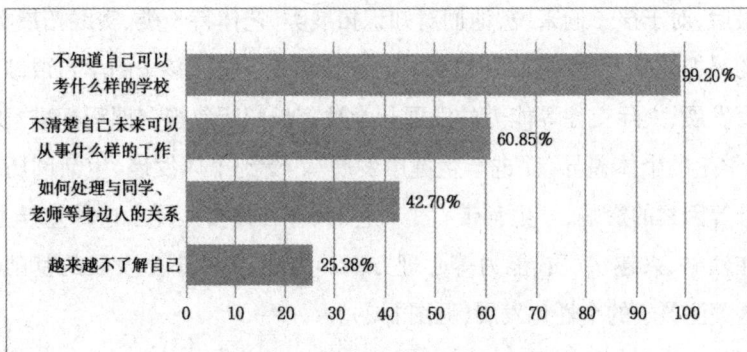

图1-1　学生感到困惑的问题

其次,当前教育改革强调学生的选择性,与之配套开始进行高中生生涯规划,如果重心能够下移至初中阶段,有助于学生更好地强化个性发展、树立远大职业理想和促进人才培养。据调查结果表示,71.49%的学生认为有必要在初中阶段进行生涯规划,70.12%的学生对学校开展职业规划课程表示支持,超过一半的学生不清楚自己未来可以从事什么样的工作、不知道自己可以考什么样的学校。在这个过程中,家长和教师发挥着重要作用,他们需要帮助学生在正确了解自己的兴趣爱好、优势特长、发展潜力的基础上,引导学生思考"想成为什么样的人"这一问题,初步规划发展方向。教师更应该结合学生的差异化发展,对其成长规划进行专业化的指导。如对于体育和艺术有特长的同学,学校可安排相应的教师开展专门化的培训,助力其优势项目的培育和学生整体发展的成长规划,为其转化成职业技能打下坚实的基础(见图1-2)。

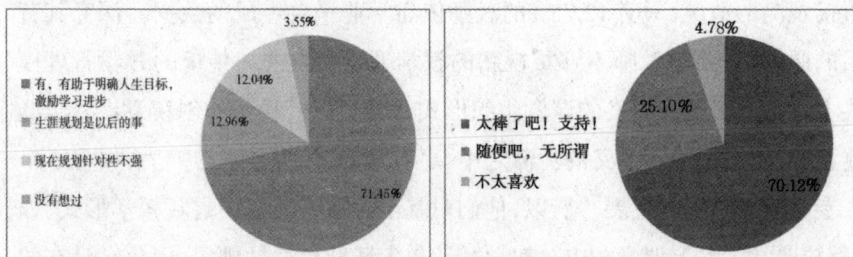

图1-2　学生对生涯规划的认识和态度

最后，对于孩子们来说，他们对知识拓展类、艺体特长类、实践拓展类等课程的兴趣爱好大致均衡，但52.93%的家长却集中关注孩子的学习成绩，孩子德育发展、人际交往等能力的发展却常被家长们所忽视。《课程标准》要求"尊重学生的个体差异，促进学生健康发展"。受到个体发展、生活阅历、家庭背景等因素的影响，学生都带有个人色彩，存在许多差异。这种差异主要体现在性格、兴趣、气质、能力等心理方面。因此，关注学生发展的基础，其核心是关注孩子的个性化发展（见图1-3）。

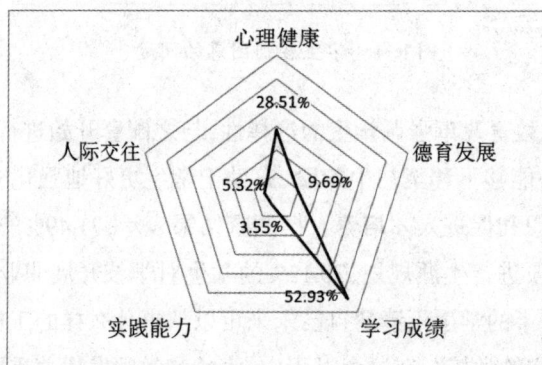

图1-3 家长对孩子成长关注的方面

（二）教师发展的短板

当前，大数据理论和技术在教育领域的优越性越发凸显，但在教育教学中普及度并不高。学校和教师仍然主要凭借经验开展各类教学活动，缺乏大数据的支撑。据调查问卷显示，61.76%的教师对学生的判断主要来源于直接观测的情况，只有12.75%的教师依靠学业平台生成的数据。深究其背后的原因，主要是教师不够重视新的教学理论和方法。传统的教学管理模式主要是基于经验出发的课堂组织形式，长此以往，教师的创新意识处于低迷状态，深陷在经验主义的泥潭之中，更有甚者，失去了学习能力，损害了个人专业能力的长效发展。所以，他们对基于大数据的各类崭新教学形式，如"翻转课堂""掌上课堂""iPad教学"等，产生怀疑甚至是排斥，固化在已有的经验思维范式中（见图1-4）。

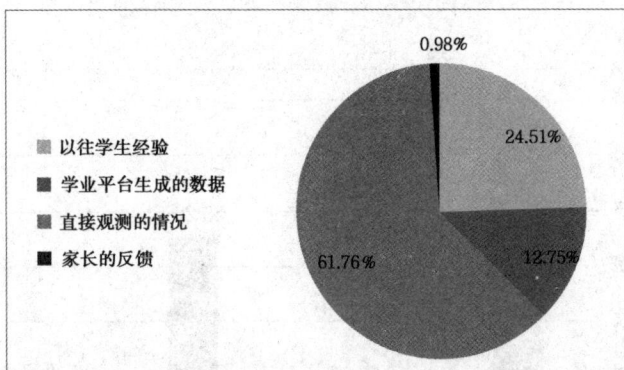

图 1-4 教师对学生的判断主要来源

　　个性化教育逐渐步入教育的舞台，教师慢慢开始以学生为中心，但还未真正尊重学生的差异性和独特性，实施差异化教学。就调查结果显示，仍有48.04%的教师偶尔给学生布置分层作业，频率较低。55.53%的学生认为教师并无作业分层（见图1-5）。个性化教学中，超过半数的老师更侧重于学生知识拓展类的指导，艺体特长类仅占5.88%（见图1-6）。这是应试教育的局限，更是忽略学生自身独特的个性和发展点。同时，绝大部分教师肯定了生涯规划在初中阶段的重要意义，平时也会有意识将学业进步、学业结果同未来发展相联系，但在实际的教学过程中，只有少数教师真正根据学生的兴趣爱好、发展特长、时代需要，将发展规划落实到实践，不利于学生的长期发展和社会竞争。

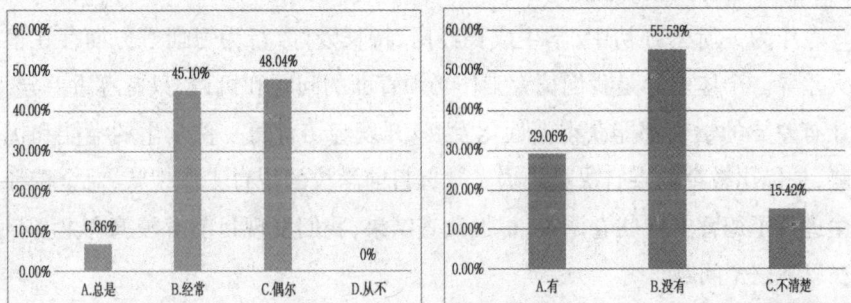

图 1-5　分层作业布置情况

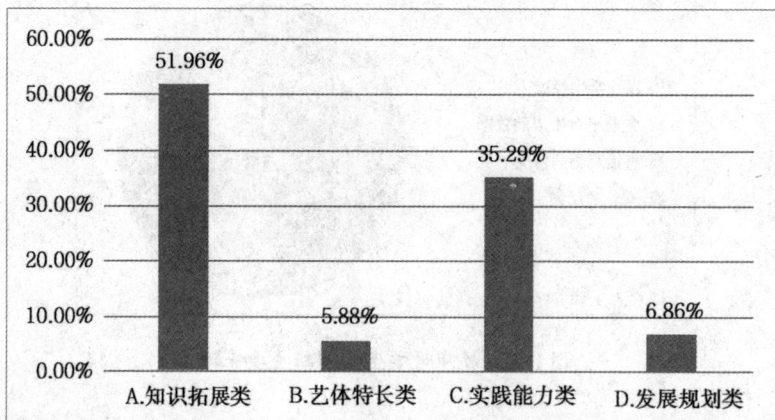

图1-6 教师的教学情况

除此之外,教师自身也难以得到长效发展。在教学环节中,45.1%的教师时间主要用于批改作业,26.47%的教师用于备课(见图1-5)。繁重的教学压力,让他们失去了独立思考的时间和空间。如此现状,教师丧失了核心竞争力和长效发展动力,迫使他们"啃老本"、原地踏步。事实上,学校不仅需要个性化培养学生,还需要个性化培养教师。教师作为课堂中的重要角色,亦需要形成自身的教学个性,特别是创新意识。这样不仅能满足学生个性化学习的需要,也为学生创新能力的培养提供了标杆,更是为学生的教育发展提供了生生不息的力量源泉,助力学生成长。

(三)德育面临的挑战

作为一所公办初中,学生成长经历、特长爱好、行为习惯等方面存在很大差异。个体差异是我们德育工作必须直面的问题和机遇,只有尊重差异,让有差异的学生都能获得个性化发展,开发与培育每一位学生的潜能和优势,是优化教育的睿智决策。为了掌握目前学校的德育工作现状,对全校师生进行了德育主题问卷调查,根据调查结果,我们发现目前学校德育主要存在以下三个问题。

1.德育评价的单一性与静态化

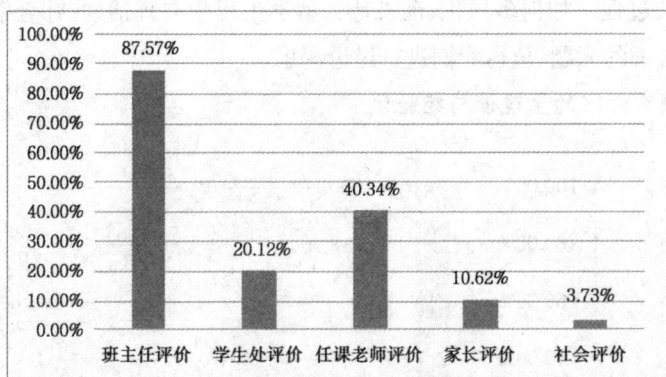

图1-7　目前学校以何种方式对德育行为进行考量(多选)(教师问卷)

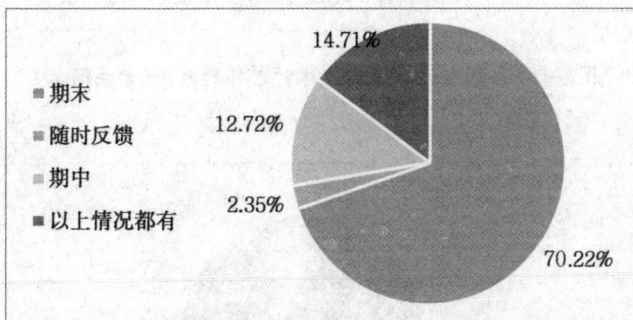

图1-8　德育评价一般在何时反馈给学生、家长(教师问卷)

　　在应试教育的背景下,德育评价常被忽视。问卷结果中,从图1-7可以看出,对学生的德育考量主要还是传统的教师为主的主观评定与建议。从图1-8可以看出,70.22%教师的德育评价是在期末反馈给学生、家长,缺乏基于学生综合表现性的时时考量与规划建议。目前大部分学校德育活动过程并没有相对应的评价体系,有些评价过于"高大上",没有与学校实际相结合。构建切合学校实际的德育发展评价体系恰好可以解决这个问题,让德育过程有章可依,有结果可循,也能够对德育过程进行监督、管理,规范德育过程。一些已有的评价体系之所以实效性较低,是由于评价指标所涉及的相关数据在日常收集中较为麻烦、复杂,不够简洁明了,不能够直观地反映德育发展过程。如何多样化、动态地了解学生思想心理活动、综合素养发展等德育方面的问题,值得我们进行讨论深思。

2.德育管理的主观性与经验化

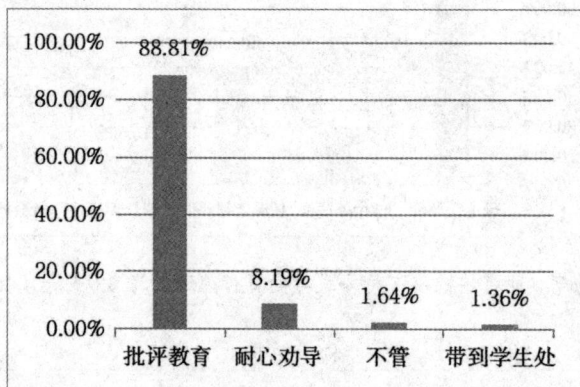

图1-9 当同学违反课堂纪律时老师的做法(学生问卷)

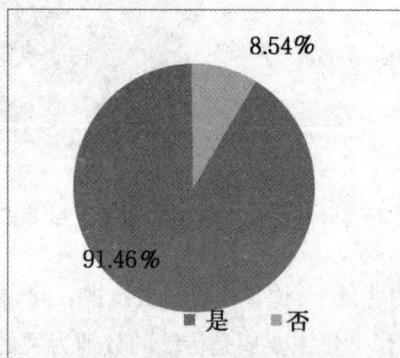

图1-10 学生德育行为能否做到实时记录

运用直觉与经验判断是我们传统的德育工作中经常运用的方法,这种经验式的管理模式在教育领域信息化的进程中受到了巨大的挑战。从问卷结果中我们可以看到,大部分教师在德育管理过程中都是依据这种经验模式,缺乏数据记录,学生更多时候是被置于被管理者的地位,忽视了学生在管理中的主体地位,扼杀了学生的积极性和主动性。目前我们的学生德育管理大多是以人文经验为主,在评级决策的时候,缺乏数据支持,因此基于大数据的德育发展分析体系,利用数据化、网络化,能够实现德育的科学评价。

　　3.德育活动的滞后性与形式化

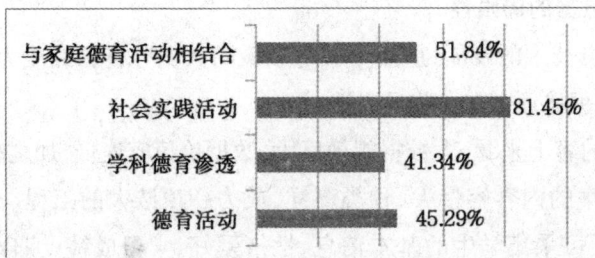

图1-11　你认为学校德育活动在哪些方面需要加强(多选题)(学生问卷)

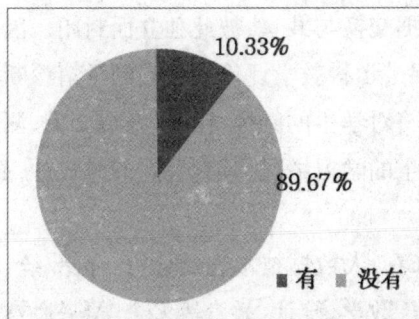

图1-12　德育活动结束后,是否有即时数据记录及反馈?

　　目前常规的学校德育管理在信息记录方面都具有滞后性和主观性,使用的是传统的事情发生后用“笔记、口述”等形式来记录德育行为,这就导致德育行为记录不及时、不准确、不客观,这也导致德育活动没有数据形式的记录与反馈,看不到数据背后的分析,无法快速掌握学校大环境下德育活动的成效,也无法预测性地帮助学生选择适合自己的发展方向。结合问卷数据分析,纵观当前学校的德育发展工作,在学校具体实施德育活动的过程中,德育手段呈现的更多的是单一化和形式化,德育活动局限于学校德育,缺乏学生深层性的真实的反应。德育发展评价体系更多强调的是给予学生自我评价、自我教育的能力，通过德育活动，同时个体、家庭、班级、学校层层递进，无痕地达到教育目的，促进其品德的健康发展。

二、教育大数据的局限性

(一)大数据的局限性

随着信息技术的发展，应用于教育领域的数据分析已经成为当今教学的发展趋势，但是还存在一些局限性。

从数据内容上来看，大数据规模巨大、数据价值密度低，加之教育特性，使得数据采集的内容容量大、种类多样，成为一项浩大的工程。针对学生这一主体，便可采集学生的基本信息、性格爱好、学习成绩、综合能力等多种数据。但是，大数据技术虽然当前在教育领域的应用形式多样，仍然缺乏数据间的融合与统筹。各种数据来自不同的机构平台或是不符合融合的标准，从而缺乏数据交换与共享，彼此独立而封闭。因此，目前大数据技术更多的只是作为促进学科教学评价或改进的学情诊断工具，比如加拿大的"渴望学习"产品，将对学生的阅读、作业、在线交流、测验等多方面情况，持续、系统地分析学生的学习情况，具有一定的时效性，而不是对学生终身发展产生影响。

从数据技术上来看，大数据技术涉及分析、存储、统计、过滤、分类等技术，包括计算机、语言、数学、统计、教育等多个学科领域。这对我国传统的教育工作者们来说是陌生的，具有一定的挑战难度。同时，固有的思维和工作模式降低了他们思维的敏捷性、开放性、前瞻性。若没有专门的数据人才，数据的价值性将大打折扣。因此需储备相应的技术人才协助相关工作的开展和推进，提高效率和质量。此外，一些组织团体为寻求经济利益，忽略其社会效应，不愿共享技术和后台数据，导致壁垒森严。要想大数据技术真正为教育服务，将数据和教育相结合，还需要加强对此的资金投入，进一步建立相应的技术基础，突破技术壁垒和垄断，加强技术建设和产品研发。

从数据管理上来看，在现代社会中，每一个人的数据信息都呈公开透明状态，教育工作者可根据自身的需要去收集和掌握学生信息动态，全面了解学生情况。随着教育大数据规模的急剧增长,加之数据的分步性和分散性,由谁管理维护数据,如何管理维护数据,谁负主体责任等问题跃然纸上,同时落实建立严密的保密机制、完善保密技术、明确责任主体等缺失性工作也迫在眉睫。

(二)教学资源平台难链接

以"教学资源平台"等为关键词检索相关文献可以看出,教学资源平台目前在高校、职业院校尤其是远程教育领域应用颇多,而在中小学结合课堂教学或课前预习、课后作业等领域的相关应用可谓少之又少。结合目前教学现状,中小学教师在课堂教学中对教学资源平台或者移动终端设备的使用率偏低,也很少借助移动云教学资源平台这种高效能、自动化的方式来布置任务或批改作业。究其原因,可能是以下几个方面导致:学校移动终端教学设备缺乏,或师生对现有移动教学资源平台的使用存在畏难情绪;移动教学资源平台中的教学资源不够丰富、不够系统,缺少应用价值;移动教学资源平台没有为学生提供智能化、个性化的解决方案,没有经过系统的分析和诊断,教师无法有效指导学生或形成双边互动,学生无法得知自己的学习真实情况,系统无法精准推荐薄弱知识点例解或错题等。

综上所述,教学资源平台构建技术的日益成熟,与此同时,教学资源越来越丰富、规模日渐宏大,建立教学资源的相对完整、系统的体系变得尤为重要,然而"教学资源平台"配合"体系""模块""功能"等关键词进行搜索,相关学术文献的研究相对空白,学校以教学平台为载体,旨在探索构建学校教学资源体系,切实改善目前移动教学资源平台重技术而轻教学、高效能而无使用的现状。

第二节　助力学生成长的历史溯源

　　杭州市大关中学教育集团创办于 1973 年，现隶属杭州市拱墅区教育局。学校目前拥有 2 个校区、50 余个教学班、2000 余位在校生、200 余位教职工，是杭州市优质公办初中教育集团。近年来，学校以"敦本务实，弘毅致远"为校训，秉承"让每一个生命都收获成功"的办学理念，奋发作为，取得了令人瞩目的办学成绩。

一、学校教育的本质

　　学校教育是社会发展中至关重要的环节，它是"在一定社会的政治和经济制度、社会意识形态、生产力、自然科学等诸要素的统一制约下，教育者按照社会的现实和发展的需要，遵循受教育者身心发展的规律，有目的、有组织、有计划地通过科学文化知识的教与学及辅助性的教育活动，促进受教育者身体和精神诸方面的发展，以培养社会所需要的合格人才的工作"。[①]

　　围绕敦本教育，满足学生的成长需求。敦本教育，即学校以学生为本，学生以发展为本；用真真实实做人、扎扎实实教书、踏踏实实求学来诠释务实的真谛。敦教学本真，务一流育人之实。"学业把脉"，助力因材施教，大关中学自主开发了一套"学业诊断"评价系统，走出了一条属于自己的因材施教之路。每个教研组还根据学情和错题类型，开发了"跟进式"作业来提升不同层次学生的学习水平。跟进式作业，助力"减负提质"。学校开展了"适负优质"的作业设计与应用研究，对作业的设计编制、应用、管理有了校本特

---

① 张同善.学校教育的本质[J].教育研究,1986(5):3-8.

色的操作方法。

实施成功教育，帮助学生多元发展。学校建设基于大数据初中生成长助力系统，教学目标明确，教学方法得当，教学效果优异，办学质量处于全市前列。敦品厚学，务全面发展之实。在尊重每一个学生的差异性，"让每一个生命都收获成功"理念的指导下，学校开发了自助式社团活动课程，为学生的多元发展提供了平台。社团活动课程化，使学生社团既具有活动形式的活泼性、参与的广泛性，又具有课程的严肃性、规范性。自助式社团课程，充分体现了学生的自主性，具有学生自行设计、自愿选择、自主活动、自我评价等特点，也促进了学生的全面发展。

有效分层培养，实现教师水平提升。学校积极为不同类型的教师创设不同层次的平台，通过规划落实、个性化拜师、阅读修炼、逼迫发展、练兵公开课、项目带动、小课题研究等方式分类培养教师。做好优秀教师的自培工作，分教学、科研和管理三个方向有意识地培养在职教师，帮助有潜力的教师做职业规划，并进行指导和锻炼。学校目前拥有中高级教师111人，省市优秀教师48人。目前，学校校风好，教风正，学风浓，社会满意度高，具有良好的发展势头。我们将励精图治，积极建设"杭州一流，全国知名"的现代化初中教育集团。

二、学校的历史演进

杭州市大关中学成立于1973年2月，当时为杭州市教育局直属普通完全中学。学校提出"培育'四化'人才，服务杭州经济"的办学理念，致力于学生德、智、体、美、劳全面发展，既有初高中班，又有旅游职业班。这

图1-12 大关董家校区

个阶段,学校主要抓学校硬件建设,相继建设了3382平方米的教学楼、431平方米的阶梯教室、3300平方米的体育馆。同时关注初高中一体化培养,六年时间系统地落实教学常规,强化基础德育,提升办学水平。一大批毕业生被清华、北大、浙大、复旦、新加坡国立大学等国内外知名高校录取,后来成为社会各界的领军人物。值得一说的是,在1996年学校创设德育教育载体——"红帽子"活动,学生参与学校管理由他律走向自律的经验被《德育报》刊登,并在"三省六市"德育研讨会上交流。这一时期,学校开始从初创迈向规范并得到社会的认可,成为附近老百姓认可的学校。学校被评为浙江省科竞赛优秀学校、杭州市文明单位、杭州市安全示范校园、杭州市卫生先进单位。

2000年4月,杭州市教育管理体制改革,学校划归拱墅区管理,学校迎来新的发展机遇。基于已有成绩,学校提出建设"拱墅区一流,杭州市知名"初中的奋斗目标,确定"一年打好基础,两年初见成效,三年实现目标"的步骤。学校提出了"让每一个生命都收获成功"的办学理念,开始实施差异化教育,以课堂学习为主阵地,同时抓好学生心理辅导与家长学校的建设。同年,学校开始杭州市教育规划课题"初中与小学、高中相衔接的低障碍学习策略研究"的研究。我们分析初中与小学、高中衔接产生的问题,提出具体做法,课题成果《初中低障碍学习策略研究》获2005年杭州市第二十届教育科研成果三等奖。2004年,学校被评为杭州市第四届教育科研先进集体。2005年,学校被评为杭州市首届校本教研示范学校。

2006年,学校开始浙江省规划课题"初中生课堂学习表现性评定研究"的研究,成果《表现自我 展示自我——初中生课堂学习表现性评定研究》获杭州市第五届国家基础课程改革优秀成果评比二等奖。同年,学校建成杭州市心理辅导优秀站,关注学生心理健康。抓好家长学校建设,建好家委会,开好家长会,做好家校互动。2007年,学校被评为杭州市示范家长学校。这一期间,学校干群团结一致,齐心协力,教学质量年年居全区公办初中之首,处于杭州市公办前列,学校也被评为浙江省绿色学校、杭州市文明学校、杭州市"学生会工作先进集体"。

2008年,拱墅区委、区政府为了满足广大人民群众对优质教育资源的需求,进一步打造教育高地,成立了杭州市大关中学教育集团。杭州市大关中学为核心学校,有董家、文澜两个校区;成员单位是杭州市大关中学附属小学(原杨家门小学)和杭州市大关树兰中学(民办)。2012年,杭州市大关树兰中学与集团分离。在市区两级政府的关心下,学校体育馆落

图1-13 大关文澜校区

成,艺术楼竣工,科学馆和外立面改造结束,学校整体改造完成。学校初中部两个校区占地50093平方米,教学设施一流,校园环境　流。

2008年开始,学校开展了省规划课题"'一体四式'校本培训模式的实践研究"的研究,成果获杭州市2008年第二届教师教育科研成果二等奖。2009年,学校开始省规划课题"基于生命教育之初中学校感恩教育实践与研究"的研究,成果获杭州市第二十四届教育科研成果评比三等奖。2011年,学校开始杭州市教育规划课题"'适负优质'背景下有效作业的设计及反馈实践研究",成果《编好、用好、管好——大关中学三维作业系统构建》获杭州市第二十八届科研成果评比一等奖、杭州市第五届基础教育教学成果评选二等奖。2012年,学校开始杭州市第五届教师教育研究重点课题"骨干教师和学科带头人成长规律研究及其对教师成长的启示"的研究,形成了培养机制,产生了一批骨干教师和学科带头人,获得了社会认同。

2013年,拱墅区教育局开始进行新好学校发展群建设,大关和启航、行知,组建"大启行"发展群。学校秉承"让每一个生命都收获成功"的办学理念,采取"接纳差异生存,聚焦差异增量,激励差异成功"策略,聚焦教师校本培养、学生素养提升、作业设计和教学诊断系统构建。同年,学校开展了浙江省规划课题"数字化校园环境下资源圈的建设和应用研究"的研究,学校与软件公司合作,自主开发了完整的教学质量监控体系,从权限管理、考试

管理、成绩查询到基于双向细目表的题库建设,打造学生、家长、教师开放交互、客观准确、动态精致的管理平台。

2014年,学校开始浙江省规划课题"初中数学有效课堂设计与学案导学开发的实践研究"的研究,通过"预学案"和"任务单"的设计、撰写、修改,建立了学科资源库,实现了教学资源共享,成果《学导学:基于学案的初中数学教学设计研究》在杭州市第二十七届科研成果评比中获二等奖。

2015年,学校的杭州市师训课题成果"自主·自诊·自新——青年教师'三自'教学反思模式的实施与研究"获杭州市第八届教师教育成果评比一等奖。同年,我校的课题成果"基于校本研修促进教师专业发展的教师培训研究"获浙江省"十一五"教师及校长培训研究第三轮立项课题评比三等奖。这一时期,学校教育教学质量不断提升,规模急剧扩大,关注学生成长、教师发展,学校被评为全国班主任专业化实验学校、浙江省示范中小学家长学校、杭州市名校集团化先进学校、杭州市示范教科室、杭州市第九届先进科研集体、杭州市城乡互助共同体先进学校、杭州市社区共建先进单位,成为杭州市品牌初中。通过3年的研究,我们的成果《基于网络的教学诊断系统的构建和应用研究》获2015年浙江省教育科学研究优秀成果二等奖、杭州市第三十届优秀科研成果评审一等奖。

2016年,学校成为杭州市"育人模式创新"专项研究基地学校,这给了我们一个系统思考大关育人模式的契机。我们提出继续秉承"让每一个生命都收获成功"的办学理念,"以课堂教学为阵地,以学情诊断为渠道,以拓展课程为舞台,满足师生成长需求,促进师生多元发展"的育人模式。课堂教学高效,并做好配套作业的编制、运用,《谋在作业,提升师生幸福感》在本年度杭州市中小学作业改革实践案例评选中获得一等奖。与此同时,认真做好学校"排箫"课程的开发,国家课程校本化实施,拓展课程因地制宜实施,同时抓好社团建设,给予学生展示的舞台,每一年都有一大批学生在全国、省、市、区的活动中有优异的表现,一大批学生开展对外交流,中央电视台对我校的社团活动进行了报道。杭州市教育规划课题成果《会、社、所、吧:初中学生新社团建设与运行》获得杭州市第三十一届优秀科研成果评审二等奖。学校开发的"乡情古塔"获全国特级校本课程。

尤其值得一提的是,本年度学校开始省规划课题"STEM:基于核心素养的初中课程整合路径的研究"的研究。我们建设了一批创新实验室,培养了一支STEM教师队伍,引进了项目化学习方式,构建了完备的课程体系。

2017年,学校在全国初中界率先引进"原装"美国STEM平移课堂,学校STEM创新实验室被评为浙江省优秀创新实验室。随着大关育人模式的逐渐推广,学生发展越来越多元,教师成长越来越迅速,学校也迈上发展的快车道。学校先后被评为全国学校体育联盟(教学改革)实验学校、全国智慧校园实验学校、浙江省评价典型培育学校、浙江省第二届"千校结好"项目学校、浙江省重视教科研先进单位、杭州市第十届先进科研集体、杭州市首批课改试点实验学校和拱墅区"劳模集体"。

2018年,学校郭家厍校区投入使用。该校区占地60亩,建筑面积58000平方米,投资2.3亿元,按照国际一流标准建设。我们对集团的校园文化系统进行了整体设计,花大力气进行了整体改造,成为学生成功的乐园。当前,我们将STEM教学作为办

图1-14 大关郭家厍校区

学特色。学校建成一幢全国初中学校唯一的有5000平方米的STEM中心楼,现有9个项目实验室、1个多功能学习区、1个报告厅,这是大关学子健康成长、探索新知的乐园。

同年,学校成立浙江·印州STEM教学研究基地,美国印第安纳州教育厅厅长珍妮弗和浙江省教育厅副厅长于永明出席成立仪式。目前,学校拥有19位兼职教师和5位特聘专家组成的STEM教师团队,一方面我们加强教师团队的校本培训,另一方面考察美国、北京、上海等国家和地区的先进做法。学校形成了大关特色的STEM课程体系,从传统项目航模、海模、车模入手,搭建具有创新意识和实践精神的模型课程,拥有一大批精品课程。学校

第一章 绪论

形成符合实际的操作体系,初一年级每周有一节 STEM 课;初一、初二年级在每周五下午 3:30 到 5:00 开设各类 STEM 社团,培养有兴趣爱好的学生;每年暑假,部分学生自愿参与浙江·印州 STEM 课堂平移项目;选拔部分优秀学生参加各类 STEM 竞赛。本年度,学校承办了全国 STEM 教育现场会、浙江省首届中小学 STEM 教育大会、浙江省中小学"疑难问题解决"现场会。省规划课题成果《指向初中生实践创新能力培养的校本 STEM 课程开发与实施》获杭州市 2018 年教育科研优秀成果评审一等奖。学校成为"中国 STEM 教育2029 行动计划"首批领航学校、全国 STEM 示范学校、全国 STEM 基地学校、浙江省 STEM 教育种子学校。

2019 年,我们开始杭州市第三届重大课题"智慧学习:基于大数据的初中生成长助力系统的构建与运作"的研究,我们认真梳理了近半个世纪的办学历程,总结了大关培养学生方面的经验,在教学方面,我们对课堂、作业、评价有独到的认识;在德育方面,我们在生命教育、心理健康教育、家庭教育有特有的做法;在特长培养方面,我们有完备的课程体系、一体化的培养模式和系统思考;在教师培养方面,我们有成熟的模式,可以为学生发展提供有力支撑。基于现状,我们提出从综合素质、学业水平、个性特长三个方面入手,借助大数据的优势,通过教师、家长和社会的力量,来帮助大关学生成长,获得成功。该重大课题的阶段性思考"基于大数据的初中生成长助力系统的构建与实施"成为浙江省 2019 年教育规划课题。随着研究的深入,我们对助力初中生成长有了自己的理性思考、机制研究和具体策略,学生不断获得成长,教师也取得可喜发展,学校响应杭州市教育局建设"美好教育"的要求,跨区域共建建德市梅城初级中学。短短两年时间,学校获得全国篮球特色示范学校、浙江省党组织领导下的校长负责制试点学校、浙江省优秀平安学校、浙江省 STEM 教育项目种子学校、杭州市首批美丽校园、杭州市第三批示范资源教室、拱墅区现代化优质学校 AAAA+级、拱墅区"先进基层党组织"等称号。中央广播电视总台、新华社、人民网、浙江电视台、杭州电视台、杭州日报等国内主流媒体对学校办学情况进行了专访,取得了积极的社会反响。

"潮平两岸阔,风正一帆悬。"大关人在过去近半个世纪的办学历史中,秉承"让每一个生命都收获成功"的办学理念,形成了育人模式,建设了培养机制,助力师生成长,取得了令人瞩目的成绩。目前,集团已建成了两所优质初中、一所高质量小学和一个跨区域初中集团学校,取得了丰硕的办学成果,实现了"让每个小区都成为老百姓心目中的学区房"的目标,成为政府信任、百姓满意的集团化名校。

第三节 重构助力系统：应对挑战的学校探索

一、系统运作：基于反馈规划的实施评估

基于大数据的成长助力系统从"综合素养、学业水平、个性特长"三个方面，通过"诊断反馈、动态规划、精准实施、定期评估"四个阶段依次推进，达成对初中生成长的助力。充分利用大数据，做好数据的录入、收集、分析、运用，实现诊断学生的优势、特长、职业倾向和不足，再利用各种资源为学生制定目标，提出建议和规划（见图1-15）。

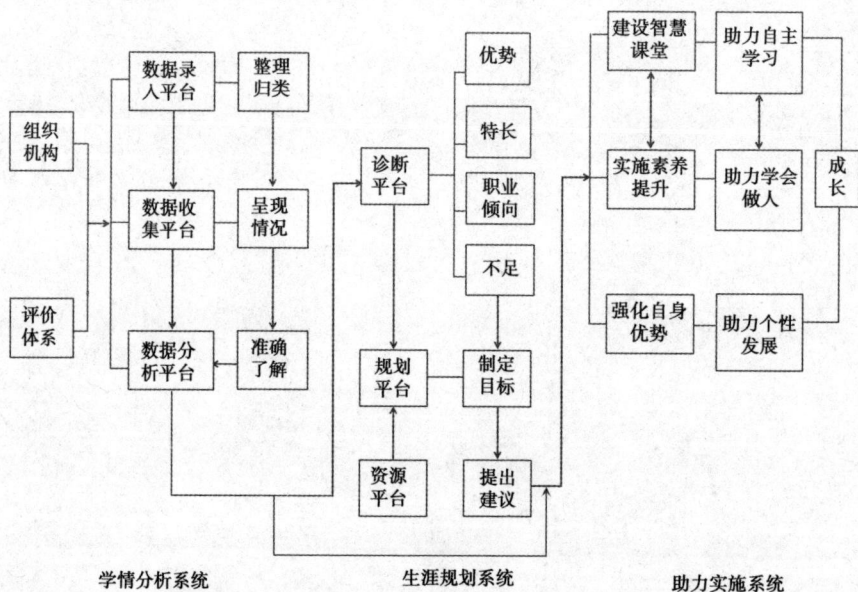

图 1-15 初中生成长助力系统的阶段运行图

1.诊断反馈的运作(见图1-16)

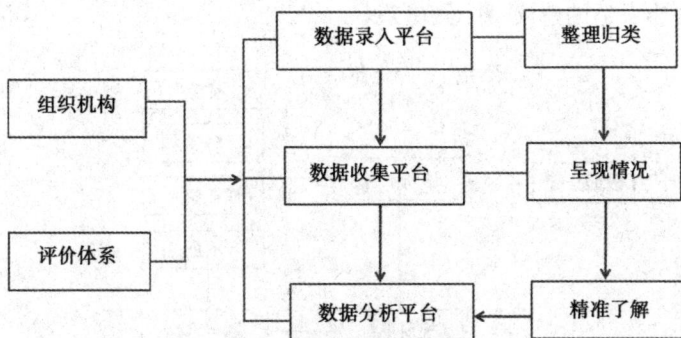

图1-16 诊断反馈构建图

数据录入平台。学校安排责任部门或责任人对学生在校的各项评定指标进行考核,对其情况做好记录,对数据整理归类。一方面,学业情况数据通过学校成绩分析系统进入录入平台;另一方面,学生开始利用平板,记录的每日在校学习实际表现情况进入数据录入平台。

数据收集平台。数据收集平台为分析和诊断在教学行为中存在的问题提供基础。数据收集平台包括网上阅卷系统及教学平板和管理类App。为了更方便、有效地收集综合素质评价需要的大数据,我们做好学校公众号,将设计一大批管理类App。通过App使用,专人适时输入,来收集数据,为后期的改进和评价提供依据。

数据分析平台。从网上阅卷系统中获取数据,为学业分析提供学生考试的客观题原始数据、主观题的答题图像以及得失分情况。师生登录校园网站,点击进入学业分析平台,了解教与学的效果,借以诊断在教学行为中存在的问题,通过聚类分析和增量评价,明确教学中的优势与问题,了解学生知识点和能力上存在的问题。并有相应的教学改进策略,分层教学、分类教学和个性化辅导来帮助学生,实现教学方式的改变,提升学生的学习效率。

2.动态规划的运作

根据学情分析系统的数据分析,由诊断平台帮助学生了解自己的优势、

特长、职业倾向和不足,再由动态规划系统中的载体为学生制定个人综合规划目标并提出合适的建议(见图1-17)。

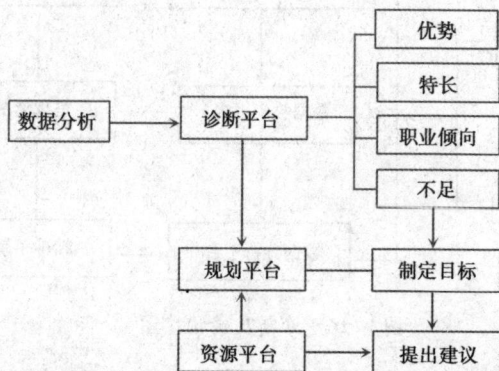

图1-17　动态规划构建图

3.精准实施的运作

由动态规划助力系统提出合适的建议后,主要围绕教师建设智慧课堂助力自主学习,实施素养提升助力学会做人,强化自身优势助力个性发展,从而达到学生真正成长的目标(见图1-18)。

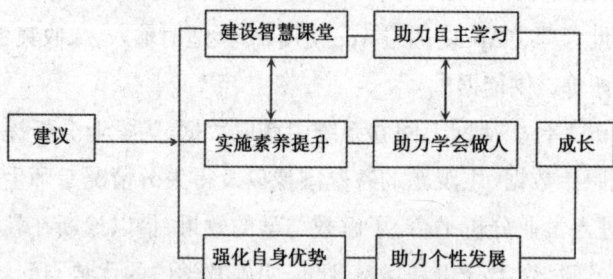

图1-18　精准实施的运作图

4.定期评价的运行

评价指标体系由六大评价指标组成,分别是美德小少年、劳动小能手、梦想小管家、沟通小主人、运动小健将、艺术小达人,每个评价指标都由基本项、加分项、减分项构成赋分体系,通过学生平时的德育行为关键表现设定赋分标准,由班主任或相关责任部门进行赋分输入操作,根据学生获得分值所处的分值段,评价体系中会自动形成评语。

二、实践价值:实现育人理念的思维创新

1.及时诊断反馈,注重多元化评价

学生在教育活动中的大数据主要来自两个方面:一是学校安排责任部门或责任人对学生在校的各项评定指标进行考核,对其情况做好记录,对数据整理归类。二是学生开始利用终端,在实践活动中生成各类数据。从横向与纵向、静态与动态等方面对教师的教学质量、学生的学习状况、学生的素养管理和学生的个性化特长等进行了科学详尽的统计分析,实现对学情质量及时有效的监控、诊断和反馈。在诊断与反馈的过程中,系统让学生、教师、家长乃至同伴参与到评价过程中,推动评价过程的互动性和科学性;从作为评价学生成绩的标杆转变为促进学生多元全面发展的推动剂;将全程跟踪记录教育过程的每一个细节,甚至可以借助情境测试考量学生品德认识;以发展的目光看待每一个学生,由重视终结性评价到注重过程性评价,给予学生纠正的机会。概言之,即实现评价主体的多元化、评价目的的多元化、评价方式的多元化、评价过程的多元化。

2.动态规划目标,强化个性化发展

以"综合素养、学业水平和个性发展"的三位一体与"教师、家长和自我"三方协同的方式诊断学生的优势、特长、职业倾向和不足,再结合学生兴趣、爱好、能力、价值观,权衡时代特点,根据学生的发展倾向,提出建议,动态规划符合自身实际情况的目标。由于大数据的实时反馈决定了该系统的动态性,主要通过系统模型,不断地将教育过程中生成的多个维度数据持续添加到学情系统中,从而达到动态反馈和规划的效果。通过联席审议制、分层教学资源包、助力成长加油站三个载体达成基于学生个性化成长。

3.探寻新型教育模式,推动教育教学改革

成长助力系统的实践探寻了新型教育模式,为个性化教育、体验化教

育、项目化学习的深入推进提供了可能性。更好地实现现代教育技术服务教学工作的要求，也将为教学软件设计、硬件配套提供参考依据，为进一步优化教学方式提供可以信赖的理论及实践依据，将进一步促进学校育人方式的变革，也为大数据时代下的教育改革提供了有效范本。

第 二 章

学生个性化成长助力系统的建构

第一节　理念与定位

一、办学理念

学校教育是社会发展中至关重要的环节,学生作为学校教育的主体与主要对象,他们的健康成长与未来发展至关重要,学校应系统思考与整体规划。在教育实践中,杭州市大关中学教育集团围绕"让每一个生命都收获成功"这一办学理念,建立了多方面、多维度、多层次的学生成长助力系统。

图2-1　学校办学理念

图2-2　办学理念可视化设计

二、发展定位

(一)战略目标

学校坚持"让每一个生命都收获成功"的办学理念,实现党建引领,提升办学水平,凸显办学特色,助力师生成功,建设"杭州一流,全国知名"的现代化初中教育集团。

(二)具体目标

学校采用"尊重差异,因类施教;增量评价,激励成功"的策略,通过基于大数据构建"三维度四阶段三支持"育人模式,帮助学生认识自己,合理规划,助力成长,积极培养"勤于学习、乐于合作、勇于担当、敢于超越"的现代学子。"勤于学习"即成功的学习,致力于将学生培养成为务实的学习者——核心素养是自信健康、乐学善学、质疑探究。"乐于合作"即成功的处事,致力于将学生培养成为包容的合作者——核心素养是包容感恩、沟通交际、团队合作。"勇于担当"即成功的为人,致力于将学生培养成为坚毅的担当者——核心素养是自我管理、责任担当、参与贡献。"敢于超越"即成功的心态,致力于将学生培养成为积极的超越者——核心素养是理想远大、国际理解、实践创新,大关所提倡的"超越"并不单纯强调竞争精神,更重要的是希望学生拥有开阔视野和创新理念。从学校实际出发,最大限度地利用校内外资源,实现学生成功,教师发展,学校进步。

勤于学习

乐于合作

勇于担当

敢于超越

第二节　结构与要素

一、系统结构

(一)基于大数据的初中生成长助力系统的结构

基于大数据的初中生成长助力系统的内容包含"综合素质助力、学业水平助力、个性特长助力"三个维度,通过"诊断反馈、动态规划、精准实施、定期评估"四个阶段依次推进,借助"教师发展、家校合作、身心健康"三个支持系统,达成对初中生成长的助力。通过对大数据的诊断反馈,教师从中发现规律,及时指导和干预,并对学生学习状况展开研究,探究适合学生发展的更优的教育、教学模式助力学生规划并进行精准实施与定期评价(见图2-3)。

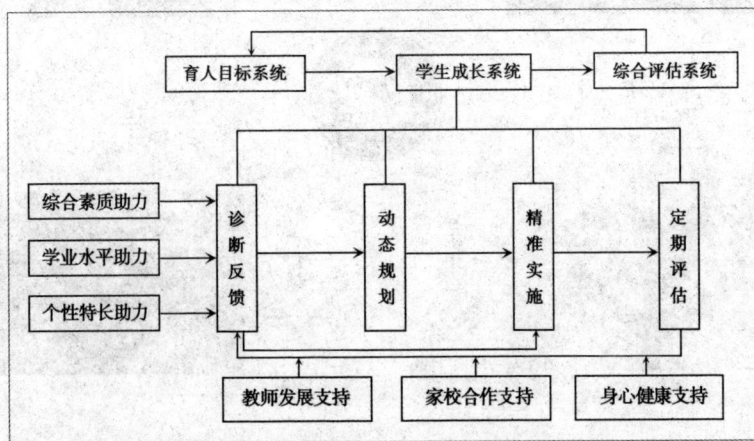

图2-3　基于大数据的初中生成长助力系统的结构图

(二)基于大数据的初中生成长助力系统的构建理念

1.多元智能与尊重个性

多元智能理论表明每个人都有自己的优势智能,因此我们的教育也应该是多渠道、多元化的。学校教育应尊重学生个体进行因材施教,满足不同学生的需要。

2.助人自助与自助助人

"授人以鱼不如授人以渔",基于大数据的"四平台、五自、六小"德育发展分析系统,一方面依据平台数据的统计、分析,学生心理、行为等状态的自动追踪,让学生自主反思、自我发现、自我接受、自我修正、自我评价,达成自我教育。同时教师、家长等发挥主导作用,可以根据诊断分析,对学生行为改进给予建议,帮助学生实现自我教育。另一方面平台提供动态化的数据,可视化的分析,提高了学校育人的针对性、科学性、精准性,促进了学校育人工作者的成长,实现了学校育人工作的良性发展。

3.表现中展示与展示中成长

心理学研究认为,一个人只要有一次成功的体验,便会激起多次追求成功的欲望。该系统利用大数据的优势,给所有孩子提供表现、展示的机会,随时可以将自己的进步、优点、成果充分展示出来,将自己的感受、反思、领悟尽情表达出来,凸显个性,满足其内心的需要,正确认识自我,同时在老师即时的激励性评价(赋分)中,学生激起成长的欲望,明确成长的方向,为成为更好的自己而信心百倍。一次次地展示就是学生自我成长的基石。

4.全员全过程与全方位育人

从初中阶段不同时期的学生成长规律和教育规律出发,发挥学校、家长、社会各自优势,进行社会资源整合,家校协同凝聚起强大的育人合力。根据不同德育活动特色,合理嵌入育人要素,各个环节协同发力育人。

二、系统要素

(一)三个维度

1.综合素质助力:成长图谱,动态规划

综合素质是助力学生成长的灵魂要素。学校整体设计培养"有担当的

运河小公民"育人活动体系,从个人、班级、家庭、学校、社会五个层面入手,抓好"完善制度我规范、美丽学生我努力、美丽班级我做主、我向校长说句话、今天我是小当家、我是学校小红帽、亲子沟通无极限、我是学校小主人、我是杭城志愿者、我是世界小公民"十个载体,培养"勤于学习、乐于合作、勇于担当、敢于超越"的成功学子。认真承办拱墅区运河小公民节。开展拔尖与特长学生高中、初中、小学一体化学生特长培养机制,提前布点,做到资源共享、成果共荣。借助大数据绘制个人成长图谱,根据学生情况进行动态规划。

2.学业水平助力:精准实施,资源推送

精准高效的"学业把脉",助力因材施教,依托"教学助力系统",优化课堂教学模式。每个教研组根据学情和错题类型,对作业的设计编制、应用、管理有了校本特色的操作方法,开发了"跟进式"作业来提升不同层次学生的学习水平。同时基于教育云平台进行教学资源整合,链接教师资源包和学生加油站,为师生推送教学与学习资源。

3.个性特长助力:素养导向,多元发展

学校在尊重每一个学生的差异性,"让每一个生命都收获成功"办学理念的指导下,实施成功教育,帮助学生多元发展。学校建设基于大数据初中生成长助力系统,教学目标明确,教学方法得当,教学效果优异,办学质量处于全市前列。初一实施习惯教育,初二实施青春期教育,初三实施励志教育,培养有担当的运河小公民。社团活动、体育节、艺术节、科技节、社团节、志愿者活动日、国际交流都是我们的品牌活动。开展STEM教学,形成大关办学特色。2004年,学校引进STEM课程,学校开设乡情古塔、未来城市设计、智能机器人、3D打印、VR设计等一大批精品课程,进行项目式学习,培养学生实践创新、团结协作和解决问题的能力。

(二)四个阶段

1.诊断反馈

凭借学校的学业诊断系统、系列App和访谈,有效地解决数据采集、统计分析的信息化、自动化问题,并深度挖掘基础数据,从横向与纵向、静态与动态等方面对教师的教学质量、学生的学习状况、学生的素养管理和学生的个性化特长进行了科学详尽的统计分析,实现线上线下对学情质量及时有效的监控、诊断和反馈。学校、教师、家长和学生四方可以对大数据进行解读与反馈,诊断反馈助力系统通过个体成长图谱、班级发展月报和年级趋势图解三大载体进行精准反馈诊断。

2.动态规划

动态规划系统依据诊断反馈助力系统的精准反馈诊断出发,以"学业、综合素养和个性发展"的三位一体与"教师、家长和自我"三方协同的方式诊断学生的优势、特长、职业倾向和不足,再利用各种资源为学生制定目标,提出建议,进行个人综合规划。大数据的实时反馈决定了该系统的动态性。动态规划助力系统分为青春规划书和三方圆桌会议两大助力载体。

3.精准实施

建设智慧课堂助力自主学习,实施素养提升助力学会做人,强化自身优势助力个性发展,从而达到学生真正成长的目标。通过联席审议制、分层教学资源包、助力成长加油站三个载体达成基于学生个性化成长、基于学生分层和基于年级关键问题的精准实施。分层教学资源包主要包括与知识点相连的跟进式作业、校本微课、分层教学教案等教学资源和用于诊断后对存在问题的教学行为的改进与治疗。助力成长加油站的准确定位从而使各种微课等自主学习资源能进行针对性的智能推送。该系统主要由学校、教师和自我的助力促进学生的学习与成长。

4.定期评估

初中生成长助力系统运行主要是通过诊断反馈、动态规划和精准实施,充分利用大数据,做好数据的录入、收集、分析、运用,实现诊断学生的优势、特长、职业倾向和不足,再利用各种资源为学生成长进行助力,定期对学生的综合表现及学业情况和问题活动等方面的表现做出评价。

(三)三个支持

1.教师发展支持:教有所长,跨界发展

学习过程中,师生的交互活动旨在实现学生的社会化、个性化和创造化。教师支持,提升教师教育教学水平是助力学生发展的主力军。大数据时代,学校有意识培养教师信息技术运用的能力,积极为不同类型的教师创设不同层次的平台,通过规划落实、个性化拜师、阅读修炼、逼迫发展、练兵

公开课、项目带动、小课题研究等方式分类培养教师。做好优秀教师的自培工作,分教学、科研和管理三个方向有意识地培养在职教师,帮助有潜力的教师做职业规划,并进行指导和锻炼。抓好教师的分层培养,为不同类型的教师创设不同层次的平台,实现跨界发展。

2.家校合作助力:双线并轨,共谱蓝图

家庭教育是个体发展的第一步,家长支持是"基于大数据的初中生成长助力系统"的重要力量。家长要全力营造科学、民主、平等的家庭氛围,升级优化家庭教育模式,培养具有创造力、批判力与高素质的新一代。积极探索并完善"家校合作"模式,班主任、学生处与心理指导中心三方构建起与家长沟通的桥梁,跟进孩子成长,积极关注中学生在青春期会产生的系列问题与心理困惑,做好信息的分享与沟通,保证学生的身心健康成长。

3.身心健康支持:全员关注,融合发展

学校面对的是全体学生,按照比例一定会有一些在行为习惯、智力水平、心理发展方面有特殊问题的学生。这些随班就读的特殊儿童通过一般途径的助力无法帮助到他们,我们需借助资源教室方案,全员发动,帮助他们融合发展。这些特殊学生大部分时间在普通班级中学习一般课程,一部分时间在资源教室内接受心理教师的指导,这是特殊儿童真正融入主流教育环境中的第一步。

第三节　策略与保障

　　为了顺应时代潮流,落实办学理念,实现战略目标,积极推进学生成长助力系统的完善,杭州市大关中学教育集团采用多种策略,从各个方面构建良好校园文化,保障助力系统的投入、使用与收效,更好地服务于学生,促进他们的多样化,为他们的身心健康成长保驾护航。

一、党建引领工程

(一)强化核心引领,共绘发展愿景

　　用新时代中国特色社会主义思想武装头脑,培育和践行社会主义核心价值观,发挥学校党委的核心作用,牢牢掌握学校意识形态工作的领导权、话语权,引领学校各项工作的开展,为建成"杭州一流,全国知名"的现代化教育集团不懈努力。通过全校师生大讨论,共同制定学校三年办学规划,凝聚人心。

(二)完善自身建设,建设党建阵地

　　全面从严治党,强化自身建设,完善内部治理结构,提高学校党政领导班子驾驭改革发展稳定和教育现代化建设的能力与水平。学校党委认真履行党章等规定的各项职责,全面领导重大决策,把握学校发展方向,决定学校重大问题,监督重大决议执行,支持校长独立负责行使职权,保证各项任务完成。郭家库校区建设拱墅区教育系统党群服务中心和学校党群工团少多功能活动中心,体现党建带团建,团建带队建的教育文化,相互交错融合形成浓厚的育人氛围。同时有序推进《党的知识》进课堂。

(三)建设两支队伍,实现自身价值

打造干部队伍,强化身份意识,学校干部轮训制度,明确职责权利。干部必须认真执行中央有关规定,高效务实、廉洁自律地做好服务工作,主动关心师生发展。定期召开座谈会,及时听取师生的意见和建议,改进自己的工作作风。建设教师队伍,合理安排教师岗位,提供教师在教学、科研和管理三个方向发展的机会。关心教师成长,提高他们的工作积极性和幸福指数。开展师德大讨论,塑造教师核心价值观,形成"让每一个生命都收获成功"的主流价值认同。

(四)立体宣传发展,树立优秀形象

借郭家库校区校园文化建设的机会,梳理办学脉络,整体设计宣传方案,改造标识系统、校史馆、网站,定制办公用品,拍摄宣传片。挖掘办学过程中的重大事件、先进典型,邀请中国教育报社、浙江教育报社、杭州日报社及浙江电视台、杭州电视台等有影响力的媒体的记者驻点考察,进行系列宣传报道。同时加强与社区、相关部门的联系,及时沟通,认真改进,逐步树立学校的优秀形象,提升学校知名度。

二、德育提升工程

(一)做好顶层设计,树立德育品牌

整体设计培养"有担当的运河小公民"德育活动体系,认真承办拱墅区运河小公民节,培养"勤于学习、乐于合作、勇于担当、敢于超越"的成功学子(见图2-4)。

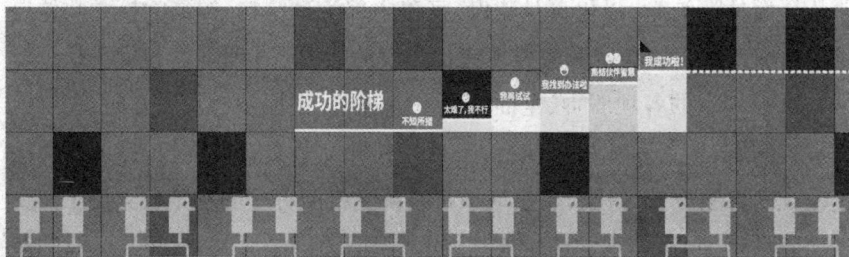

图2-4 成功的阶梯

(二)抓好仪式教育,开展品牌活动

在抓好学生行为规范的基础上,德育线重点做好新生入学教育、开学典礼、表彰大会、初二退队入团、初三励志教育、毕业典礼、休业式等仪式教育,弘扬主旋律。办好体育节、艺术节、科技节、社团节。以系列化主题式班会活动为载体,落实德育内容,珍爱生命。开设国际理解课程,与澳大利亚、美国、日本姐妹学校开展国际交流。

(三)变革培养机制,实现一体培养

我们根据学校实际,整合相关资源,抓好顶层设计,培养学生领袖才能、纪律观念、团队精神、社会责任和服务意识。开展拔尖与特长学生高中、初中、小学一体化学生特长培养机制,提前布点,做到资源共享,成果共荣。学校拔尖与特长生培养方式有根本性改变,特色教育成果显著。

(四)落实过程管理,帮助学生成功

在现有社团的基础上,我们成立大关少年体育院、少年科学院、少年文理院和少年艺术院,做好项目设计、教师安排、专业教师聘请工作。抓好招新、评价、展示等各个环节,培养"成功学子"。中考特长生、特色班、国际班第一批录取相关学生大幅提升,一大批学生在全国、省、市、区乃至国际比赛中获奖。

三、教学提质工程

(一)做好教学常规,提高教学效率

树立"课比天大"的意识,分层次要求不同年龄、不同水平的教师。增强教师的质量意识,做好对考试的分析,从结果来推导过程的合理性,抓问题、抓难题、抓落实、抓解决。认真做好对个别教师教学行为的分析,从备课、上课、批改、辅导、评价、反思等角度寻找问题,及时整改。合理安排教学进度,采取正确措施提高教学效率。以年级组为单位利用好自修课时间,做好"提优补缺"工作,扎实做好教学常规。给各类学生提不同的要求,强调过程进步,实现个人成长。

(二)开展课题研究,助力学生成长

开展"基于大数据的初中生成长助力系统构建"研究,通过对学业成绩、

综合素质表现、个人特长的分析、指导、实施、改进来帮助学生成长。逐步形成"学情分析,生涯规划,助力成长"的初中生成长助力系统,给各类学生提不同的学习要求,强调过程管理,让每个学生都能获得进步,实现学生自我成长。

(三)明确质量目标,强化团队作战

以年级组为单位,根据实际情况,明确年级组、备课组的学期目标。讲究目标达成度和进步幅度,调整教学评价起点,合理运用增量评价和绝对评价,让目标意识深入人心,大家为实现目标而努力,实现学科和学校地位。善于重点抓好质优生、临界生、特长生的培养和对薄弱学科的扶植。做好小升初招生工作,留住优质生源。我们确定中考 A 等率在 25%～30%,B 等率在 50%～60%,各个年级实现较大增量,处于杭州市公办初中领先位置。

(四)开展集体备课,形成校本资源

各个备课组必须有周密的备课计划,假期提前分工,同时制定资料编写方案。各个学科统一利用周五下午时间在规定场所开展集体智慧备课,确定教案、课件;每一门学科精选作业,先做作业,选定学生作业,要求全批;根据学生作业情况做好错题资料编写;上传资料。力争用 3 年时间初步形成校本网上资源库。认真研究中考要求,及时了解中考趋势,根据中考趋势指导教学。集中力量提高学科组建设的凝聚力、研究力和战斗力,有针对性地组织省市级大型活动。

四、教师发展工程

(一)规范研训活动,合理安排培训

认真组织每月一次群教研活动。教研组根据学科特点制定各自研究方案,确保本学期至少三次专题教研活动,每次活动定时、定点、定人、定主题、定方案。在拱墅区范围内,科学合理安排 5 年 360 学时培训,确保培训和教学两不误。教师之间实施推门听课,尤其是同备课组教师之间。

(二)开展各项活动,提供展示舞台

围绕课堂教学这一主阵地,从研究教师的教转向研究学生的学。定期组织赛课活动,实行主题式听评课制度,完善"备课——赛课——课例研究"

一体化流程。定期组织校内教育教学论坛,交流经验。定期组织读书活动,结集成册。各学科备课组每学年至少有1项区级课题。课题成果评审取得突破,在省级课题成果评比中获奖。每年教科研论文评比或发表人次占在职教师比例达到50%以上。

(三)根据不同需要,分层培养教师

根据学校教师年龄层次分化明显特点,调研教师发展需要,实行菜单式学习,分层培养教师。抓好高校实习基地建设,新校区教师提前储备,结合实际给予不同岗位历练。做好优秀教师自培工作,分教学、科研和管理三个方向有意识地培养在职教师,帮助有潜力的教师做职业规划,并进行指导和锻炼。加大引进力度,特别优秀的考虑重新建档。集团自培加上引进的省、市、区优秀教师比率达到35%。做好学校教师发展工作。

(四)开展教师交流,进行业务研讨

推荐各类教师参加各个不同平台的交流,推荐他们在省、市、区各级各类业务竞赛、讲座中崭露头角。根据拱墅区教育局要求落实教师交流,尤其是要评职称的优秀教师。以教研组、备课组为单位开展校际业务研讨,开展与建德市梅城初级中学跨区域集团化办学,与建德市大同第一初级中学、杭州市大江东临江第一初级中学、景宁畲族自治县民族中学进行"城乡结对互助"活动。

五、学校管理工程

(一)推进民主管理,实现依法治校

为了坚持和贯彻党总支领导下的校长负责制,学校坚持民主集中制原则,建立三个会议制度,即学校党委会、学校行政会和教代会。明确党委和校长工作职责。学校推行民主科学管理,健全教代会制度,修订教师绩效考核办法,做好校务公开。全体教职员工依法办学,按制度办事,管理做到务实创新,并然有序,简约灵动。

(二)梳理办学脉络,设计校园文化

认真梳理大关办学的脉络,学校整体设计校园文化,改造标识系统、校园绿化、环境布置、校史馆、网站,定制办公用品,拍摄宣传片,制作宣传册,

提升识别度。集团的每个校区都有自己的风格，都是师生成功的校园，显现办学特色。校园的物质文化景观在精心布局之中，被赋予了特殊的含义与意义，有着内在的灵魂与生命，如同一位沉默不语的师者潜移默化地教导每一位大关学子，塑造着他们的思想感情、行为准则与理想信念（见图2-5）。

图2-5　校园文化小品"办学理念主题墙"

（三）加强安全工作，确保正常运行

充分发挥法制副校长的法制宣传和安全教育的作用，完善安保"三防"工作，落实安全责任制。根据学校管理的需要，积极做好水电维修、保洁清扫、绿化维护、课桌椅更换、门卫安保等保证学校正常运转的后勤系列服务工作。提高服务水平，建设学校档案室，为广大教职员工做实事，打造平安校园。

（四）建设数字校园，成为示范学校

根据郭家库校区使用的需要，高标准建设一批专用教室，合理配备教学装备，适应未来学生培养的需要。整个集团内部认真做好数字化校园的升级与改造，合理用好多媒体，以STEM教学和信息学奥赛为抓手，建设成为省级示范性数字化学校。

六、STEM教学工程

（一）推进二期建设，建设综合工坊

推进中美STEM教学研究基地二期建设，将建设STEM综合工坊和STEM多元学习中心。收集学生的作品，结合校园文化二期工程，进行及时

的布置,突出STEM教学的综合性、学生的参与性、教学成果的多样性。

(二)建设课程体系,实现人人参与

学校STEM教学纳入学校拓展性课程体系,从课程的目标、内容、实施和评价上,突出学科整合和创造力的培养。我们已经有一批全国、省、市、区STEM精品课程,目前学校以项目制方式推进STEM课程落地。初一年级每周有一节STEM课,人人都参与。初一和初二年级在每周五下午3:30到5:00开设各类STEM社团,培养有兴趣爱好的学生。每年暑假,部分学生自愿参与浙江·印州STEM课堂平移项目。我们会选拔部分优秀学生参加各类STEM竞赛。

(三)加强基地建设,做好本土改造

浙江·印州STEM教学研究基地落户大关,我们要进一步加强基地建设。首先要通过观摩、比较和遴选,引进一批适合大关的STEM课程,通过消化、吸收和再开发建设一批具有适应学校实际、符合时代需求的STEM课程,再立足基地开发适合初中学生的STEM课程。学校在现有的以分科教学为主的教师中选择学习能力强、综合素质高的教师参与建设STEM课程,在实战中学习和成长。还要引进研究能力强的专业研究生,量身打造专业的STEM课程。有了硬件的支持,有了丰富的课程和优质的师资,我们要充分发挥基地的作用,在全区、全市、全省乃至全国产生辐射力。

(四)总结相关经验,开展国际交流

大关从事STEM教学已经有15年,目前是全国STEM领航学校、全国STEM基地学校。我们一边实践,一边全面总结相关经验,参加全国会议,进行国际交流,具有良好声誉,形成全国知名的办学特色(见图2-6)。

图2-6 学校STEM发展历程图

第 三 章

综合素质助力：成长图谱，动态规划

第一节 基于大数据的初中生综合素质
助力系统的开发

一、基于大数据的初中生综合素质助力系统的构想

(一)基于大数据的初中生综合素质助力系统的内涵

根据杭州市教育局综合素质评价方案,我们综合素质建立"五自"模块,包括"六小"指标:美德小少年、劳动小能手、梦想小管家、沟通小主人、运动小健将、艺术小达人。基于这六个指标的评价体系,学生综合素质助力系统通过"数据输入、发展分析、处方报告和行为改进"四个阶段依次推进,达成对初中生的成长助力。通过信息技术的支持,利用移动终端设备,全方位地记录个体学生在校育人活动状态的全过程,并且通过信息技术的支持,即时将学生信息上传至数据平台,通过大数据背景下的诊断平台,自动生成该学生的诊断报告(学生综合素质发展处方),帮助该学生了解自身目前的优势及不足,制定符合学生自身实际情况的行为规划,并积极做好知识、技能、思想、心理诸方面的储备。在此过程中,父母、教师通过深入了解、沟通等方式,帮助学生了解其目前自身的综合素养等情况。教师从中发现规律,及时指导和干预,探究适合学生发展的更优的教育模式助力学生规划。

(二)基于大数据的初中生综合素质助力系统的结构

通过综合素质助力系统的"数据输入、发展分析、处方报告和行为改进"四个阶段依次推进,通过行为改进"六小"活动的实施达成对初中生的成长助力(见图3-1)。

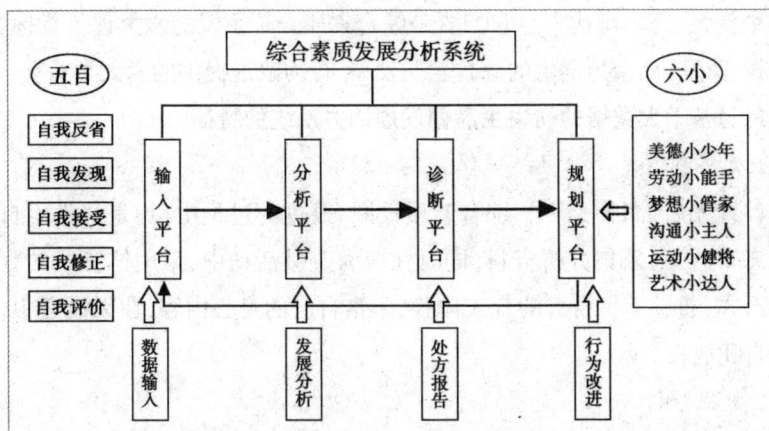

图3-1 综合素质助力系统

1."五自"模块

"五自"模块主要包含两个维度的内容.从学生个体综合素质发展的角度上,我们努力让学生自己发挥主体性,在自己行为发生后,学生通过自我反省看到自己行为的偏差,自我发现发生偏差行为的原因,从而自我接受正确的认知,并通过老师、家长、同学的帮助对行为进行自我修正,其后,通过前后行为的对比,不断地自我评价、总结,最终实现个人综合素质的提升。从学校发展的角度上,我们把育人的目标"培养有担当的运河小公民"外化为个人自律、班级自主、学校自觉、家庭自理、社会自效五个方面,形成家庭、学校、社会教育合力,帮助学生自我教育,成长为具有优秀综合素质的新时代少年。

2."四个"平台

综合素质分析系统共有四个平台,相互联系、相互作用。输入平台——数据采集与存储,分析平台——数据挖掘与分析,诊断平台——育人处方呈现与查询,规划平台——育人行为改进与发展。这四个平台是一个闭合的路径,育人行为改进后,又进行新一轮的数据输入、分析、育人处方呈现、再改进,使学生的综合素质得到螺旋式的上升,学校的育人得到螺旋式的提高。

3."六小"指标

"六小"指标指的是美德小少年、劳动小能手、梦想小管家、沟通小主人、运动小健将、艺术小达人。它们既是综合素质分析系统的六大评价指标,也是学校、家庭、社会为学生的综合素质发展、行为改进提供的六大类活动。

(三)基于大数据的初中生品德发展助力系统的特征

1.无痕积淀

教育无痕,润物无声。综合素质诊断、改进的过程中,均是从学生自然的状态下收集、采集分析资料,同时在育人改进活动中,采用体验式的育人活动形式,通过学生自身的育人体验,丰富自己的身心内容,在无痕之中,让学生自我成长。

2.数据分析

将育人与高科技进行融合,通过多年的学校育人数据积累以及实时的育人数据采集反馈,让学生综合素养数据库真实有效地反映学生综合素质情况。

3.全息呈现

在全空间设置移动终端记录系统,借助 App 等终端随时随地采集学生的心理、思想、行为等方面的数据,能够完整、全方位地随时记录学生的发展过程。

4.动态发展

在信息技术的支持下,能够全过程地记录学生在校期间育人活动发生发展,切实有效地输入进综合素质分析诊断系统。

(四)操作样式

综合素质分析系统是学校管理者的工具,以数据管理推动科学决策,利用大数据驱动学校育人创新发展,这是我们开发该系统的目的和初心。所以,学校育人管理者对该系统如何使用、操作,让它发挥最好最大的功能,也是我们课题需要认真思考和探究的地方。目前我们探究到的操作样式有以下三种。

1.以任务驱动问题

任务驱动问题样式主要指学校育人管理者以"立德树人,做有担当的运河小公民"作为我校育人工作的总任务、总目标,在这个任务的驱动下,收集、分析学生这方面的数据,从而在日常生活、学习中提供相关的育人情境,开展相关育人活动,提高学生素养和能力。

2.以项目推进成长

以项目推进成长是指根据我校育人工作的六大项目——美德小少年、劳动小能手、梦想小管家、沟通小主人、运动小健将、艺术小达人,我们系统地开展这六大方面的育人系列活动,在活动实施中让学生自我反省、自我发展、自我接受、自我修正、自我评价。在这"五自"中根据学生的需要,我们又适时再推送相关的"六小"活动,进一步加深、引导,使学生的发展得到螺旋式上升。

3.以数据引导互助

综合素质分析系统以"数据输入、发展分析、处方报告和行为改进"四个阶段依次推进,学生处、班主任、任课老师、家长甚至学生自己都能从系统中清晰地看到自己综合素质发展的轨迹,使之变得可视化。而这些可视的数据无形中就引导老师、家长、学生力往一处用,劲往一处使,共同努力,达成目标。

二、初中生综合素质分析系统的构建

(一)综合素质评价体系的设计

1.初中生综合素质评价指标的筛选确立

本研究综合素质评价指标的筛选主要是依据《中学生守则》、浙江版的《中小学生日常行为规范》《杭州市教育局关于进一步完善杭州市区初中学生综合素质评定工作的通知》(杭教初〔2012〕1号)确立评价指标范围。在确立指标范围后,组织学校骨干力量,结合学校实际,优化指标范围,确立关键表现及职能部门,经过反复的讨论,确定评价赋分标准及评语。

评价指标体系由六大评价指标组成,分别是美德小少年、劳动小能手、梦想小管家、沟通小主人、运动小健将、艺术小达人,每个评价指标都由基本项、加分项、减分项构成赋分体系,通过学生平时的行为关键表现设定赋分标准,由班主任或相关责任部门进行赋分输入操作,根据学生获得分值所处的分值段,评价体系中会自动形成评语,见图3-2(以"沟通小主人"评价指标为例)。

学校综合素质评价体系赋分标准						
评定指标	项目属性	关键表现	责任部门	分值段（分）	自动评语	赋分
（四）沟通小主人	基本项（7分）	友好相处（3分）	学生处、班主任	3	与人友好相处	有与老师、同学产生纠纷，不能妥善处理的记录，每记录一次扣0.2分
				【2-3】	与人相处较好	
				【0-2】	不能和大家友好相处	
		合作意识（2分）	班主任、任课教师	2	具有合作意识	小组合作形式的活动，每无故不参与一次扣0.2分
				【1-2】	合作意识较好	
				【0-1】	没有合作意识	
		分享担当（2分）	班主任、学生处	【1.5-2】	善于分享担当	扣分：每次扣0.1-2分
				【1-1.5】	分享担当意识较好	
				【0-1】	分享担当意识一般	
	加分项（3分）	红帽子工作表现（1分）	学生处			表现优秀一次加0.5分
		积极参与学校和班级管理工作（2分）	学生处、班主任			参与一次视情节加0.1到1分不等
	减分项（2分）	伤害、歧视行为（1分）	学生处			有故意伤害和歧视同学的行为记录，一次扣0.2分,扣完为止
		顶撞教师、家长行为（1分）	学生处			有无理顶撞老师或家长的记录,一次扣0.5分,扣完为止

图3-2 部分初中生综合素质评价体系赋分标准

2.初中生综合素质评价指标的权重分配

确立了综合素质评价指标后,我们对评价指标体系各要素进行了权重的划分,主要分成两部分,第一部分是常规管理工作,主要对"六小"指标中的具体德育活动进行全面而科学的评价,这是夯实育人工作的有效载体和途径。第一部分是权重表的主体。第二部分

杭州市大关中学综合素质评价体系权重表		
评定指标类别	分值（%）	评定指标要素（个）
美德小少年	20	3个一级指标 7个二级指标
劳动小能手	10	3个一级指标 7个二级指标
梦想小管家	25	3个一级指标 7个二级指标
沟通小主人	15	3个一级指标 7个二级指标
运动小健将	20	3个一级指标 7个二级指标
艺术小达人	10	3个一级指标 7个二级指标
创新、特色工作	加分：1-10	视考评结果综合而定

图3-3 初中生综合素质评价体系权重表

是创新特色工作,这为育人工作的与时俱进大胆创新提供了平台,也是给予学校育人工作者的科学指向。权重分配见图3-3。

(二)初中生综合素质发展分析系统的构建

基于大数据的综合素质分析系统是一个关注学生综合素质提升过程、注重对学生进行即时指导和干预的智能程序平台。综合素质分析系统后台管理采用Vue前端框架,使用iView3.0作为后台管理前端基础组件。后端服务使用LNMP服务器架构,采用Phalcon框架开发。系统有电脑端和手机端两种方式(见图3-4)。

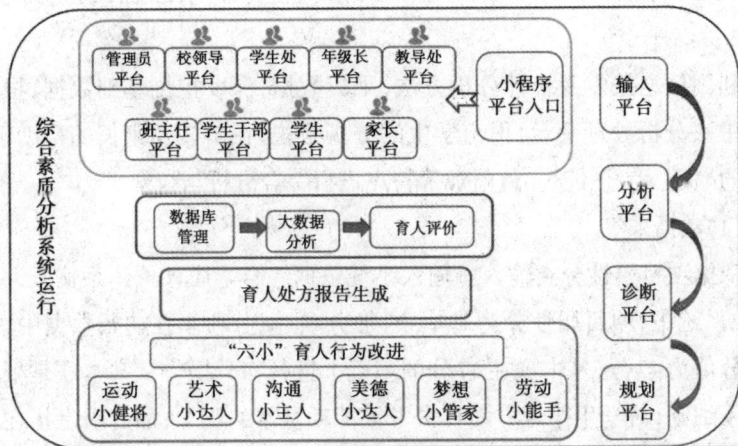

图3-4 综合素质分析系统构建图

1.输入平台

结合学校的育人品牌"有担当的运河小公民",从个人、班级、家庭、学校、社会五个层面入手,通过多个平台入口,专人或学生自主适时输入数据。主要进行两个方面的管理。

(1)考核指标分值管理。指标分值管理是对系统中评价指标的分值进行管理。可以对指标的分值加减进行修改、调整,划定赋分范围,设定加分或扣分的跨度。如设定评价系统满分总值60分,基本项默认分值47分,所有学生的评价分值都是在此基础上进行加分或减分。除了通过评价分数直接反映,也依据杭州市初中毕业生综合评定标准,将数据结果直接对应至APE评定。六项评定指标中,分值若高于8分(含8分)即为A等级;均分介于5分(含5分)到8分之间为P等级;若低于5分,即为E等级。

(2)学生综合素质记录管理。此部分主要是指对学生的综合素质行为所产生的数据信息进行录入、修改、删除、查询等管理,主要包括评价系统中的42个学生关键表现。包括日常课堂纪律、行为规范、评优评先等,功能开发时需要进行用户权限分配,由对应的用户角色进行输入。录入时需要针对不同学生进行单独录入,也可以针对班级支持批量录入;同时在输出信息时,可以通过学生姓名查询到某个学生个人的综合素质记录,支持图表展示。

2.分析平台

利用信息技术及统计分析方法,采集数据,深度挖掘基础数据,根据大数据中央分析处理平台,得出学生的分析报告,在学校及家长的帮助下,对学生的兴趣、爱好、能力、价值观等特点进行综合分析与权衡。

(1)数据采集

依据项目属性分类输入。输入系统依据综合素质评价体系输入评价内容,在系统中,项目属性分为基本项、加分项、减分项。在初始数据中,默认基础分值为47分,基本项在47分的基础上进行扣分操作。基本项是根据评价体系细则,对学生德育方面日常常规活动基本的要求;加分项是指在学生常规基本项的基础上给予相关的加分操作;减分项是指除基本项中的行为外,对相对重大或严重的违纪行为给予相应的减分操作。通过三类项目属性的分类,划分不同评价指标的数据表现(见图3-5、图3-6)。

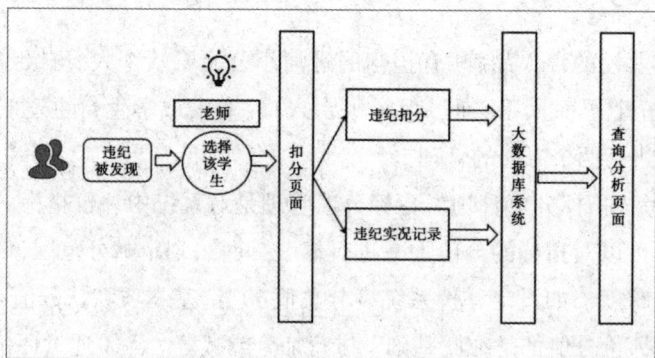

图3-5　违纪情况系统分析图

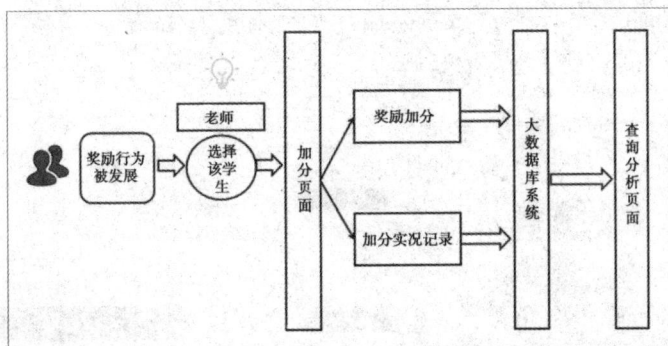

图 3-6　奖励情况系统分析图

依据关键表现分项输入。作为评分细则,关键表现是最末端的分类标准,需要综合素质评价者根据真实情况记录学生的活动内容,其中以评价项目"美德小少年"中的基本项为例,介绍一下系统分析运行操作(见图3-7)。

图3-7 基本项输入页

基本项：登录页面，首先选择评定指标——美德小少年，进入分值登记页面；先选择关键表现，基本项的关键表现为行为举止、纪律遵守情况、集体荣誉感，选择对应的关键表现进行分值记录，其次选择班级——学生，点击学生姓名，进入纪律遵守情况分值登记页面；在此页面里，又细分为课堂违规、迟到、早退、旷课四个细分指标，由此根据学生情况进入打分页面进行扣分，同时可以将评分佐证材料用照片的形式拍照上传，进行记录，保证数据的真实性及科学性。

（2）数据分析

通过该系统可以从学校、班级和个人层面进行分析输出。我们可以从中多角度、多方面地了解一定阶段学校育人措施实施的成效，同时也可以看出大数据背景下，不同年级、不同班级学生在哪些综合素质评价项中较为突出或不尽如人意，帮助学校修正育人活动的实施方案，促进学校育人工作的开展。

通过后台数据分析，我们可以从PC端的平台上看到班级考核详情，页面可以选择校区、学期、班级。从数据分析得出的结果中，我们可以看到班级总评（均分）、班级参评学生人数以及全A学生人数、含E学生人数、学生评分排行榜、班级学生加减分情况等。此项数据可以帮助班主任看到班级当中表现好的同学和需要提高的同学，以便于后期开展班级育人活动。

该系统还可以通过数据进行个人综合素质评价分析：

第一，个人考核评价总体情况。通过班级考核详情，进入学生考核详情，班主任可以查看到，在该阶段，学生总评分数及各评价指标的具体分数，并同时显示APE评价情况。通过导入数据，后台会自动生成学生综合素质评价综合图谱，通过图谱我们可以直观地看到该生在评价指标中的优势和弱势。

第二，个人考核各项指标明细。个人考核评价分析第二部分，通过数据分析，系统会自动选择一些有用的数据，班主任及相关项目负责老师可以看到学生各项指标评价的明细，了解到关键表现中各种扣分、加分的情况及理由。同时后台会自动统计出该生主要扣分的项目和主要加分的项目，由此自动生成育人处方报告，形成综合素质评价（见图3-8）。

各项指标明细

| | 劳动小.... | 梦想小.... | 沟通小.... | 运动小.... | 艺术小.... |

关键表现/加分表现/减分表现	责任部门	得分	评语
行为举止	董家校区	3.0	行为举止表现优秀
纪律遵守情况	董家校区	2.0	遵守纪律表现优秀
集体荣誉感	董家校区	3.0	集体荣誉感很强

各项指标明细

| 美德小.... | 劳动小.... | 梦想小.... | 沟通小.... | 运动小.... | 艺术小.... |

关键表现/加分表现/减分表现	责任部门	得分	评语
友好相处	董家校区	2.8	与人相处较好
合作意识	董家校区	2.0	
分享担当	董家校区	2.0	善于分享担当
顶撞家长	董家校区	0.5	

图3-8 学生各项指标明细

3.诊断平台

通过各项数据的输入，平台可以即时清晰地反映学生的阶段性综合素质评价,生成育人成长处方报告(见图3-9)。在诊断环节,教师还可以根据学生心理发展及学生家庭的相关情况,人性化地充实、补充平台生成的硬数据育人发展处方,达到切合个性实际发生发展的合理性。对学生进行全面的综合素质评价,除了理性量化的分析外,也需要加入家长、老师通过日常接触,情感上的认同及感性温度的分析。

×× 的综合图谱

☰ 育人情况

总分:2A3P1E (44.6分)

考核指标	评价
美德小少年	P(7.8分)
劳动小能手	A(8.0分)
梦想小管家	E(4.8分)
沟通小主人	P(6.8分)
运动小健将	A(9.4分)
艺术小达人	P(7.8分)

×× 育人成长处方

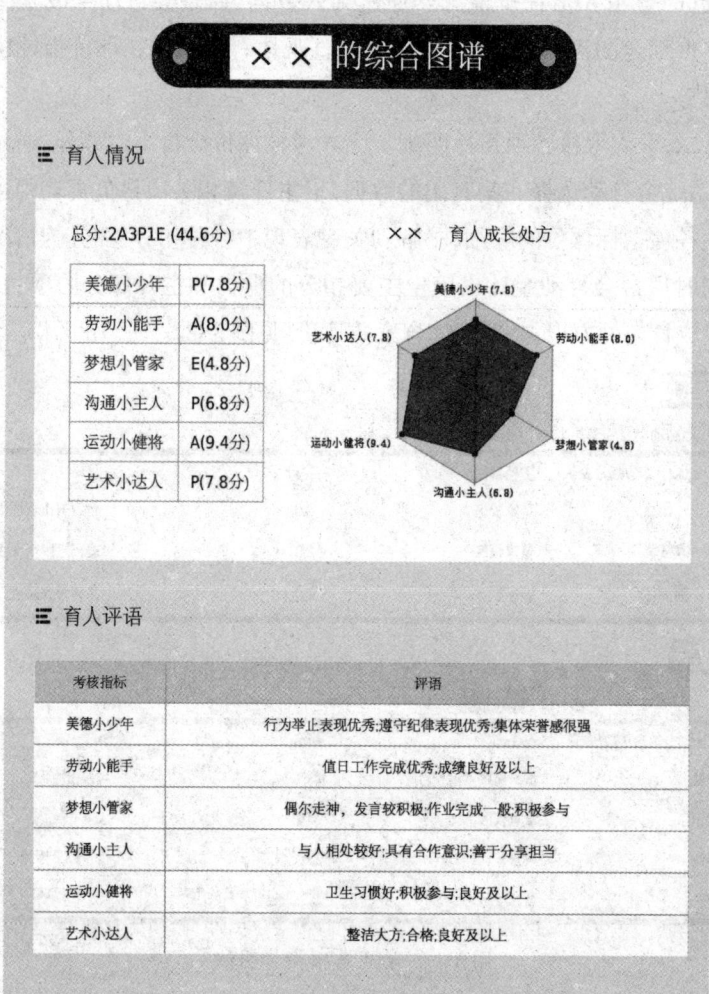

美德小少年(7.8)
劳动小能手(8.0)
梦想小管家(4.8)
沟通小主人(6.8)
运动小健将(9.4)
艺术小达人(7.8)

☰ 育人评语

考核指标	评语
美德小少年	行为举止表现优秀;遵守纪律表现优秀;集体荣誉感很强
劳动小能手	值日工作完成优秀;成绩良好及以上
梦想小管家	偶尔走神,发言较积极;作业完成一般;积极参与
沟通小主人	与人相处较好;具有合作意识;善于分享担当
运动小健将	卫生习惯好;积极参与;良好及以上
艺术小达人	整洁大方;合格;良好及以上

≣ 育人细节

扣分项	总次数	总分值	备注
音乐课情况扣分项	1	-0.2	1. 2020-02-23 音乐成绩70
有与老师、同学产生纠纷，不能妥善处理的记录	1	-0.2	1. 2020-02-23 与同学纠纷一次，父母调解
每有一次无故未完成记录	11	-2.1	1. 2020-02-23 默写未完成 2. 2020-02-23 英语作业未完成 3. 2020-02-23 语文作业未完成 4. 2020-02-23 科学作业未完成一次 5. 2020-02-23 社会作业写错 6. 2020-02-23 科学作业未完成一次 7. 2020-02-23 数学作业未完成一次 8. 2020-02-23 语文作业未完成 9. 2020-02-23 无故未完成作业两次 10. 2019-12-20 英语作业没写 11. 2019-12-10 没完成作业
每无故逃避值日工作	1	-0.2	1. 2020-02-23 无故不参与卫生一次
上课表现扣分项	2	-0.6	1. 2020-02-23 上课讲话 2. 2020-02-23 上课下位置，从第一组到第五组讲话
课堂违规	1	-0.2	1. 2019-12-20 上课下位置

加分项	分值	备注
体育特长情况	0.4	1. 2020-02-23 校运会4*100第七名 2. 2020-02-23 校运会1500米第二名
期末体育成绩80分以上	1.0	1. 2020-02-23 体育成绩85
STEM或社团课程	0.2	1. 2020-02-23 成绩一般

减分项	分值	备注
经常或严重不完成、抄袭作业情况	-0.5	1. 2020-02-23 作业经常少做

杭州市大关中学董家校区

图3-9　某某同学的育人成长处方报告

4.规划平台

基于系统诊断结果，同时在学生、家长、学校的共同分析规划下，结合学校育人品牌及已有的综合素质数据分析我校不同年级学生不同的综合素质发展优势及问题，通过得出的结论，设置适合我校在校学生的主题活动。主题活动在类型上主要分为"六小"育人活动。

第二节　基于大数据的初中生综合素质助力系统的运作

大数据的价值在于对大数据进行分析,以指导实际育人工作。初中综合素质分析系统记录、追踪并保存学生个体行为发展的大数据,从而进行相关性分析,为核心素养的落实和综合素质评价提供现实依据,助力学生、学校、社会发展。

一、"四平台"诊断

利用"四平台、五自、六小",建立起所有学生的综合素质数据中心,通过输入平台——数据采集与存储,分析平台——数据挖掘与分析,诊断平台——育人处方呈现与查询,规划平台——育人行为改进与发展,充分推动我校育人工作的科学化、精准化。

(一)输入平台:精准统计

本研究中的综合素质分析系统主要记录学生在三个领域中的表现:记录学生在校园生活中的真实情况,如课堂学习、文体活动、志愿者活动、红帽子活动等;记录学生在家庭生活中的真实情况,如参与家务、尊重长辈、孝敬父母等;记录学生在社会生活中的真实表现,如社会实践、志愿者活动、遵守公共秩序、帮助他人等。这些情况都得到真实及时的输入,这是综合素质分析系统发挥作用的基础。

为了输入的方便、及时,我们设计了学校育人工作校园助手小程序(手机端),这样我们就可以自主适时输入数据,客观、及时、真实地记录下每一个学生的表现,通过时间的筛选,可以方便快捷地查看全校的综合素质概况,精准统计各个学生参与的情况、各个年级开展的趋势,如每个年级的育人开展情况、每个主题活动的开展情况、每个学生的综合素质情况、全校的育人优势与问题等,所有的统计都以可视化的图标形式展现在我们面前(见图3-10、图3-11)。

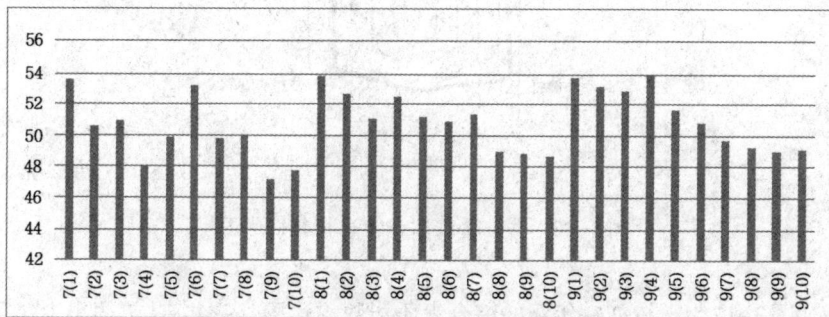

图3-10　全校每个班级育人工作开展示意图

总评 4A2P 47.2	美德小少年 A 8.0	劳动小能手 A 8.0	梦想小管家 P 7.9	沟通小主人 P 6.3	运动小健将 A 9.0	艺术小达人 A 8.0

图3-11　某某学生某一阶段综合素质发展示意图

本系统设计的输入平台功能是在电脑上、手机移动端上实现的,突破了传统的手工记录,使得数据的采集、统计更加精准,查看的方式更加方便快捷,避免了经验型育人带来的模糊性,育人工作更加科学高效。

(二)分析平台:精准定位

根据工作的需要,我们以不同的维度从平台中输出的数据,有校级层面、年级层面、班级层面、学生个人层面,通过对这些统计数据的挖掘分析,得以快速、准确地掌握学校育人工作的成功与不足,发现学生个体综合素质的需要,让我们每个育人工作者对学校育人工作有一个精准的定位与把握。

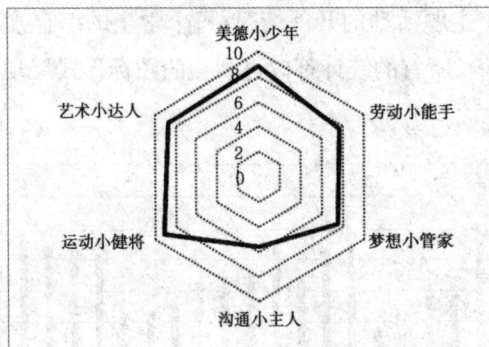

图 3-12　初一年级综合素质指数雷达图

　　图 3-12 为学校初一年级的综合素质指数雷达图。一共有"美德小少年"等六个项目,每个项目都呈放射状向外延伸,最外圈的指数最高,里面的"虚线"是该项目整个年级的实际得分。从图中看出,学校在这六个项目发展现状中,艺术小达人、运动小健将、美德小少年这三项得分都比较高,这也是学校重视美育、体育、德育的结果,同时本年度的校园艺术节、体育节在学校上下协作下也很成功,所以这三项育人指数就比其他三项要高,这是我们要保持的。但是其他三项,尤其是"沟通小主人"得分不理想,这就告诉我们这项工作是目前我校育人工作的薄弱环节,需要我们在后期工作中加强。通过收集全年级 400 多位初一学生的综合素质数据,进行统计、整合、挖掘,精准地把握我校对初一年级学生的育人工作动态,明确了上一阶段学校对初一学生育人教育的成绩与不足,指明了下一阶段学校育人工作的重心及需要改善的地方,充分弥补了传统经验分析的不足,大大提升了学校育人工作的精准度。

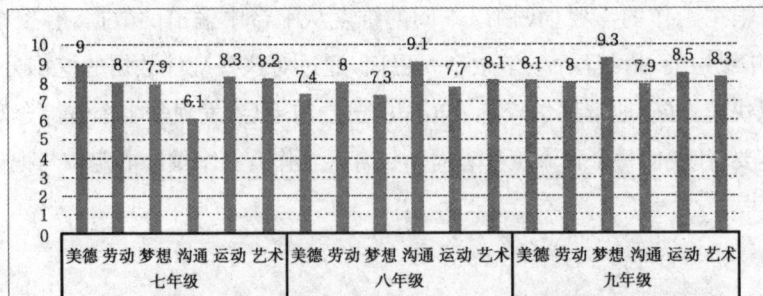

图 3-13　初中三个年级的六个项目中最高得分项的柱状图

图3-13为学校初中三个年级的六个育人项目中最高得分项的柱状图。从图中可以直观地看到每个年级的最高得分项:初一年级是"美德小少年"、初二年级是"沟通小主人"、初三年级是"梦想小管家"。这就充分印证了我校在这个学期的德育工作重心明确,分层落实到位。根据《中小学德育工作指南》《××中学学生日常行为规范》,根据不同年级阶段学生的心理、生理特征,结合学生生活实际,将德育内容进行整合与分解,不同的年级,德育重心有所区别但又紧密联系,在道德认知、道德情感、道德行为等方面提出了具体的、分层次的要求,构建了具有有重心、层次性、多渠道的敎本育人体系。具体如下:

	初一年级	初二年级	初三年级
育人重心	行为规范教育	青春期教育	励志教育
能力培养重点	适应新环境的能力;从行为、心理上成为一个真正的大关人	沟通能力 交往能力	实现理想的能力、社会参与和选择能力
核心概念	适应 自尊 关爱	尊重 理解 关爱	责任 担当 关爱

(三)诊断平台:精准施策

利用基于大数据的初中综合素质分析系统对学校育人工作有了一个清晰的精准定位,就为进一步的精准施策提供了客观依据,使学校的育人工作更有针对性、实效性。根据六项指数的"晴雨表",学校有的放矢地开展各项育人活动。如在2019年暑假学生处查询了上半年的育人指数,发现"美德小少年"这项指数偏低,针对这个情况,2019年9月开学后,结合新中国成立70周年的主题,建立了美德——家国情怀教育的联动机制,以学生处为核心统一协调,各年级、各科室、各部门、班主任、任课老师全员参与育人。具体如下:

育人主题——家国情怀教育

序号	主办部门	系列活动
1	语文组 初二年级	诵读中华经典诗文 献礼新中国70华诞 ——杭州市大关中学举行诗文朗读比赛

序号	主办部门	系列活动
2	学生处	办好公民节闭幕式,向新中国成立70周年献礼
3	党支部	大关中学董家党支部开展 "不忘初心、牢记使命"主题教育活动
4	校长室、 初一年级	今天我是升旗手 升起国旗贺祖国 (校长、副校长亲自升旗做示范)

在"美德小少年"项目上,2019年6月被扣分的同学一下子激增,引起了我们高度重视,学生处进行了精心分析,精准施策,化解了这一危机。

扣分现状、原因	背后原因	采取对策
初一年级6人,初二年级8人,初三年级5人,共有19人被扣分,扣分原因有:①骂人,有10人,约占52.6%;②打架,有4人,约占21.1%;③撒谎,有3人,约占15.8%;④其他,有2人,约占10.5%	6月是期末季和中考季,经过学生处老师、班主任们全面了解,发现了深层次的原因:①心情不好想骂人;②考试没考好想发泄;③晚上睡不着,白天很困	心理疏导:①班主任开一节心理疏导主题的班会课和关注高危个体;②心理辅导室开展相关主题的团辅和个辅;③所有任课老师教育方式以鼓励为主、批评为辅;④开设"校长信箱",有压力可以向校长倾诉

(四)规划平台:精准评价

综合素质评价是学校教育评价非常重要的一项内容。即指依据一定的目标,运用可行的方法和技术,对育人的过程与效果做出价值上的考查与判断。包含集体评价和个人评价两个方面。规划平台根据前面的记录与分析,给予学校、班级、学生精准的评价,如每个学生的APE评价,这个评价是动态的,在期末前都是变化的,每个学生随时可以自主查阅,同时根据自己的情况,积极参加平台推送的相应活动——"六小"活动,通过认识——实践——再认识这样的良性循环,提升学生综合素养,促进学生的健康成长。

精准评价,树立榜样,引领成长。一学期结束,我们总有一个"展示台"——期末盘点。"美丽学生"有你认识的吗？2019年12月30日,为表彰学生们一学期以来的优秀表现,彰显榜样效应,激昂校园氛围,学校举行"美丽学生"校级颁奖仪式,共颁发"美德小少年"等六个奖项,此次活动由学校学生处老师组织。本次展示台上,共有540名学生亮相。愿每一个孩子都是"美丽少年",为独一无二的青春演奏美丽的音符,为自己的初中生涯绘就精彩的华章。愿每个人都是学校精神风貌的最佳代言人!

二、"五自"成长

学生的综合素质有其特定的规律和路径,一般有内化和外化两种表现形式。每一个学生的综合素质形成的基本路径是反复多次的内化和外化相互作用的结果,其中内化起主体作用,尤其是学生个体品德养成更是如此。根据这个理论,我们设计了品德养成的过程性指导,深入关注孩子在品德养成过程中的心理情况,及时给予帮助和支持,但又充分发挥学生在这一过程中的主体作用,真正习得高尚的情操(见图3-14)。

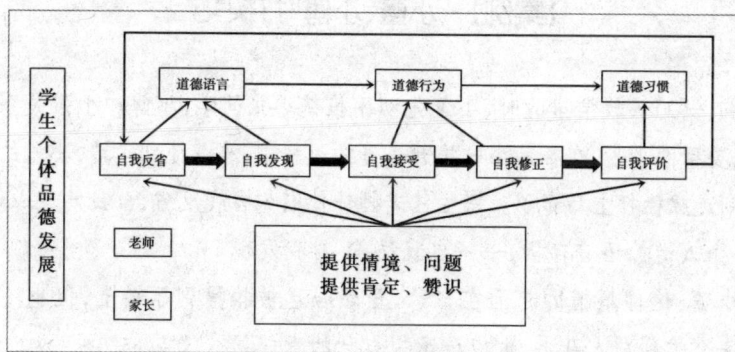

图3-14 综合素质生成过程

在这一过程中,学生遇到道德事件,我们要求学生做到"五自",首先自我反省、自我发现,在这一过程中主要外化为道德语言;然后是自我接受、自我修正,在这一过程中主要外化为道德行为;最后是自我评价,这主要外化为学生初步养成道德习惯。老师和家长始终关注学生的情况,发现他们陷入认识、行为的误区时,及时提供道德情境让他们体验,提供道德问题引导他们思考;发现他们认识有提高、行为有改进时,及时给予肯定和赞赏,强化他们自己内化的成果。在家长、老师的精心呵护下,大关学子们的"五自"循环往复,螺旋式上升,从道德语言到道德行为再到道德习惯,其个体的综合素质逐步养成,真正落实立德树人的宗旨。

学生综合素质养成的过程性指导在"四平台、五自、六小"中得到了立体、动态的落实,《道德语言存折》和《道德行为存折》是落实的载体,它分成学生个人的和班集体的两大类。学生个人的《道德语言存折》是专门记录学生个人对道德事件的反思、发现的,《道德行为存折》是专门记录学生个人践行道德规范的行为以及修正自己的行为,前一个存折只能学生个人自己去"存",班主任老师审核、赋分,后一个存折是学生、家长、老师都可以去"存",最终班主任老师审核、赋分。班集体的《道德语言存折》和《道德行为存折》是记录整个班级的学生达成共识的道德认知及做好的道德行为,同时给全班同学赋分。

【案例】 小董、小傅"打架"了

初一(2)班放学排队时,小董先动手推挤小张同学,小傅和小张关系比较好,想要帮助小张,在帮助小张推开小董的过程中,小董撞到了墙,小傅的手臂也甩到走廊栏杆上乌青了。班主任老师让他们先自我反省、自我发现。

[个人道德语言存折]——自我反省 自我发现

小董:这件事情的起因在自己,虽然自己被推撞到了墙上,但也不能把责任完全推到别人身上,也应该承担自己的责任。

小傅:我的初衷是想要帮助好朋友小张,但采取了不恰当的行为,反而让事情变得更严重了,做事要动脑子才行。

这是当晚他们两人在自己《道德语言存折》上"存"的,小董很好地认识到"责任",小傅很好地认识到"做事要采取正确的方式",这远比老师说教有效,班主任毫不犹豫地给他们赋了2分,这2分既是对他们的肯定,也是他们改正不足、向善而行的勇气与力量!于是他们就有了后面的行为……

[个人道德行为存折]——自我接受 自我修正

小傅:第二天一早到校就马上来问小董的身体有没有事,也表示了道歉。

小董:感受到了小傅的关心,也向小傅表示了道歉。

[班级道德语言存折]

班主任此时趁热打铁,开了个微班会:在遇到这类问题时,如何解决才是比较好的做法? 在两位当事人的带领下,大家纷纷献计献策,寻找"秘方",有的同学说,要主动去道歉,承担自己的责任,像个男子汉;有的同学说,要冷静、冷静再冷静,冲动是魔鬼;也有的同学说,要宽容,退一步海阔天空,等等。这些都"存"到了班级的《道德语言存折》中,班主任给全班同学加分予以肯定、鼓励。

[班级道德行为存折]——自我评价

自此之后,初一(2)班排队时推推搡搡的现象少了,偶尔有人推搡时,总有人站出来说"冷静、冷静"。一听到这两个字,推搡的双方都会不约而同地停下来。

《道德语言存折》和《道德行为存折》成了学生品德养成的"脚印",一步一步,踏踏实实、曲曲折折,无形的综合素质化为有形、可视,一次次记录就是一次次洗礼,每一次"存"的仪式都让学生倍感珍惜,感触多多。寻思回忆,行成于思,点点滴滴行为终成繁星,学生的道德认知不断提升,道德情感不断加深,道德意志不断增强,道德行为不断形成,道德水平不断提高,整个班集体正能量满满。

三、"六小"发展

学校育人关注集体教育,同时更关注个性化教育,尊重人的差异性,提供个性化的教育,帮助初中学生更好地构建自我认知,科学评估定位自己,发掘自身的潜能优势,为初中学生更好地实现自身发展目标,提供匹配个性化资源,激发他们学习动力,优化成长路径。

(一)学生画像形成

通过综合素质发展分析平台,可以使学生的学习、生活轨迹得到真实的记录。这些大数据来自多渠道,记录内容有学生自画像——自己的学业成绩、社会实践等各个方面,还有自己的感受、反思、总结;也有他画像——有同伴、老师、家长的个性化评语;还有共画像——同一件事既有自己的记录,也有老师或家长、同伴的记录、点评。反映了学生的综合情况,从"美德小少年"等六个维度,利用素描等方法,形成了学生个体独特的、多元的、立体的、动态的画像。

(二)"六小"活动促成

同时我们还注重线上线下相结合,"六小"系列育人活动就是我校线下促使学生良好综合素质形成的有效载体。有了以学生学习、生活、活动过程中相关的数据为基础构建学生画像,有了对学生综合素质的过程性指导,就使我们线下为孩子们组织有效育人活动提供了有力的运行支撑。如刚毕业的陈××同学,在校期间他被评为区美德少年、区明星小公民,区委常委、副区长亲自为陈××同学颁发荣誉证书,可他刚进我校时是一个连正常完成学生任务都难以保证的学生(见图3-15)。

[刚进校自画像] 从小我就与其他的孩子不一样,我5周岁时被诊断出患有先天性的脑蛛网膜囊肿,此后我经历两次手术,命是保住了,但从此我的世界里就多了一位与我形影不离的"好朋友"——头痛病,而且是一碰就疼、一累就疼、一激动还疼。我成了每个老师和同学特别关注的对象,每个认识我的人都知道我的头不能碰,并且他们会告诉每一个刚认识我的人:陈××的头千万不能碰。

[刚进校他画像] 进入初中阶段后,伴随着学习任务的增加和学习难度的提高,陈××不得不一次次地挑战自己,和疾病做斗争。每当体力和脑力超支或因其他因素的影响,就会受到这个疾病的后遗症的折磨——头痛欲裂并伴随呕吐等症状。这让陈××很难像其他同学一样高强度学习和写作业,而必须要时刻注意休息。

[育人活动跟进]
①老师的关心:每位老师都很心疼他、关爱他,劝他保重身体,作业可以

全免。有问题面对面辅导，宽慰他，不给他学习的压力。

②同学的帮助：班主任刘老师利用班会课、黑板报等各种形式，在班级中营造了互帮互助的氛围，关爱他人成了该班级的特色，每一位孩子都爱心满满，陈××成了同学们的"宠儿"，每位同学都很照顾他，帮他拿东西，生病了照顾他等。

③学校"美丽学生"评比：每一学年我们都要评比"美丽学生"，并召开隆重的表彰大会，营造向上氛围，弘扬正能量。"美丽学生"的称号有综合类，也有单项的，单项有学习、体育、文艺、美德以及其他等。"其他"这一项就是为新时代涌现出的新事物预留的，以便为每一位闪光的大关学子及时送上肯定、鼓励、支持。那些爱心满满的学生都被评为学校的"美丽学生"。

[初三时自画像] 接受过这么多人的帮助，我也渴望帮助别人，我想我现在最力所能及的就是帮助学习有困难的同学。在下课期间，我抽时间帮同学们讲解不会的题目，并且分享我的学习方法和经验。这就是我，普普通通，但我就是不服输，我要战胜我的头痛病，做一个再普通不过的学生。

[初三时他画像] 在老师们和同学们的鼓励关心下，他不畏病魔，顽强学习，一次一次地取得进步，学习成绩在全年级名列前茅，曾三次考过年级第一，并以自己力所能及的形式帮助同学，分享自己的学习方法，带动全班共同进步，被大

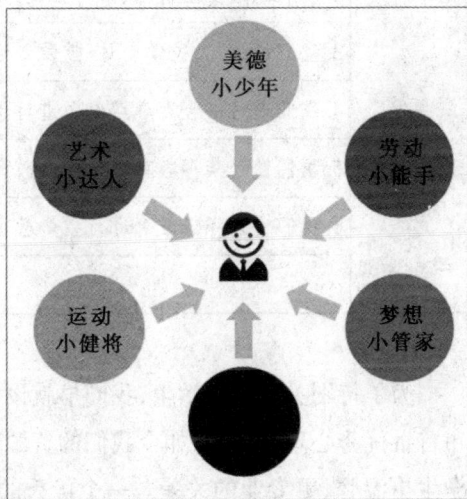

图3-15 学生自画像

家称为"脑洞大开"的陈××！毕业时考进了杭州市重点高中——学军中学。

助力陈××破茧化蝶为一名品学兼优的大关学子是什么？是"六小"育人活动。

"六小"育人活动是助力学生综合素质、助力学校育人工作的有效载

体。我校的"六小"育人活动的实施策略如下。

1.传统与现代融通，润泽公民素养

把大关学子培养成"身心健康""责任担当""家国情怀""国际视野"的优秀小公民，是我们育人的根本目标。围绕着这个目标，我们把传统文明与现代时尚相融合，开发和实践了一系列的小公民德育活动，以主题活动的形式实施，如生命教育，确保学生身心健康，我们认为这是培养优秀小公民的前提。

目前我们每个月都有生命教育的主题活动

育人主题	活动内容	时间安排
生命教育	1.我们通过《道德与法治》活动对学生进行"我"与他人、"我"与自然、"我"与社会关系的教育	两个学期
	2.我们通过安全讲座、如何自我保护讲座进行生命教育	7月、1月
	3.我们通过"公民爱心月·献爱心活动"进行生命教育	6月、9月
	4.我们通过结合青春期专题进行生命教育	11月、3月
	5.我们通过禁毒教育进行生命教育	6月、10月
	6.我们通过环保教育进行生命教育	5月、12月
	……	……

为了特别关爱特殊学生，我们早就设立了"阳光岛"心理辅导室，是杭州市首批优秀心理辅导站，如今我们的资源教室，设备更加先进、完善，能给予学生更温馨、更专业的关爱。一个优秀的公民必定是懂规则、勇担当的，所以我们一直十分注重普法教育、礼仪教育。普法教育中，我们注重家、校、社区、社会四个方面的通力合作——学校、家庭、社会三方合作，共同发挥三方教育力量实施一系列的普法主题活动，努力让学生学法、懂法、用法、护法，让法治成为我们的信仰。

育人主题	活动内容	活动目标	实施力量
普法活动	1."美丽杭州，从文明过马路开始"的主题教育活动	让"文明过马路"，不闯红灯，走斑马线的交通法规深入人心，"小手拉大手"，积极动员更多的家长、社区居民加入文明过马路的行列，让文明过马路蔚然成风	我校和区交警大队、小河街道董家社区、大关中学附属小学等
	2.全民动员，绘出你心中的"法"	同学们将自己对法治的理解用生动形象的动漫形式表现出来，让法深入人心	全校师生、区普法办
	3.镜头聚焦细节，全民学习法治	同学们将自己对法治的理解用微电影的形式制作出来，让法深入人心	全校师生、区普法办
	4.2014年浙江省宪法知识进校园，"释放青春正能量，共筑法制'中国梦'"活动在我校启动	增强了我校学生宪法意识和法制观念，懂得宪法是国家的根本大法，了解掌握国家的根本制度、公民的权利和义务等宪法基本知识，养成人人遵守宪法、维护宪法的品行，培养爱国守法的良好品质	省委宣传部和团省委等部门共同发起的全省中小学"法在心中——宪法知识进校园"活动
	5.2016年宪法宣传日里，我校部分师生造访省人民大会堂参加"互联网＋"宪法主题宣传活动	让学生懂法、敬法、懂法、遵法的必要性，更好地普及宪法知识，掌握用法能力	省司法厅、省普法办、省关工委和我校
	6.部分师生参加了浙江卫视的普法公益短片的拍摄	让学生知法、守法、护法	省关工委、浙江卫视和我校
	……	……	……

"讲家训、树家风、传美德"的主题教育活动、感恩活动、"中国梦"主题教育活动、"公民道德宣传日""学雷锋日""五四"青年节、"七一"建党纪念日等重大节庆日,设计、组织开展学生喜闻乐见的德育实践活动,潜移默化中润泽了小公民素养。如2017年国庆学校设计的主题活动是"和席文老师一起做朗读者":在席老师的带领下,全校师生都成了朗读者,各个班级利用早读时间在语文老师的带领指导下自发组织了形式多样、丰富多彩的朗读活动,共同感悟中华传统文化、领略爱国诗词经典,有的班级是全班集体朗读,有的班级是教师或者学生领读,有的班级开展了形式新颖的男生女生分段朗读、小组朗读竞赛比拼等,现场气氛热烈,参与程度广泛,极大地激发了大关学子的爱国热情。

2. 实践与拓展结合,提升品德修养

按照实践育人的要求,把社会实践与能力拓展相结合,开发和实践了一系列的实践类活动。"学习雷锋春风送暖,守护运河五水共治"实践活动,学生们展览自己设计制作的五水共治宣传小报,向过往的行人介绍五水共治的相关知识,擦拭小红车,给树木浇水等。守护我们的家园,共建美丽杭州。又如"乡情古塔"让学生深深地感悟到了中国传统文化的博大精深。学校每年组织游学活动,是国际理解教育的重要实践。从2007年开始,与德国莱布尼茨一级文理中学等学校互派学生,并且住进对方家庭,这样近距离地深入感受德国文化,对培养、提高学生沟通合作的跨文化国际视野的作用是毋庸置疑的。一系列实践活动,极大地增强了学校德育的实效,帮助学生树立了正确的道德认知与观念。

3. 多元与差异互补,蓬勃学生个性

让每一位学生全面而具个性地发展也是我们育人活动的出发点和归宿,多元发展和个性差异互为补充,我们开发和实践了一系列的个性化活动,蓬勃了学生个性,使每一个学生的个性特长得以发挥,每一位学生的心理素质、道德能力得以提高。我们共开设了20门拓展性课程,以"会、社、所、吧"形式开展的,每周五下午第三、四节,我校70多位教师共同合作,研究实践,创造出各种平台(社团),促进学生多元发展,个性飞扬。尤其是我校的基础素质操在全国体育联盟教学改革展示会上展示,受到一致好评。中国教育报社、杭州日报社、浙江教育科技频道等多家媒体对我校以"会、社、所、吧"形式开展个性化活动,无缝对接学生的个人兴趣爱好,助力学生个性发展、多元发展进行了报道。

四、学生画像:初中综合素质分析系统的结构呈现

初中综合素质分析系统还十分注重形成家校教育合力,协同育人。在初中综合素质分析系统中,我们给每个家长都设定了账号,他们可以随时到系统中查询自己孩子的相关情况,同时他们也可以把孩子在家里的闪光点输入平台,教师审核通过即可保存。借助这个平台,实现了家长与教师之间的有效沟通,家校之间双向互动合作,形成教育合力。

(一)自助查询成长档案

在本研究的分析系统中,每个学生都有一个账号,在账号下面包含着学生的德、智、体、美、劳等多方面的记录,有些是真实性的图文记录,如张同学在学校运动会上荣获初三男子跳远第一名,跟在后面的就是他的奖状及他跳远时的矫健身姿(照片);有些是反思性的文字记录,如李同学今天和同学闹矛盾了,老师找他谈心:为什么会发生这样的事? 我们以后要注意什么? 应该采取什么样的解决办法更好? 李同学把自己的反思进行物化,写出来加深印象,真实记录下来,让它成为自己成长的台阶。

孩子们初中三年成长道路上的一点一滴,都在这个系统中真实而具体地记录下来,成了孩子的一份最好的成长礼物——电子化的成长档案。家长们可以自助查询自己孩子进校以来的状况,可以全方位、立体地了解孩子,为理解、正确指导孩子奠定基础。老师们尤其是中途接班的老师,登录某个学生的账号,这个学生以往的各种表现、特长、身体素质、性格等个性化的档案都可以一一呈现在眼前,为老师快速地了解学生奠定了坚实的基础。

(二)自助查找成长秘方

家长们除了可以查询孩子的成长档案以外,还可以通过综合素质成长处方报告查看学生的发展情况，该学生的优点、缺点一目了然。诊断平台根据收集到的数据，科学分析后，开出了个性化处方，为促进孩子全面而健康地成长提供了秘方。家长们通过自主查找很快就和学校分享了这一秘方，无形中为家长的家庭教育指明了方向和提供了可操作的可能，提升了家庭教育的水平。

（三）自助定制成长菜单

根据诊断结果，规划平台从"六小"的角度，提供育人行为改进的具体措施，每个家长可以以此为据，结合自己的家庭情况，和孩子一起商量、讨论，制定适合孩子的成长菜单。如初一（1）班两个孩子根据规划平台中加强体育锻炼的成长处方，两位家长、孩子和教师一起制定了以下私人成长菜单：甲同学是仰卧起坐、下蹲，乙同学是跳绳、仰卧起坐、实心球。为了督促自己坚持，采取了打卡的方式，邀请老师做监督员。我们相信，只要坚持，这两位学生一定能在这方面有所改善，甚至成为一名出色的运动小健将。

又如前面提到的在2019年暑假学生处查询了上半年的指数，发现"美德小少年"这项指数偏低，初一（1）班的家委会和班主任、任课老师一起利用周六的时间组织了有意义的家校协作的提升活动，通过升国旗、穿主题T恤、唱《我和我的祖国》、换汉服、学点茶礼仪等，弘扬了爱国主义精神，传承了中华民族的传统文化，家国情怀在具体而有趣的活动中悄然萌芽、苗壮成长。

初中综合素质分析系统已经成了我校家校协同教育的一个重要渠道，强化了共振机制，密切家校合作，优势互补，形成合力，从而引导学生自觉养成良好的道德观念和行为习惯，提升自己的综合素养。

第 四 章

学业水平助力:精准实施,资源推送

第一节 基于大数据学业水平助力系统的构建

计算机与网络技术正在改变着人类的思维和生活模式,也引起学校教育、教学与教研的深刻变革。充分利用数字校园和网络环境,变革教学方式,提升教学的有效性成了不可逆转的趋势。作为杭州市数字校园建设示范单位,学校两年来不断进行数字校园环境的建设和完善,并用现代教育技术促进教学改革,建设具有校本特色的学业分析平台、教学反思平台和教学资源平台。学校结合教学发展形势,根据广大师生的实际需求,构建了用于教学诊疗的系统环境,并在实际应用中收到了不错的效果。随着智慧校园建设的不断推进,学校在已有学业分析系统的基础上,整合了教学资源的内容,为教师的教学诊断构建了系统的途径。

一、探索历程

(一)"适负优质"理念的提出和实践探索

1."适负优质"理念的提出

低效、单一的作业和课业负担占据了学生大量学习时间,高负荷、大强度的教学模式忽视了学生的主体性和情感性,束缚了学生的创造力,使学生渐渐对作业、学习、上课产生厌烦、抵触情绪,抑制了学习的兴趣,不利于学生的全面发展。在学生负担适度甚至减轻的情况下保证并提升教学质量,将粗放式的教学模式向基于学情的精准教学转变是教学改革的目标和方向。

2.教学管理模式的创新

2010年,学校以"适负优质"的理念引领课堂教学,逐级下放管理重心,更注重激发师生自身的管理意识。学校行政为师生的发展提供服务,服务的宗旨是有助于建设高效课堂，实现"适负优质"的教育，促进师生发展，将师生的需求作为教学工作的出发点和归宿。学校教导处由教学研究活动的组织者变为教学活动的策划者和服务者。同时教导处鼓励和推广学情研究，教学管理的形式由注重结果转向注重过程。除了教学常规工作外，学校将教师对学情和考试的分析水平作为其教学工作评价的重要参考。

3.作业管理系统的构建和实施

2012年，学校结合杭州市规划课题"'适负优质'背景下的有效作业研究"，开展集作业的设计编制、应用反馈、统筹管理于一体的三维作业系统构建。系统立足于学生的差异性，核心目标是学生学习的适负优质，提高作业的有效性。通过作业系统的构建，达到作业改革的目的，即"减轻学生过重负担""提高学生能力"（见图4-1）。

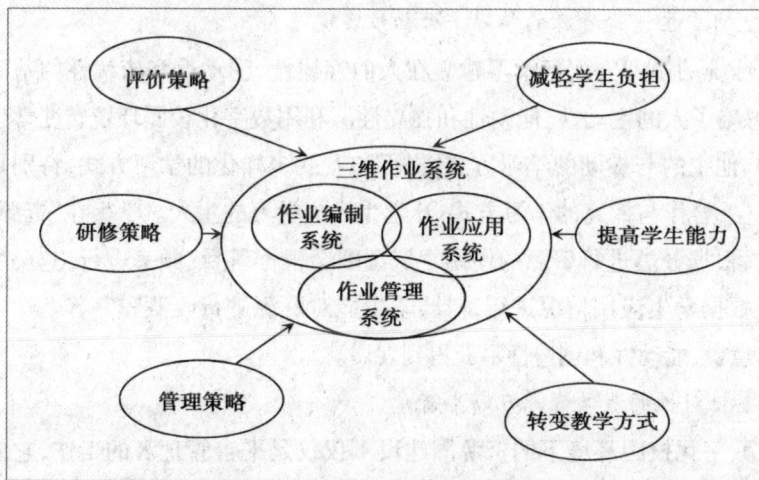

图4-1　三维作业系统基本结构

在作业系统的构建和实施过程中，广大教师积极参与和实践，将研究成果进行分享和讨论，形成对作业的设计与应用的研究案例、研究论文及课题成果。研究还改进了教师的执教理念，明确"先学后教、以学定教""教师退一步、学生进一步""课堂变学堂""教师少讲十分钟"等要求；各教研组结合"作业设计和反馈"、命题研究等主题来展开各项校本研修活动，教师专业素质明显提高。

(二)数字化校园时代的资源圈建设

1. 从资源库到资源圈的转变

学校有两个校区,教师之间的资源交流频繁,储存丰实,但原有的教学资源库日渐庞杂、分散和无序;资源库偏重于试卷、教案、课件的积累,没有教师应用后的反馈记录,无法实现素材与应用后结果的连接,缺少科学的数据分析和使用的学情依据。

教学资源圈以更为先进的硬件设施为基础,全面整合各学科教学资源库,建立统一规范的教学素材资源库格式,并使各类素材与教学质量分析系统产生的数据建立对应与关联,在一定权限的前提下,教师、学生、学生家长可以登录后进行查阅、下载、修改,实现即时对话、留言评论的功能,它是一个资源随时修改、数据随时调用的开放性数字化平台。

2. 可自主选择资源的学习平台初步实现

传统的学习方式把学习建立在人的客体性、受动性和依赖性的基础之上,忽略了人的主动性、能动性和独立性。利用数字化校园环境转变学生单一的、他主的与被动的学习方式,提倡和发展多样化的学习方式,特别是提倡自主、合作与探究的学习方式,让学生成为学习的主人。学生在"资源圈"一栏,根据分类进行资源的使用。资源圈会根据科目、频率进行浏览,系统也会根据学生应用情况进行统计,学生能对资源进行收藏和完善。学生的主体意识、能动性和创造性不断得到发展。

3. 针对性的教学资源日渐丰富

数字化校园环境下的资源圈建设不仅仅是平台管理者的工作,它向学校所有的教师、学生、家长开放。只要拥有一定的账号和权限,教师、学生、家长随时可以就自己权限范围内的资源添加素材,更新资料,对资源圈内资源的使用情况进行反馈。由于网络的快捷便利,资源圈的建设者、使用者、使用时间和空间都将突破以往的限制,具有开放性。

数字化校园环境下的教学资源圈还区别于其他领域的资源圈。资源圈内所有的活动要有利于解决教材、课堂教学、课后学习中的问题、难点、重点,有利于提高学生的学习能力和教师的执教水平,为提高学校办学质量服务,具有教学针对性。

二、核心概念

（一）系统解读

教学诊断是指对师生在教与学活动中有价值偏差的教学行为进行分析，寻找造成价值偏差（教学问题）的原因，并针对原因采取补救和改进措施，提高教学效果。

基于网络的学业水平诊断系统是指在网络环境下，教师积极利用系统内的学业分析平台，发现教学中的问题，通过反思、分析和他人的帮助，找寻造成问题的原因，形成教学诊断结论，并以先进的教学理念为指导，依托校本教学资源平台采取诊疗措施，完成教学改进。

（二）系统结构

在本系统中，基于网络环境利用现代教育技术手段，通过学校构建的学业水平诊断系统，实现师生不限时间、空间的数据采集、分析和对教学的诊断、改进。具体结构如图4-2所示。

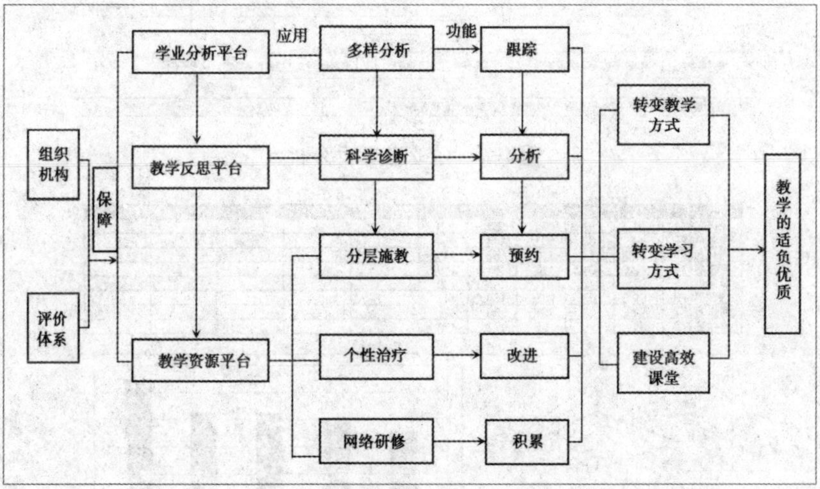

图4-2 基于网络的学业水平诊断系统结构图

本系统在学校组织机构和评价体系的保障下，通过系统三大平台实施多样分析、科学诊断、分层施教、个性治疗和网络研修策略，发挥本系统的跟踪、诊断、自选、改进、积累功能,提高教师的教学能力和学生的自主学习能力;实现教育技术与学校新型教学模式的融合,培养师生现代教育技术素养和教学创新能力,实现教学"适负优质"的目标追求。

三、网络条件下的系统性学业水平诊断平台的开发

(一)学业分析系统的建设和完善

学业分析系统的基本功能包括学业进退步分析、学业能力分析、各科知识点掌握情况分析(见图4-3、图4-4)。

考试名称	语文	数学	英语	科学	总分	其它学科1	其它学科2	其它学科3	其它学科4	其它学科5
考试名称1	90	107	104	167						
考试名称2	84	105	101	144						
考试名称3	77	112	103.5	153						
考试名称4	89.5	91.5	113	155.5						
考试名称5	87	117	101	145						
考试名称6	90.5	97	105.5	154						
考试名称7	91	100	105	130						
考试名称8	91	98	95	172						

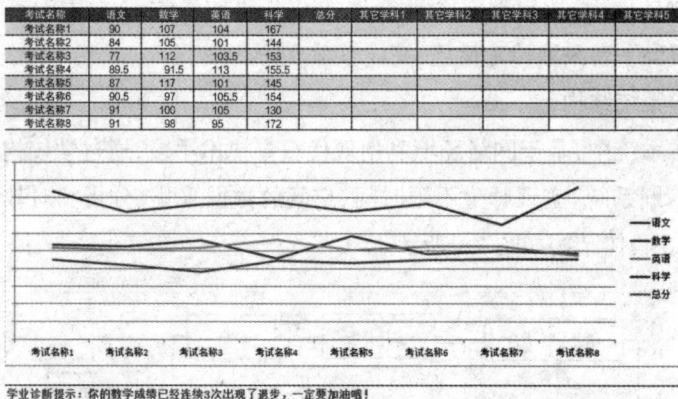

学业诊断提示:你的数学成绩已经连续3次出现了退步,一定要加油哦!

图4-3 学业进退步分析

考试名称	语文	数学	英语	科学	总分	其它学科1	其它学科2	其它学科3	其它学科4	其它学科5
考试名称1	90	107	104	167	468					
考试名称2	84	105	101	144	434					
考试名称3	77	112	103.5	153	445.5					
考试名称4	89.5	91.5	113	155.5	449.5					
考试名称5	87	117	101	145	450					
考试名称6	90.5	97	105.5	154	447					
考试名称7	91	100	105	130	426					
考试名称8	91	98	95	172	456					

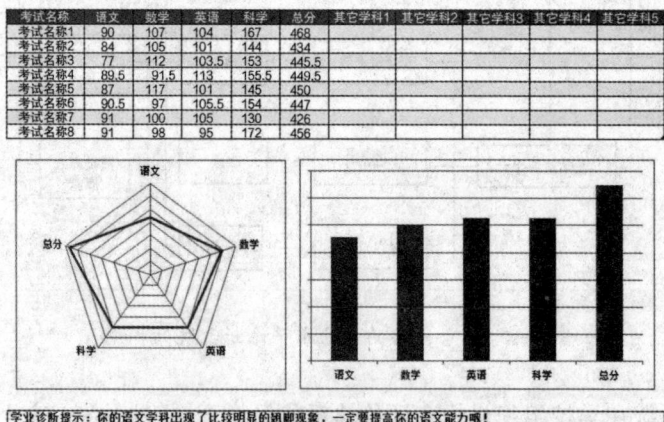

学业诊断提示:你的语文学科出现了比较明显的跛脚现象,一定要提高你的语文能力哦!

图4-4 学业能力分析

学业进退步分析:能够显示某位学生历次考试各科成绩及总分,并根据数据自动绘制折线图。折线的每个数据点为成绩排名,对于每个年级的所有学生要求Y轴的高度保持不变,即为该年级的学生数。页面底部根据给定的条件自动生成学业分析提示。

学业能力分析:能够显示某位学生历次考试各科成绩及总分,并根据数据自动绘制考试成绩的雷达图,雷达图的五个数据点分别为语文、数学、英语、科学、总分的年级排名,并用相同的数据绘制柱形图,坐标轴刻度取值均为年级人数。让教师、学生通过两种不同的图表展现学业能力的发展情况,雷达图的面积越大表示学生的学业能力越强;反之,则学业能力相对较弱。并且,教师、学生也可以自由选择并添加其他考试,将多次考试的雷达图进行叠加对比,在一定程度上也能反映学业的进退步情况,并根据给定的条件自动生成学业分析提示。

(二)教学反思制的应用和延伸

教学反思对教师专业成长的作用在理论和实践上得到广大教师的普遍认可。为保证教学反思的应用实效,学校在2014年选取教龄在10年内的青年教师,开展自主、自诊、自新的"三自"教学反思模式研究。青年教师以自主需求为动力,自我诊断为方法,自我更新为目的,在确保教学反思出自教师自觉自主的情况下,探索了青年教师教学反思的理念、方法和途径。青年教师的"三自"教学反思模式在阶梯式的教师发展机制、促进教师自诊的磨课制度和"教研训一体"的校本研修制度保障与推进下,教学能力、科研能力和创新意识明显提高。

(三)三合为一的诊断系统的构建

在学校组织机构和评价体系的保障下,在日渐完善的教学资源平台基础上,初步建成学业分析、教学反思平台,完善教研制度,开展主题式磨课和诊断,形成教学诊断系统。通过系统三大平台实施多样分析、科学诊断、分层施教、个性治疗和网络研修策略,发挥诊断系统的跟踪、诊断、自选、改进、积累功能,提高教师的教学能力和学生的自主学习能力;实现教育技术与学校新型教学模式的融合,培养师生现代教育技术素养和教学创新能力,实现教学"适负优质"的目标追求。

第二节　基于大数据学业水平助力系统的实践

一、诊断反馈

(一)诊断方法

本系统的学业水平诊断,依托对学业分析软件的自动应用。数据只是发现问题的载体,问题的诊断也需要旁人的指点与建议,问题的分析也需由表及里,找到本质与根源。

【案例1】　利用数据分析诊断学生写作问题

在本次期中测试中,方同学选择题部分得14分,阅读和作文得42分。其中阅读36分,说明他在文本的阅读和理解方面有一定的基础,并在考试时进行了认真的思考。

写作水平非一时之功就能提高的,但方同学作文得分与班级平均相差如此悬殊,严重影响了他学习和阅读的热情。第一年执教,碰到这样的问题难免恐慌。于是,我问计于组里同事,借鉴了他们一些有经验的做法,尤其是让同学点评的做法对我颇有启发。在作文讲评时,我以前只关注优秀范文点评,忽视了对个别学生个别问题的关注。针对方同学的写作问题,我开始在作文教学的点评环节有意识地请他对自己和他人同学进行作文互评。同学的评价使他对自己写作中的问题的认识更加清晰,而通过对同学文章的评价,他慢慢意识到作文的结构、中心思想的有无和深度、语言的文采是作文的三大基石,于是也就慢慢了解到自己该如何写作。

通过考试数据分析，老师确定了方同学在语文学习中的写作短板。这个案例体现了师生在教学诊断中用到的基本方法。

1. 数行结合的方法。"数"指考试数据，"行"指教与学的行为。本系统的建立和应用源于对考试数据的分析，但老师和学生的诊断并不是从数据到数据，而是从数据到行为，根据数据中的问题分析学生良好写作习惯的养成规律。考试数据中反映的信息能体现学习效果，而透过数据进一步分析研究，则能找到导致当下学习效果的原因，找到影响数据的行为因素。考试数据的应用也能从评价转向诊断。

2. 主辅互补的方法。在这则写作教学案例中，教师和学生是诊断的主体，通过老师的引导，借助同学的视角，方同学对自己在写作中的问题有了更加客观的认识。在教师教学诊断中，碰到了问题，但一时又没有明确的解决思路，最便捷的是向同伴求助。主辅互补是指师生在教学诊断过程中，一切行动均以师生的自我需求为主，以他人的帮助、指导和影响为辅助手段，作为补充，服务于师生自我分析的目的。

3. 由表及里的方法。由表及里是指对教学问题的诊断由浅入深、由表及里、由现象到根本的递进。老师由数据分析，发现方同学的写作能力与平时写作习惯的培养、写作素材的积累有关，进而分析自己在教学中对个别性问题缺乏关注，从而采取了跟进措施。某个教学问题的形成，往往表现为知识点掌握薄弱，考试失分率高，其背后反映的可能是教师在授课时的缺陷，也可能是学生在理解上有误区；从根本上有可能是教师教学理念的落后，也有可能是学生学习方法、知识架构能力上等深层次的问题。由表及里的诊断方法能培养师生透过现象看本质的分析能力，看到问题本质之后，师生才有进步和发展的目标追求。

（二）诊断流程

在教学的自我分析中，教师登录学业分析平台后，出于各自需要，调用各项考试数据，并以一定目的进行各种处理。在教学案例中，老师们因循这样的流程开展诊断。

【案例2】 依据考试数据分析的教学自主诊断

　　登录学校学业分析平台,调出本次模拟考试数据,分析一模的各小题得分情况,发现我班学生选择题得分等于年级平均水平,而非选择题得分与年级平均分有3分的差距。在非选择题得分中,25、26、27题得分情况比均分略高,28、29题得分则明显低于均分。再查看这三小题关联的知识点,是关于历史与社会的内容,而28、29题的知识点是八、九年级关于公民的权利和义务。如果按照我前面对学生学情的判断,是因为班级整体文科偏弱,不善于归纳表达,那么25~27题的得分又怎么会高于其他班呢?

小题号	单选1	单选2	单选3	单选4	单选5	单选6	单选7	单选8	单选9	单选10	单选11	单选12	单选13	单选14	单选15	单选16	单选17	单选18	单选19	单选20	单选21	单选22	单选23	单选24
8班均分	2	1	2	2	2	2	2	2	1	1	2	2	2	2	2	1	1	2	2	1	2	2	2	2
年级均分	2	1	2	2	2	2	2	2	1	1	2	2	2	2	2	1	1	1	2	1	2	2	2	2

小题号	25-1	25-2	25-3	25-4	26-1	26-2	26-3	26-4	27-1	27-2	27-3	27-4	27-5	28-1	28-2	28-3	28-4	28-5	28-6	29-1	29-2	29-3	29-4	29-5
8班均分	2	2.1	2	6.3	2	1.8	1	4.6	2	1.2	1	2.8	6.7	2	1	2	4.3	2	1.8	3.9	2.1	0	1	3.7
年级均分	2	2	2	6	2	1.7	1	4.5	2	1	1	3.1	7	2	1	2	2.4	4.8	3.6			0	2	5.3

　　细观一模28、29两小题,这两题都是思想品德的知识点。尤其是失分较重的29题,考查的知识点是九年级思想品德中关于社会主义的基本国情和人民代表大会制度。

　　我开始反思这一知识点的新课教学情境。那段时间,由于感觉课时紧张,这是很重要的,同时以简单粗放的方式,匆匆而过。在九年级思想品德新课教学时,没有厘清知识点之间的联系,每一块知识都是独立的碎片,学生在理解上也是处于支离破碎的状态,一旦应用起来,总是难以把握方向;在上学期期末时,已经发现本班对这一块知识掌握得不理想,以为只是偶然因素,没有采取跟进措施,导致漏洞越来越大。

　　为什么明知是教学重点,我在教学中仍以轻描淡写之态处之?为什么教学节奏总是拘泥于进度而凌乱?深刻反省一下,发现自己"病"得不轻,病根恰恰在自己的头脑中。

第一，脱离以生为本的教学理念，教学目标成了空中楼阁。尤其是这个学期教学时间很短，教学任务很重，为了赶进度，很多老师以"简单粗暴"的方式上完了新课。这恰恰体现了新课程要求的"学为中心"的教学理念被搁置了。

第二，教学方式单一陈旧，难以促进学生对文本的理解。在教学中，我以"学生反正不懂政治"为由，较少鼓励学生参与课堂，而将"理解、掌握、分析、懂得"等一系列教学目标偷换成"认识并牢记"。考试数据证明，没有理解的记忆是最短暂虚无的记忆，学生不仅不能应用，一并连"什么是什么"也不知道了。

第三，教师没有架构严密的知识体系，难以发挥教学中的导引作用。作为一个历史专业的老师，我在历史与社会课的教学中非常注重知识点的前后联系，融会贯通（本校思想品德和历史与社会为合科教学）。但在思想品德课教学中，于这方面却显粗浅，这影响了我对思想品德课知识体系架构的深入，导致了知识点在学生头脑中的碎片化存在现状。

以上老师的一则案例，基本体现了网络条件下教学诊断的一般流程，即从分析、判断到反思的基本过程。

1. 全面分析教学效果

考试数据的作用，最普遍的被用来检测教学效果，并以此作为评价师生教学效果优劣的依据。在本系统的实践应用中，学校弱化成绩对师生的评价作用，强调数据中的信息对教学诊断的作用。全面分析指的是师生利用考试数据的处理结果，既分析教学中的优势，也分析教与学中的薄弱之处。案例中老师发现本班学生并非所有的非选择题的得分状况都不理想，25～26题班级均分高于其他各班。作为历史教育专业的老师，对本专业的知识体系把握很到位，而在思想品德教学中存在知识体系架构方面的不足（学校将历史与社会和思想品德两门学科采取合科教学的方式）。可见，学业水平诊断的第一步，是主动全面分析教学效果，通过数据分析发现教学优势，既有利于师生全面地认识和评价自我，也有利于师生坚定自己个性化的教与学，更有利于师生将自己的优势与弱势情况对比，发现问题并深入研究问题。

2.客观判断存在的问题

判断本是一个主观行为,容易受判断者主观立场影响结论的科学性。客观判断存在的问题是指在前一步全面分析的基础上,进一步确定问题存在的真实性。首先,主动从多次考试数据中验证存在的问题。上述案例中的老师不仅从初三一模中发现了本班知识点的缺漏,更从历次检测中发现了同类问题。可见,这个问题的存在并不偶然。其次,考试数据结合教学情景来论证问题的存在。考试数据是师生教与学行为结果的数字呈现。因此,科学的判断是从数据到行为再到数据的循环过程。老师在进行数据分析后,在思维上立马链接了当时的教学场景,这也体现了教学诊断中"数行结合"的方法。最后,寻求他人协助诊断可能存在的问题。俗话说"旁观者清,当局者迷",当判断主体对问题存在不确定时,主动寻求专家和同组老师的帮助,请他们听课议课,进行现场教学观察和诊断,验证他们的自我分析是否合理准确。

3.深入反思教学行为

行为是思想的外在表现。深入反思教学行为,就是在反思教学行为的基础上,深刻剖析造成行为的思想根源。案例中老师确诊自己在思想品德教学中存在的问题后,发现自己在教学中确实有"病症",而且还"病"得不轻。病根在自己的头脑中,即教学理念的错位。对教学行为的深入反思是教学诊断系统中具有关键意义的一步,是教师实现成长进步蜕羽化蝶的关键之举。只有对问题本质的深刻认识,才能从思想上根除行为上的粗浅和疏漏。

二、动态规划

(一)依据学情定制网络教研

1.树立依托学情的学为中心的育人理念

基于网络的学业水平诊断系统,不仅诊断教学问题,也能从某些层面反映学生的思想状况,从而使学情分析有了新渠道。

【案例3】 运用班级网络空间介入与交流

除了一些学生的不稳定状况之外,班中的某些学生在平时学习过程中的一些坏习惯也需要通过网络平台得到老师和家长的关注。如在平时偶然的观察中发现,班内部分学生在留言中表现的QQ游戏经验值很高,玩的游戏很丰富;部分学生经常在QQ中更新动态,转发网络信息。其中有某位女生甚至经常在半夜上网更新动态。

根据对学生课后活动的特点的掌握,徐老师的班级管理也从线上线下双管齐下。通过对学生心理状况的了解,徐老师在自己的网络空间中发表自己的心声和感慨,让学生走近老师,了解老师,拉近师生距离,渗透教师影响力,凝聚班级网络正能量,使学生有积极向上的学习状态。

2.研究依托诊断的教学效能提升问题

教师的教学诊断活动小而微,但由此引发的网络教研由个人到全组,由线上到线下,由思考到实践得以全方位推进。

如科学老师通过对学业分析发现,科学实验教学是培养学生良好科学素养的重要途径,而学生在考试中的实验题往往有一些失分的"雷区",哪怕是一些生活中的常识性问题。于是,老师在学习空间站发起了"科学实验教学"的主题教研,同组老师响应者众(见图4-5)。

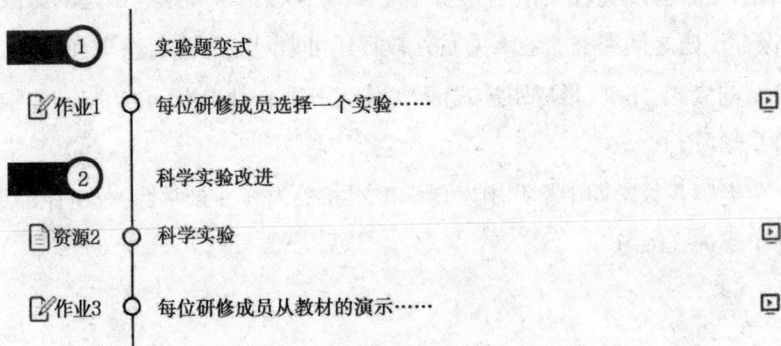

图4-5 科学老师的网络学习空间站

教研组以问题为研究对象,结合区域教研资源,开展课例研修。通过实验教学专题课例展示,通过听课、磨课和议课、评课,科学教研组老师探讨了不同教学环节的教学实验设计、不同方式的实验展示以及从实验和实验题的关系角度开展教学思考。

(二)不断改革作业形式

教学中经诊断确定为"典型错题"的,可比作久治不愈的顽疾。系统软件的智能化和计算机强大的存储、分析功能,使师生能对诊断中的典型错题"反复治疗,反复研究"。

1.校本试题库。试题库针对全体学生。在试题的生成上主要有两种途径:一是智能化批量导入,系统根据设置的错题标准,将该年级某次网上阅卷后达到这一标准的试题作为典型错题投入题库;二是教师在日常教学的作业批改、课堂练习中发现的错误率较高,在班级中具有代表性的错题,教师利用速录笔等工具将其转化为电子稿,投入试题库。

2.建设错题簿。错题簿的建设针对学生个体。在每次考试完成后,如果某个试题的得分率(难度系数)高于一个预设值,则自动标识为"易错题"标记,形成学生个人错题簿,学生可以灵活、方便地查看自己的错题簿,查看每个错题在自己的原始答题卡中的图像及该题的答案和解析过程。学生采取跟进措施,确认掌握了该题后,可以自行从错题簿中删除。

3.开发跟进式作业。跟进式作业主要由教师开发。教师根据试题库已有错题,进行修改、改良后产生新试题。系统全程记录并跟踪试题的修改过程,保存试题之间完整的继承关系。教师还可以对错题进行整理和归类,进行题型的变式、拓展,形成跟进式练习,作为补充作业,用于教学跟进和学生的自主学习。

董老师在数学期中检测中发现学生对相关内容并未掌握,分析原因后,设计了跟进式练习。

【案例4】 数学跟进式作业的开发与设计

已知$AD/\!/BC$，$\angle ABC=60°$，点E、F分别在射线AD、BC上，若点E与点B关于AC对称，点E与点F关于BD对称，AC与BD相交于点G，则（　　）

A. $-2+\tan\angle ADB=\sqrt{3}$

B. $2BC=5CF$

C. $\angle AEB+22°=\angle DEF$

D. $4\cos\angle AGB=\sqrt{6}$

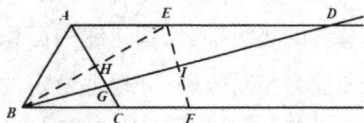

董老师为了验证自我诊断的效果，又设计了跟踪检测，从检测数据当中证实自己的跟进措施是否得当。

跟踪检测：如图：已知$AE/\!/BC$，$AB\perp AD$，若点E与点B关于AC对称，在CE的右侧作以CE为边的正方形$ECKD$，连接BD交AC于点G，过点E作BD的垂线，垂足为点I，

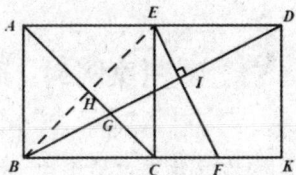

（1）求$\tan\angle ADB$与$\cos\angle AGB$的值。

（2）求BC与CF之间的数量关系。

从考试数据来看，经过跟进式强化训练，学生对解决这类问题顺手多了。所以错题是一面镜子，从这面镜子里我们看到学生上课、作业中存在的问题。选取典型例题，讲解透彻，再通过强化训练，使学生掌握到位。

基于网络的教学诊断系统的构建和应用是为了从根本上减轻学生的负担，实现教学的适负优质。用跟进式作业来解决典型错题，是要提高作业效率并通过作业培养学生的学习能力。

三、精准实施

（一）可选择的教学资源

1.智能推送

学业分析平台显示某学生历次考试各科成绩及总分，并根据数据自动绘制考试成绩的雷达图，雷达图的五个数据点分别为语文、数学、英语、科学总分的年级排名，雷达图的面积越大表示学生的学业能力越强；反之，则学业能力相对较弱，并根据给定的条件自动生成学业分析提示。学科考试每个小题有知识点标签，根据小题分析情况可以知道班级、学生相应知识点的欠缺，知识点关联对应跟进式练习，平台可以发出推送提示，教师和学生只要点击知识点，就能多角度练习，巩固理解。

2.自主点播

学校基于师生双方的情况和需求，联合校外合作机构，将更多优质的教学视频置于教学资源平台中，方便学生直播参与和点播学习，更有在线笔记和交互功能，使学生因学习缺位导致缺失的"营养"得到及时的补充。

【案例5】 通过教学视频点播开展自主学习

在这次期中检测中，我在语法尤其是介词的用法方面一共丢了6分。在老师的推荐下，我打开了学校网站的这段教学视频。这段教学视频帮我填补了一些英语语法方面的漏洞。

老师思路很开阔，一个题目可以扩散到很多知识点上，而且列举了很多经典错题，很多都是没在课堂上听老师讲到过的。

而且，老师的讲解十分幽默风趣，常常会站在学生的角度想问题，就像我们的朋友一样，经常跟我们互动，一节课没有觉得很枯燥，丝毫不觉得疲惫。

这次视频教学的效果出乎课题成员的意料。课题组最初的调查对象是有选择的，选择那些主动要求补课的同学。整个上课过程他们都十分专注，教师互动精彩处,还不由自主笑了出来。课后访问使用过的同学,均表示很有收获。

(二)可预约的教学平台

在基于网络的学业水平诊断系统中,教学资源平台的每一类资源都能实现在线互动,还有留言反馈功能。学生通过对自己学习的诊断,需要一些个性化的学习资源而无从查找时,可与老师商议定制,教师便为他量身打造。

1.预约资源

在教学视频直播平台,听课学员可以随时发言,也可以与同学、老师聊天,提出自己的要求,预约学习和教学资源,解决自己在学习过程中的困惑和需求。这种远程教学模式虽不能取代传统的课堂教学,但在导学、自学、复习阶段具有自主性强、自由度大、效率高的优势。

教学资源平台的应用反馈,可以使教师通过对各项互动活动的数字化分析手段,对所有的教学资源一轮一轮地"应用—反馈—诊断—应用"。一方面,众多再创后的资源具有明显的校本特色,是学生、老师等众多使用者经使用后自主开发的资源,丰富了校本课程、校本培训活动资源;另一方面,再创的资源在网络环境下经共享,由更多的人选择、整合、再创和共享,教学资源得以"转"起来,"活"起来。

2.预约诊断

系统平台通过学生账号登录,家长和学生可以自由查看权限内的各种学习数据,就学习上的疑问留言,发起诊断需求。

由于校本资源的开发关联了阅卷系统和学业分析平台,系统中教学资源的设计基于从考试数据分析开始的学情诊断,都能体现两种不同的分类关联:与试题库中某个试题的关联和与某个学科的若干个知识点的关联。教师根据学生的诊断需求能够从资源圈中人工推送与知识点的分类相关并播放相关的微课视频和跟进练习。

(三)可跟进的互动空间

1.基于知识点的微教学跟进

校本微课设计基于考试数据,紧密关联小题知识点。教师根据考试数据开展教学诊断,确定为教学盲点(课堂教学中因教师方法、理念、策略不当的原因导致教学目标没有落实,或因学生基础和其他主观原因导致学习效果不理想的知识点)、教学难点(学生难以理解、难以应用的知识点)和教学疑点(有争议、有怀疑,值得探究的教学内容)作为微课录制要点,设计微课教学,由教师组织学生学习或由学生通过知识点的站内搜索,开展自主的针对性学习。

网上的微课资源丰富,但由于教师的讲解习惯、应用需求以及学生的差异不同而不一定适合每一个学生的需求。校本微课的开发和应用让老师和学生有了更多的选择。

【案例6】 从学情出发 破教学难点
——基于学情诊断的《平面镜成像特点》微课教学设计

一、确定教学难点

平面镜所成的虚像看得见却摸不着,对于初一的学生来说是一个比较抽象的概念,如果没有一个具体直观的现象帮助学生理解,很容易造成学生对平面镜成像特点的机械式记忆,最终会缺乏运用能力。我将本节课的难点定为:

1.平面镜所成像的性质。

2.找到平面镜所成像的位置,确定物体、平面镜及像三者的位置关系。

二、教学步骤设计及分析

1. 导入视频:教师演示实验——不会熄灭的蜡烛。(1分钟)

2. 亲手实验,突破难点。

环节一:平面镜所成像的性质。(2分钟)

环节二:确定物体、平面镜及像三者的位置关系。(5分钟)

钱老师根据考试数据分析,根据执教班级学生的学习状况,发现了自己在日常教学中的疏漏,重新确定教学难点。这个教学难点是针对执教班级的学生状况而设的,因此针对这个知识点的教学要为这些学生量身打造。钱老师通过一段8分钟的微课,以实验导入,在微课中引导学生动手实践和合作探究。学生可以在家通过知识点链接找到这段视频,开展自主学习。

2.基于学科素养的学习能力跟进

考试评价中时事素材频频出现,是学科要求,也是时代要求。《关于加强和改进中小学时政教育的指导意见》规定,各地、学校要多形式推进中小学时政教育,培养学生的社会责任感,帮助学生关心生活、关爱社会。因而,教师在日常教学中应努力体现学科与时事热点的关联,与教学环节相融合,多角度、多层面、有意识地引用时事素材,拓宽学生视野,逐步培养学生的全球观、社会观。现以同一则时事在不同教学内容中的应用说明之。

【案例7】 时事素材在历史与社会教学中多角度应用

时事素材	2017年12月3—5日,第四届互联网大会在浙江乌镇召开,国家主席习近平在大会开幕式发表重要讲话		
教学内容	七年级:水乡孕育的城镇	八年级:江南地区的开发和经济中心的南移	九年级:和平和发展是当今世界的时代主题
素材应用	解释现状	追根溯源	明确责任
关注信息	社会各区域特色鲜明,文化各异	社会文明是在变迁、继承中逐步演进的	社会发展面临机遇、挑战和选择

但凡时事,均具备事件、地点、人物、背景等基本要素。在教学中,教师将这些要素融合于各环节,巧妙应用,精点妙引,在潜移默化中引导学生关注社会发展,体现课堂教学与社会生活的联系。

解释现状——时事素材与地理教学结合。课程标准1—2—6中要求学生通过社会典型地区和区域的学习,能描述我国不同地区"水乡孕育的城镇"一课中,世界互联网大会的召开的素材可以贯穿教学全过程,请学生从乌镇的自然条件、人文特征、文化底蕴等方面分析大会之所以落户乌镇的原因,以一个话题引导学生的学习活动逐步开展,感受知识的现实价值和意义。

追根溯源——时事素材与历史教学的结合。时事素材与历史教学结合,能使学生更加理解社会发展的延续性、必然性、规律性。在"大运河开通历史影响"和"江南地区的开发"等内容的学习中,教师引入世界互联网大会召开的时事,理解世界互联网大会选址乌镇,是有历史渊源的。时事与历史教学的结合,让历史更有生命力,让学生对社会的了解更有厚重感。

明确责任——时事与国情教学的结合。在《历史与社会课程标准》中将"认同社会主义核心价值观,逐步树立走中国特色社会主义道路的信念……逐步增强民族的认同感、自豪感、归属感"作为情感、态度、价值观教学的目标之一。这一教学要求在九年级的教学内容多有涉及,时事更是教学素材的主角。"互联互通"体现了信息时代下中国主动融入世界的积极姿态,"共享共治"体现了中国在解决信息化中的责任感。作为新时代的青少年,更应顺应时代潮流,要勤学、善学,敢于创新,有所作为。

四、智慧评价

(一)制度保障,指向学生终身发展

1.关注过程

教师必须及时了解学生在系统中的活动状况。当学生活动积极,闪现创意时,及时加以鼓励;当学生应用方法有误,方向不明时,积极给予引导;当学生出现惰性时,及时给他打气。学生自学后,点播平台及时推送课后练习;学生提交练习后平台完成自动批阅,给予学习效果反馈。当然,教师也可以作业、对话等形式检验学生的学习和资源应用效果。

网络教学视频点播登记表

账号	学科	内容	在线时长	学习效果

系统的诊断和改进平台都对学生开放,方便学生探究有效的自学途径,减少家长和社会盲目的补习,减轻学生的课后负担。同时借此平台尝试培

养学生的自主学习意识,能自觉利用现代教育手段获取知识,提高能力。

2.指向发展

由于每个学生学习需求程度不一,产生的效果也会大相径庭。学习习惯较好的同学,在分析考试成绩以后,就会找到相应的知识点,在有网络的环境中开展自主学习;而有些同学,无视考试成绩反映的信息,更不会开展相应的补救措施。为此老师需要制定一定的激励机制,鼓励孩子积极尝试,增强自我管理能力。老师根据自主学习的表现给予评价,包括对在线时间,学习时的笔记、心得和在线交流的情况进行考核,这使得学生综合测评中自主学习能力的评价等级有了充分的行为依据。等学生从系统运作中获得成功体验之后,就会出现良性循环。

(二)多元评价,收获成功体验

1.评价主体多元

杭州市中学生综合素质评价是全面反映中学生发展状况,促进学生全面发展的重要措施。它以党的教育方针为指导,以促进人的发展和可持续发展为目标,充分发挥评价的激励和促进发展的功能,具体内容见下表。

杭州市初中毕业生综合素质评定

学校:　　　　　　　　班级:　　　　　　　　姓名:

项　目	要　素	关键表现	自评等级	小组评定等级
(一)道德与素养	诚实守信	待人真诚 **信守诺言** 不做损人利己的事 考试不作弊		
	社会责任感	**积极参加集体活动和社区活动** 珍视和维护集体荣誉 关心社会和他人,乐于助人 积极参加环保活动		

项 目	要 素	关键表现	自评等级	小组评定等级
（一）道德与素养	自尊自爱	尊敬师长，尊重他人人格 举止言语文明 有错误能改正 **具有进取心**		
	自我约束	遵守国家法令和学校纪律 **能评价和约束自己的行为** **自觉完成学习任务** 能抵制不良诱惑		
（二）劳动与技能	劳动态度	**积极参加劳动** 认真学习劳技课程		
	技能水平	**具有一定的劳动技能** 具有一定的信息技术能力 **实验操作考查合格**		
（三）实践与探究	社会实践	**积极参与社会实践活动**		
	探究精神	**具有兴趣和好奇心** **能提出问题，有独特见解** **积极参加综合性学习** **爱好科技，具有科技特长**		
（四）交流与合作	同伴协作	与同学友好相处 能够接纳他人 **能够与他人合作共同完成任务**		
	沟通分享	**能够与他人交流和分享** **尊重并理解他人的意见**		
（五）运动与健康	身体素质	具有良好的身体素质 体育素质测试合格 **具有体育爱好和特长**		
	生活方式	**积极参加体育活动** 讲究个人卫生 没有不良嗜好		
（六）审美与艺术	审美情趣	**具有健康的情趣** **具有一定的审美鉴赏能力**		
	艺术表现	**积极参加艺术活动** **具有艺术爱好和特长**		

研究发现,综合素质测评中的多项内容可以通过作业途径加以考查。尤其是"自觉完成学习任务""积极参加集体活动和社区活动"等表格中黑体字部分,分别体现了学生的作业态度、完成情况、能力表现等;而对学生不同能力的评价除了学生在日常生活中的表现外,作业也是一个重要的考查依据。不同类型的作业、多样的评价手段、全面的作业管理都能较好地体现对学生评价的全面性、差异性和发展性。

"横看成岭侧成峰,远近高低各不同。"苏东坡以诗喻理,启迪人们认识为人处世的一个哲理——由于人们所处的地位不同,看问题的出发点不同,对客观事物的认识难免有一定的片面性。不同的评价对象对学生会有不同的评价。因此对学生的作业评价除了让学生参与形成自我认识外,还应将任课老师纳入评价队伍,通过作业这一窗口,形成对学生全面的认识;学校评价则在二者的基础上根据实际情况得出最后结果。

2. 评价标准多元

"人间四月芳菲尽,山寺桃花始盛开。"植物的生长受气候、环境、土壤的影响在成长速度、开花结果上有不同表现,也正因为动植物的差异构成了生物的多样性,构成了生机勃勃、绚丽多姿的大自然。我们的学生又何尝不是如此。正如世界上没有两片完全相同的树叶,学生在兴趣爱好、个性特点、成长环境、能力特长、知识基础等方面也呈现出各种差异性。学校教育应立足学生差异,用差异的评价标准,激励差异的成功,塑造学生个性,为社会和国家建设培养多元、丰富的有用人才。

通过本系统的应用,学生真正参与到学校的教学活动中来。由于系统的设计,学生对学习状况的了解既直观又客观,不管原来学习基础如何,都能一目了然地从系统中获悉自己学习的具体状况,并能在系统平台中便捷地找到相应的治疗拯救措施,学生成了学习的主人,成了自己学习状况的主宰者。

自主学习促进学生多元发展。有了自主学习的方法和途径后,学生对学习时间、学习方式、学习内容有了更多的选择权。对一些爱好广泛、精力充沛的学生而言,他们不必担心因为其他的兴趣爱好落下功课,业余时间的自主学习能将因比赛、训练耽误的学习内容补上。学校有一位校篮球队的主力队员,更是国家级运动员,在繁重的训练任务下,学习成绩还能保持年级前十的高水平,是名副其实的双料"学霸"。每天下午4点,他都要赶赴体校进行训练,晚上10点,顶着月色回到家,中考被学军中学录取。这位同学感谢母校给了他拼搏的平台,培养了他良好的学习习惯,给了他许多自主学习的空间,才能学习、训练两不误。

第三节　基于教育云平台的教学资源整合

一、校本教学资源系统构建

(一)构建依据

1.国家政策导向:加强教学资源平台建设

现今社会,科学技术日新月异,信息产业高速发展,在改变人们日常生活的同时,也极大地助推了教育事业的发展,"互联网+教育"的大数据时代已然到来。国家"十三五"规划纲要指出,要贯彻落实教育部信息化十年发展规划,全面加强信息技术促进教育改革发展的能力,广泛应用云计算、大数据、移动计算等新技术。与此同时,指出要加强优质教育资源平台建设,推动各类优质教育资源开发共享。在教育部公布的教育信息化试点优秀单位中,浙江省数量居全国第一,近年来,浙江省着力以教育信息化助推教育改革,用资源共享推进教育公平。通过教学资源平台的建设与应用全面深化课堂教学,加强了对分层教学、拓展课程建设和实施的指导,极大地助推了教师的高效精准教学和学生的全面个性发展。

2.教育教学需求:云移动平台教学资源优势凸显

针对云移动平台中的教学资源开发与应用,一方面,从"软"建设来看,高速网络带动了云技术的发展,将海量教学资源送上"云端";另一方面,从"硬"建设来看,智能手机、平板电脑等移动设备逐渐普及并广泛应用,有效实现将云端的教学资源带回"身边"。这样一"送"一"回"的方式不仅极大地拓宽了教学资源的应用视野,也革新了传统的教学资源供给方式。具体而言,云移动教学资源平台的应用与传统教学资源相比具有以下优点。

（1）以学为中心，实现个性化学习。教学资源平台的建设转变了传统教学课堂模式，真正实现了学生的主体地位。从学习环境来看，学习环境存在时空分离性，学生可以走出课堂，通过平台自主完成课前的预习以及课后的练习，学生可以走出教室甚至学校，不受上课地点和上课时间的限制，移动设备的使用让教学环境变得更加自由灵活；从学习方式来看，学生可以根据自身的学习进度实现自主调节，还可以选择预习、练习、考试、复习等多种学习方式；从学习内容来看，教师可以根据学生的学习情况调整和更新教学资源，学生可以根据自身的兴趣爱好自主选择学习内容，平台系统也会根据数据分析的结果为学生自动推送个性化错题及知识点，为每个学生制定个性化、针对性的学习方案。

（2）资源海量存储，高可靠低成本。互联网技术和云技术使海量教学资源的存储变为可能，云计算不仅能够实现强大的存储功能，更能够提供安全可靠的数据服务，可见这些电子化、网络化的教学资源相比传统教学资源存储成本更加低廉、存储服务更加安心、存储容量更加巨大。

（3）媒体类型丰富，便于资源共享。网络教学资源形式种类丰富多样，不仅包括文字、图片，更可以包括声音、视频等媒体形式，并利用多种媒体形式形成多媒体课件、完成白板擦写操作、实现自由灵活组卷等多种多样的功能。与此同时，借助互联网可以有效实现师师之间、师生之间的全校范围内甚至校际间十分便利的资源共享、互通有无，通过优秀教学资源共享实现优势互补，促进教育公平，达成共同进步。

（4）非线性检索，可重用可编辑。教师的课堂教学资源和学生的学习资源以电子形式存放在云端的教学资源平台中，教学资源按照既定要求和程序上传，相对统一规范，这样的系统管理方式便于教学资源的重复利用，也利于教学资源的编辑修改、增减更新。网络教学资源的检索可以采用关键词检索、目录导引、超链接跳转等方式，这些非线性的检索方式更能够满足学校师生在内容和时间上的需求。

3.学校实施沃土：技术支持助力学生成长

近年来，杭州市大关中学教育集团紧跟时代发展、坚持教学改革、建设现代校园，并在信息化教育教学改革的探索之路上取得了良好成效。2012

年开始,杭州市大关中学被拱墅区教育局确定为第二批数字化校园建设单位。2019年,学校与浙江学海教育科技有限公司达成校企合作,共同完成教学资源平台中的资源开发与平台应用。学海"智通云"移动教学平台的技术专家入驻学校,专门对接负责项目实施、制订并落实平台使用推进计划,解决学校师生在平台使用过程中的困难与疑惑,为学校师生提供信息化教学的技术保障。与此同时,一批提供给师生使用的平板电脑在无线网络的支持下已经配合教学功能进行了程序安装和应用调试,为项目的开展实施提供了软硬件保障。

现有的学海"智通云"移动教学平台中存在众多适合浙江省教材和初中阶段学生的教学资源,极大地助推了教师和学生后续使用平台的动力,保障平台内容充实丰富、切实可用。目前学校已有多个试点班的师生正在实践使用学海"智通云"移动教学平台,不仅在课前预习、课上学习、课后练习以及阶段考试等方面取得了良好的成效,更为学生提供了书法大赛、古诗词大赛等多种活动以及美文欣赏、英语听力、语文基础知识、我爱拼单词等专项学习软件,丰富了学生的课余生活,丰满了学生的学科素养,使学习更加有趣和主动。

(二)学校教学资源体系系统构建

1.教学资源体系概述

(1)教学资源体系系统构成。基于学海"智通云"移动教学平台的"4·8·2"教学资源体系,主要由四大资源来源、八大云端资源存储类型以及两大移动端App组成。其中,四大资源来源是指教师自加资源(师助)、学生错题库(生助)、大关中学校本资源(校助)以及学海云教辅书城(自助);八大云端资源存储类型是指媒体素材、试题库、试卷、案例、课件、常见问题解答、资源目录索引以及网络课程;两大移动端App是指学海"智通云"移动教学平台系列的云课堂App以及云作业App。

(2)教学资源体系运作模式。教学资源体系运作流程首先是由教师、学生、学校、学海四个资源来源共同构建四大资源库,四大资源库中的教学资源会遵循一定的规范上传到云端,以八种资源类型的形式存储在云移动教学资源平台中,教师和学生用户通过云课堂、云作业两个移动端App的下载和应用,将需要用到的教学资源从云端的服务器呈现到移动的客户端,从而达到海量教学资源的资源共享和系统利用。与此同时,在应用教学资源的过程中,系统会根据学生做题等情况动态制作和更新学生的个性化错题库,系统也允许教师结合自身教学进行分析决策,对教学资源库中的教学资源进行增加、删除、更新、修改、分层、归类等管理操作。在不断地动态更新、分析决策中,教学资源库更加系统完善,教学资源的使用也更加符合需求、高效便捷,以使用更新来源,以体验促进优化,从而共同构建和运作出良性循环、动态成长、富有生命力的大关中学教学资源生态链(见图4-6)。

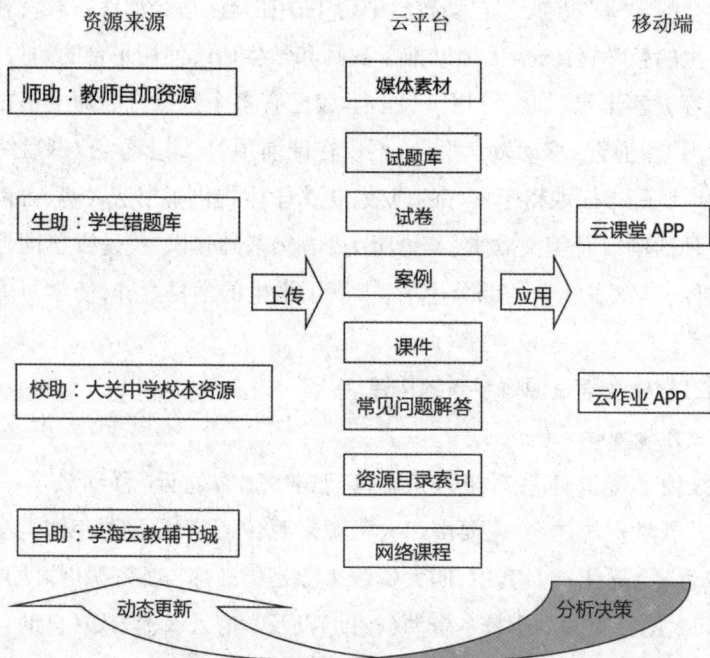

图4-6　大关中学基于学海"智通云"移动教学平台的"4·8·2"教学资源体系

2."4":四大资源库提供资源来源

(1)师助:教师自加资源。在学海"智通云"移动教学资源平台中,教师具有自加题库的权限,教师若在备课时即时发现有价值的题目,可在学海"智通云"的教师后台中自行录入,并选择设置访问权限(仅自己可见/校内教师可见/云辅导所有教师可见），后续可在"智通云"——云作业教师端——书城——校本资源中查看、使用。

（2）生助：学生错题库。"智通云"后台会自动标记学生的做题数据，经统计生成每道题的错误率，教师可以在布置作业时，选择错误率较高的试题进行布置，从而对学生进行强化训练，或在对学生设置分组的基础上，为学生布置匹配对应难度（错误率）的题目。此外，借助其大数据分析功能，系统还可以实时统计使用者的错题记录，推送相应的薄弱知识点的易错题，学生可在软件中选择"我的——我的学情——薄弱知识点"训练，进行个性化的自主学习，对自己薄弱知识点的错题进行巩固练习。

（3）校助：大关中学校本资源。根据地区、年级以及学生水平、特色等区别，学校可以建立属于自己的校本资源库，包括符合学校需求的特色题目以及在系统自动统计该校学生易错题之后形成的校本错题数据库，供该校师生参考并有针对性地布置作业。教师的自加资源和学生的错题资源在教学资源设置共享的情况下共同构成学校的校本教学资源，实现学校整体资源库的建立，从而便于教师的集体备课、教研组的互通有无、教学资源的存储共享以及重复利用。学校通过建立动态的、实时的、可更新且不断优化的校本资源，有效提升学校核心竞争力。与此同时，学海"智通云"可以根据不同学校的自主需求在资源库中录入相应的题目，使得试题资源更加贴近学校特色和教师需求。学校或教师通过运营人员向公司表明自主需求，或者提供纸质题库，资源建设部门进行数字化处理，试题可在"智通云"——云作业教师端——书城——校本资源中查看。

（4）自助：学海云教辅书城。学海云教辅书城题库是由学海教育研究院的专业教师团队和命题专家组建而成，在收集相关教辅资料以及各地区历年的考试题目的基础上进行部分自主命题，并结合当地考试命题特色，提供适合各地区学生的试题资源。教师可在"智通云"——云作业教师端——书城——云教辅书城中查看所有试题资源，从中选择合适的题目作为学生的家庭作业。

3."8"：八大资源类型存储在云端

教学资源在云端存储需要遵循统一的规范才会便于上传、下载、编辑、使用,从而实现教学资源在区域内的广泛共享。根据《教育资源建设技术规范》,常见教育资源类型可以划分为媒体素材、试题库、试卷、案例、课件、常见问题解答、资源目录索引以及网络课程八种类型。那么,上传并且存储在云教学平台上的教学资源同样需要遵循这样的规范。

结合基于云教学平台的教学资源体系,将云教学平台中的教学资源分为教师资源(分层教学资源包)和学生资源(助力成长加油站)两大类,教师资源根据资源使用流向和过程分为"备""教""考""评"资源,学生资源根据资源使用时机和用途分为课堂作业资源与课外拓展资源,每类教学资源对应不同的资源类型存储在云端,具体示意图如图4-7所示。

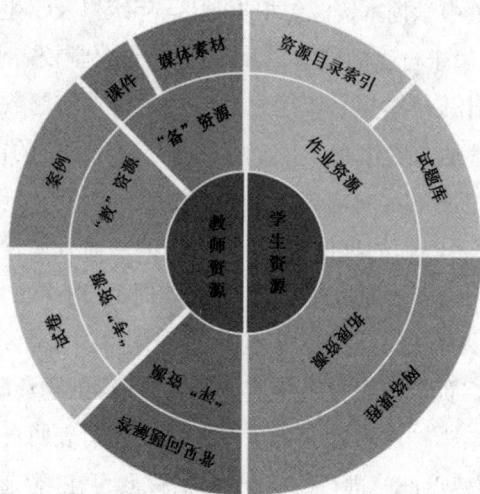

图4-7　八大资源类型存储在云端

4.“2”:两大移动App助力资源应用

“智通云”教育云系统是学海教育旗下的一款基于平板终端的云计算教学系统,平台高度契合K12教育阶段的教学理念,与学校教学同步进行,实现人才大数据积累,与学科深度融合,可以真正实现对学生个性化、分层次的教学,实现因材施教。这里重点介绍云课堂以及云作业两个学海“智通云”移动教学平台下的移动端App,作为大关中学教学资源体系在移动终端的具体应用方式。

（1）"智通云"课堂——全面参与，及时反馈，学习多向互动，推动教育公平

"智通云"课堂是一款即时的交互式课堂工具，教师能够当堂进行教学互动，并进行全面监管，有利于当堂巩固，提升所有学生课堂效率，同时教师也可以看到所有学生提交的作业情况，基于全班同学的信息全面掌握学情，并抽取典型案例进行知识点的强化和讲解。云课堂中，教学以学生的反馈为驱动，旨在打造人人高频互动、学习者独立参与、人人参与的课堂，是一款将讲、练、管融为一体的高效教学体验工具。

（2）"智通云"作业——优质资源，微课切入，个性化教学，为教学减负

"智通云"作业平台根据学校、学科、知识点、年级、难度等不同的分类，形成丰富的题库，供学生随时进行自练，客观题系统自动批改，主观题学生查阅系统答案进行自我校对，教师可进行二次批改，提高作业批改效能，实现题目即时反馈，提升学生学习的自我管理能力。

二、分层教学资源包的运用

基于学海"智通云"移动教学平台中的教学资源主要整合为分层教学资源包和助力成长加油站两大类，分层教学资源包的使用对象是教师，助力成长加油站的使用对象是学生。总体而言，分层教学资源包中的教师资源和助力成长加油站中的学生资源共同组成大关中学基于云移动教学平台教学资源体系中的教学资源主体，联结助力学生的全面成长和个性发展。分层教学资源包根据教师使用资源的流向和过程分为"备""教""考""评"资源，具体示意图如图4-8所示。

图4-8　分层教学资源包

(一)"备"资源，实现高效"备"

1.课件资源

课件资源是教师在云教学平台上重要的备课资源，教师可以在云教学平台上上传自己制作的课件，也可以下载精品书城、校本资源、他人共享或者个人资源库中的课件（见图4-9）。在操作时，教师只需点击下载资料，在列表中就可以清晰地看到各组课件，点击"下载"按钮，文件列表中就会出现新的PPT。尤其人性化的是上课前PPT可以被"锁定"，更好地让学生集中课堂注意力，"同步"按钮还让学生随时跟着教师的上课节奏获取知

图4-9　课件资源

识。除此之外，教师可以在上传课件资源前创建分组，设置不同的行政班级或者不同的分组获取并学习不同的资源，依据学生差异开展分层教学。

2.媒体素材资源

媒体素材资源包括文本素材、图形图像素材、音频素材、视频素材以及动画素材等，教师可以根据需要在备课时准备媒体素材资源。以微课视频为例，部分重点题目会内置微课，而且系统支持教师自主录制微课，微课嵌入能够解决学生即时辅导问题，打破学生的时空限制，利用微课辅导实现任课教师常在身边、学生随时听取、知识点不遗漏、选择性巩固加强的学习效

果,真正实现学生的选择性学习和教师的个性化辅导(见图4-10)。

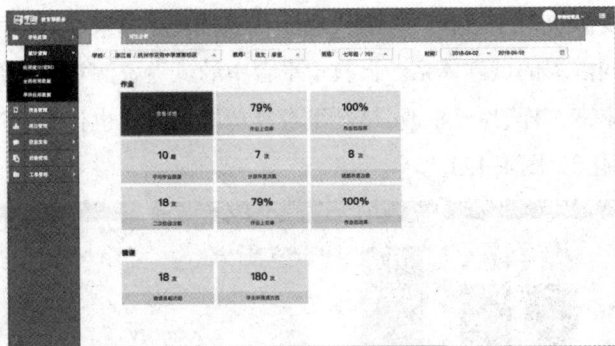

图 4-10　媒体素材资源

(二)"教"资源,实现精准"教"

案例资源是具有现实指导意义或教育教学意义的代表性事件,各学科的教学中经常运用一个或多个案例来开展课堂教学、加深学生理解。例如教师在云教学平台中先运用网络课件或者媒体素材配合自身的讲解呈现一个案例,然后根据案例布置课堂任务,将PPT中的一部分设置成稿纸或创建空白稿纸供学生个人涂鸦或小组讨论,学生随堂提交多样化、个性化的反馈结果。教师在云教学平台中基于案例开展课堂教学,实现师生互动,通过及时的互动和反馈实现高效精准教学(见图4-11)。

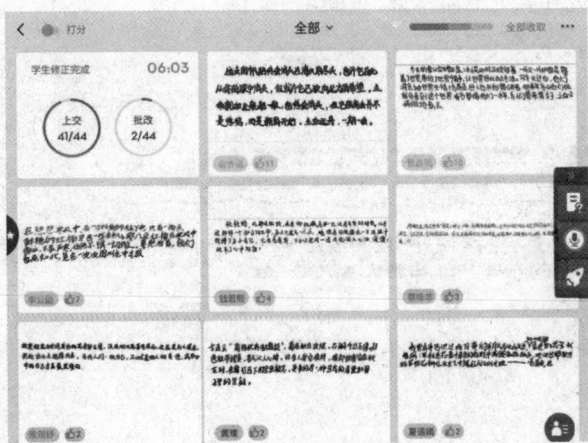

图 4-11　案例资源

（三）"考"资源，实现智能"考"

试卷资源包括专题卷、单元卷、地区卷、期中卷、期末卷、难度卷、校本卷等适切不同需求的试卷体系。云教学平台中的试卷资源相比传统纸质试卷资源更加丰富多样、易于批改，错题组卷等功能的实现也让试卷资源更加智能化、个性化（见图4-12）。

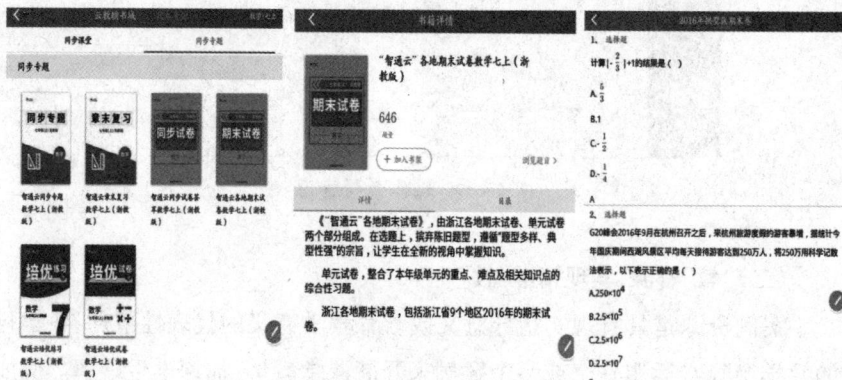

图4-12　试卷资源

（四）"评"资源，实现全面"评"

常见问题解答是教师在掌握学生水平后的重要评价资源，通过常见问题解答每个学生的疑难和困惑，实现"以评促教"、定向辅导，及时帮助学生答疑解惑，助力学生全面掌握（见图4-13）。

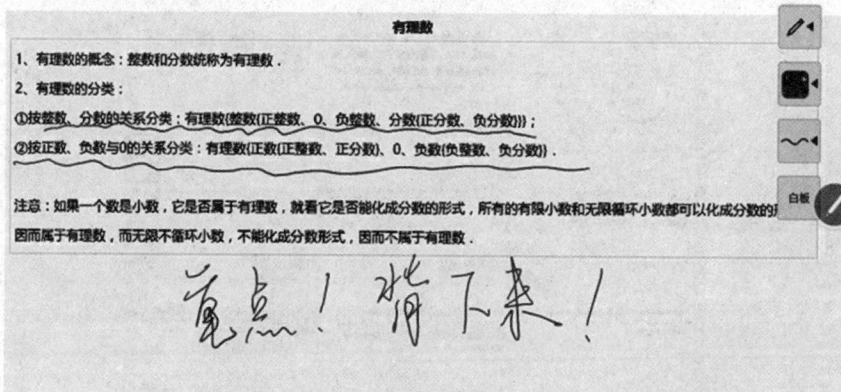

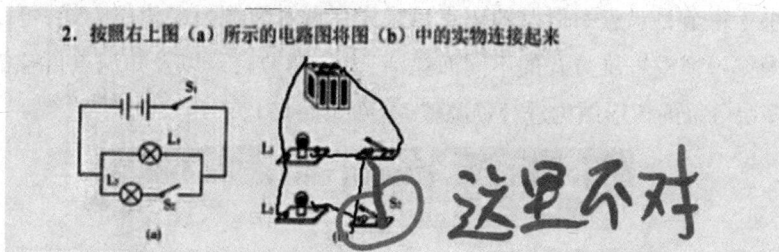

图4-13 常见问题解答

三、助力成长加油站的运作

助力成长加油站根据学生使用资源的时机和用途分为课堂作业资源和课外拓展资源,每类教学资源对应不同的资源类型存储在云端,具体示意图如图4-14所示。

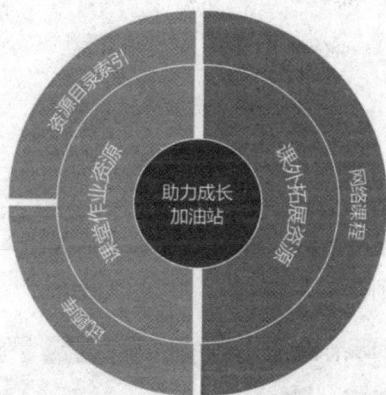

图4-14 助力成长加油站

(一)课堂作业资源——助力"避短式"全面成长

1.资源目录索引

资源目录索引在云教学资源平台中作为一种不可或缺的重要教学资源,一方面可以有效解决云教学平台中海量的教学资源非线性存储、不易于查找的问题;另一方面也可以帮助学生建立知识结构的系统框架,理解知识体系的内在关联。学海"智通云"移动教学平台在分学科、分年级的基础上提供了章节目录索引以及知识点目录索引两种资源目录索引方式,可以根据操作习惯或思维方式的不同而灵活选择,章节目录以及知识点目录都采用多层分级的树形结构进行资源整理(见图4-15)。

教辅书目录	
章节目录	题目量
▶ 第1章 有理数	269
▶ 第2章 有理数的运算	611
▶ 第3章 实数	325
▶ 第4章 代数式	505
▶ 第5章 一元一次方程	502
▶ 第6章 图形的初步认识	595
期中测试专题	146
期末测试专题	165

图4-15 资源目录索引

2.试题库

云教辅作业提供丰富的个性化教辅资源满足不同的教学场景需求,包括预习、课堂练、课后同步、专题复习(见图4-16)。

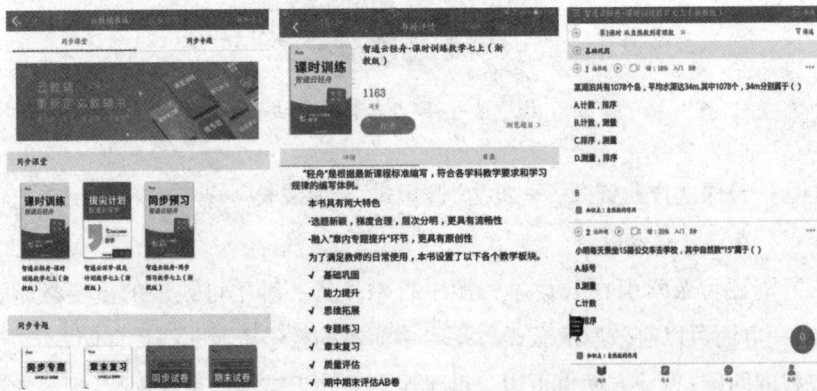

图4-16 试题库

此外,还在试题库的基础上开发了云作业个人错题库,错题库的应用前提是学生在平台上做题,基于大数据统计分析功能,系统会将学生的错题自动划归到一个独立的存储空间,将学生在做题过程中出现的错题自动纳入错题库,学生可以在其移动终端看到自己的错题,教师则可以看到全班同学的错题以及错题率分析,实现个性化的错题组卷和针对性的高效学习。

　　相比早期传统的纸质手工错题库以及简单机械的错题系统平台,云教学资源平台中的云作业个人错题库凸显了智能化、个性化、系统性、关联性等特点和优势,更能体现学生个体的知识和能力差异、错题背后的知识点关联,更加侧重错题在各个教学环节上的归类和应用。在学生的预习、练习、考试、复习等学习环节中,错题库都广泛、有效地发挥作用,具体示意图如图4-17所示。

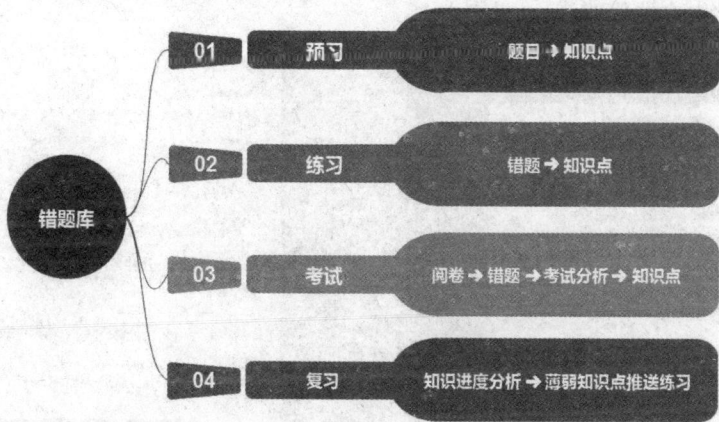

错题库

01 预习　　题目 → 知识点

02 练习　　错题 → 知识点

03 考试　　阅卷 → 错题 → 考试分析 → 知识点

04 复习　　知识进度分析 → 薄弱知识点推送练习

图4-17　错题库构成

　　在预习环节,教师可以通过预习题目的布置以及系统错题的分析来掌握学生学习的前期基础,从而根据实际情况设计课堂教学、制定教学重难点,为学生提供量体裁衣、贴身定制的生成教学。

　　在练习环节,系统自动分析全班学生的错题率以及错题特点,从错题库中选择题目组成新作业,教师面对全班布置,然后系统会根据学生以往的错题情况自动给学生分题,学生在其平台内会收到之前错题组成的作业练习题,以达到查漏补缺的效果。

在考试环节,阅卷系统与试题库系统配合使用,首先通过阅卷系统扫描试卷、划分题组、导出成绩,进而通过题目得分的统计与分析将常见错题纳入错题库中,实现了错题痕迹的保留和薄弱知识的记录,这种方式不仅有利于学生通过考试了解自身的学习情况,同时也有利于学习效率的提升,让考试数据更有价值、巩固复习更有方向。

在复习环节,系统可以根据大数据分析学生的薄弱情况,然后自主组卷形成匹配学生的类似题目,针对薄弱知识点,实现副题推送,并配备微课讲解,成为学生学习效果个性化、针对性提升的利器,促进学生自主深度学习。

综上所述,在学习的各个环节中,错题库都可以有效总结学生薄弱、易错的知识点,并推送微课、例题、同源错题等扩充的学习资源,有的放矢地切中学生学习的"病灶",从而做到"药到病除",有效提升学生针对性的学习,促进学生个性化的成长(见图4-18)。

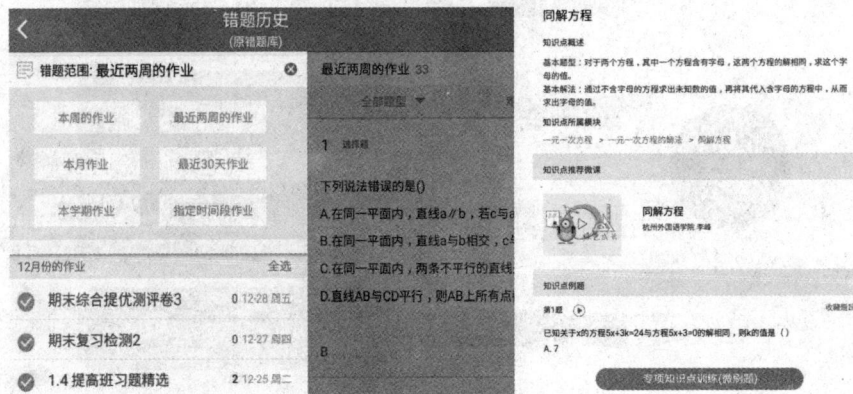

图4-18 错题库应用

(二)课外拓展资源——培养"扬长式"个性发展

课外拓展资源主要指各类基础语言类App应用中丰富的网络课程资源,基础语言类App应用主要包括语文基础知识、美文欣赏悦读及我爱拼单词、英语云听说等。以"美文欣赏悦读"为例,其网络课程包括记叙文、说明文、应用文、议论文等常见文体的阅读与写作。又如"英语云听说"提供了英语听力训练、英语口语练习和单词、单句、全文朗读等网络课程。这些网络课程针对不同学习需求开展专项学习,通过分享、点赞等趣味性的设置,让学习更加有趣,提升学生学习积极性,同时也拓展了学生的个性特长。

(1)拓展阅读资源。"美文与写作""悦读"等应用软件提供了丰富优秀的文章作品供学生阅读,在学生的心灵种下一颗阅读的种子,学生也可以自主或在教师的安排下,将自己的作品上传到软件平台中进行优秀作品分享传阅,学生之间进行线上点赞和评论(见图4-19)。

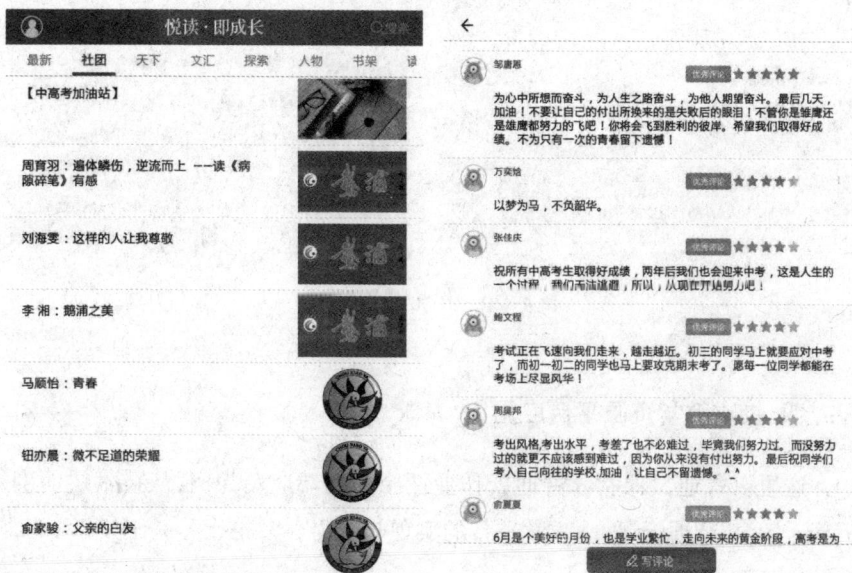

图4-19　拓展阅读资源

(2)拓展语言应用。"英语云听说"拥有丰富的英语学习资源,听说标准音频匹配各地区考试标准,内置精准的语音评测打分系统,可根据学生使用者发音得分点做出相应标记,助于学生攻克英语口语朗读中的难点,切实提高自身的口语水平(见图4-20)。

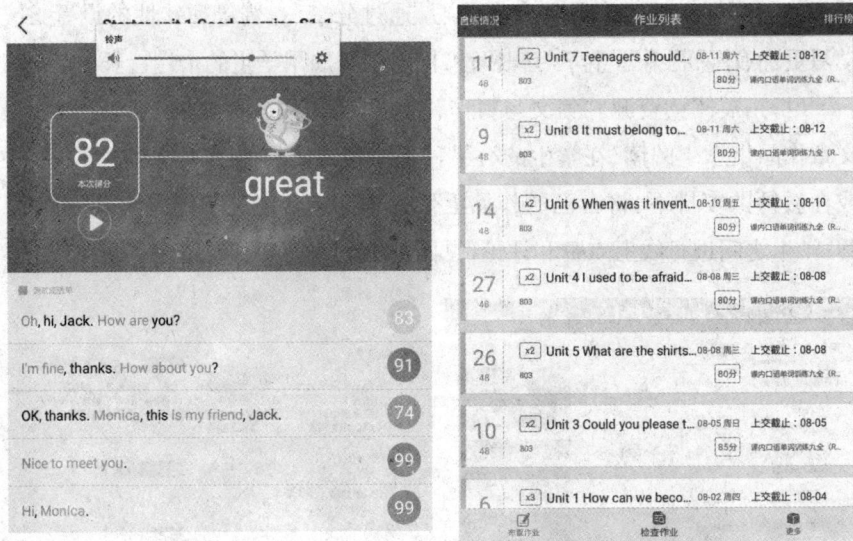

图4-20　拓展语言应用

四、校本教学资源平台应用

这里以智通云课堂和智通云作业两个移动端应用为例，从技术层面剖析基于学海"智通云"移动教学平台的实现与应用。

(一)智通云课堂

1.主要功能

(1)分层教学：系统支持对学生进行分组，教师可根据学生特性进行分层教学，实现因材施教。

(2)专业教学资源：云课堂提供了量身定制的专业教学资源，上手便捷，让教学及互动更加方便、轻松。

(3)全面参与：不落下任何一位学生，课堂答题及时反馈，师生之间高频互动。培养学生的自主管理能力与学习积极性，让课堂变得开放、灵活。

(4)注重听课效果：云课堂为广大教师提供了丰富的教学功能，让教师高效便捷地关注每个孩子的听课情况，注重听课效果，实现个性化指导教学。

(5)课堂展示互动：频繁的互动交流实现思维的拓展，给每个孩子一个讲台。

（6）课温教学关怀：云课堂让每一节课都有自己的温度，在协助教师分析学生的全方位成长数据中，将更多人文关怀融入课堂，用唤醒式教学调动学生的学习主动性，从而提高课堂饱和度，实现对学生的精准关怀与课温教学。

（7）回归教育初心：多点互动、远程互动，切实促进教育公平；同时注重每个孩子的身心成长，遵循教育本源的发展规律，实现每个孩子的个性化成长。

2.主要模块

备课模块、上课模块、练习模块、管理模块。

（1）备课模块。使用工具栏创建任务，工具栏用于创建课堂学习任务，支持多种类型的任务创建（见图4-21）。

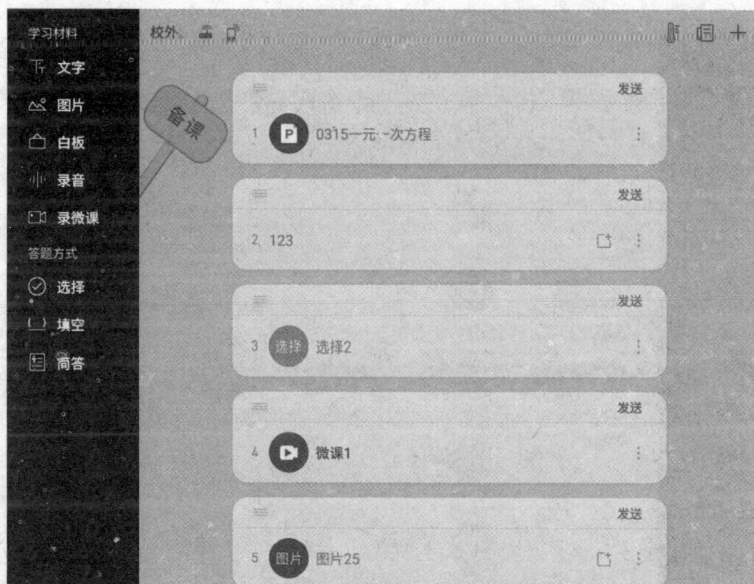

图4-21　智通云课堂备课模块

① 文字：简短文字的编辑工具，可用于创建选择、填空或简答题。

② 图片：图片工具，可拍照或从本地相册上传图片素材，可用于创建选择、填空、简答或涂鸦题。

③白板：白板工具，等同于"黑板"，教师可书写并发送给学生查看，可用于创建选择、填空、简答或涂鸦题。

④录音：录音工具，可生成独立的任务，也可用于创建选择、填空或简答题。

⑤微课：录微课工具，通过调用录课宝软件，教师可方便地录制微课。对于易错问题的讲解很有帮助。

⑥选择：创建选择题工具，可选择ABCD或对错选项，可自定义选项，支持小题数量设置、限时答题、自动批改和实时数据统计。

⑦填空：创建填空题工具，可选择1—4列的排版形式，支持小题数量设置、限时答题、自动批改和实时数据统计。

（2）上课模块。发送任务，同屏授课（见图4-22）。

图4-22　智通云课堂上课模块

① 发送任务:教师可将提前准备的学习任务,从备课桌面发送至上课桌面,发送后学生端收到并参与学习;也可通过工具栏或资料中心即时发送学习任务。

② 同屏授课:教师可选择课件资料(如PPT、Word等)点击"同步"按钮,随时开启同屏授课。同屏授课过程中,学生端显示内容由教师端控制;教师控制上课节奏,通过实时的交互工具,快速了解学生掌握情况。

快答:一种快速的课堂反馈工具,教师发起后所有学生可回答,回复后才能查看其他同学的回答。

小调查:一种快捷的课堂投票工具,教师可自定义调查选项,可实时查看统计数据。

提问:同屏讲解过程中,教师通过"提问"按钮,可随时发起针对当前内容的提问,可设置为选择、填空或简答,支持限时答题和实时数据统计。

(3)练习模块。课堂中,除同屏即时提问外,教师还可以将提前准备好的题目发送给学生当堂练习。

①客观题:学生答题时有用时、上交等实时统计数据显示,教师设置答案后,系统将自动批改学生的回答,提高课堂效率。

②主观题:学生答题时有用时、上交等实时统计数据显示,教师可通过"听令"按钮,邀请学生批改作业,激励学生的同时降低教师负担。

③简答题:创建简答题工具,可选择键盘或稿纸两种形式,键盘简答支持小题数量设置,稿纸简答支持键盘与手写混合输入,支持限时答题、设置答案和实时统计。

(4)管理模块。包括课堂管理和资源管理。

①课堂管理:点击应用首页的"+"按钮,进入创建课堂界面,输入课堂名称,选择好课堂对象及学科后,点击"确定"即可成功创建一个课堂(见图4-23)。

图4-23　智通云课堂管理模块(课堂管理)

②资源管理：从资源中心下载课件资料，教师可将自有的课件资料通过学海教师管理后台上传至资源中心，并于云课堂中教学使用。资源中心同时也提供了优质的课件资料以供教师选用(见图4-24)。

图4-24　智通云课堂管理模块(资源管理)

云课堂 App 除了在功能上设置有备课、上课、练习、管理四个功能模块外，还在技术上设置了管理员权限、教师权限、学生权限三种用户权限。管理员权限是系统平台的最高权限，既可以实现人员的管理，如为学校教师和学生开放部分权限；也可以实现对平台中所有教学资源的管理，如对校本资源或云教辅资源进行增、删、查、改等操作。云课堂中，教师权限包括登录平台、建立班级、管理学生、课件操作、微课操作、资源分享、习题管理、作业下发、在线考试、解答疑问、教学互动等，而学生权限包括登录、签到、提问、合作、练习、考试等。

(二)智通云作业

1.主要功能

(1)资源充实。系统内有丰富、优质、个性化的学习资源，并包含了四大题库，实现了学校、教师教学资源整合的高效共享与使用(见图4-25)。

图 4-25　智通云作业资源功能

(2)分层教学。系统支持对学生自定义分组，教师可根据学生学习能力对学生实施分层教学。教师根据学生情况，实现因材施教。

(3)优化批改。提高作业批改效能，融入客观题自动批改以及主观题学生自主校对、教师二次批改，实现作业即时反馈，提升学生学习的主观能动性(见图4-26)。

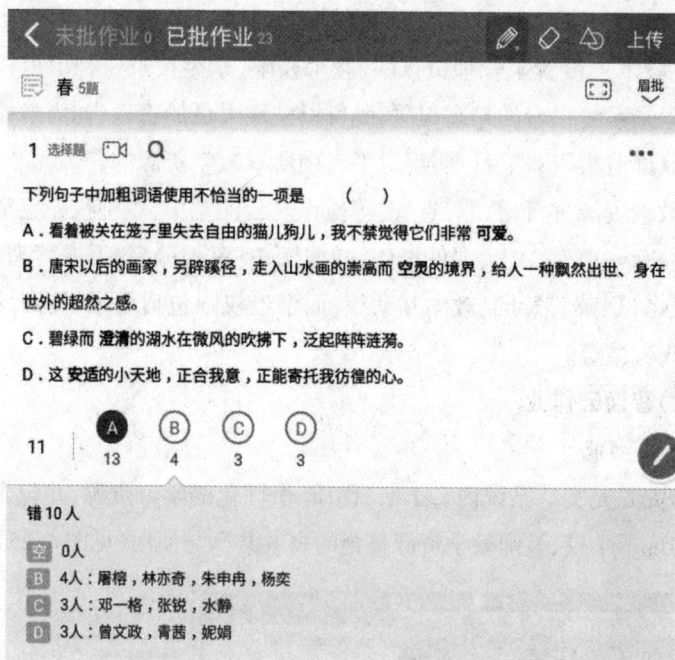

图4-26 智通云作业批改功能

(4)错题组卷。系统基于大数据统计分析功能,将错题自动纳入错题库,实现个性化的错题组卷。不仅有利于提升效率,错题痕迹的保留和复习,更是中高考的利器。

(5)微课嵌入。系统支持教师录制微课。微课嵌入能够解决学生即时辅导问题,教师单题录制微课,打破学生的空间、时间限制。

2.主要模块

题库资源、作业模块、批改模块、分析模块。

3.关键技术

(1)知识点标签。尊重教学规律,紧扣教材大纲,服务教师日常教学。在该功能基础上,用知识点微课学习、例题学习等"深度学"功能,帮助学生精准学习并巩固薄弱知识点,逃离"题海战术"。难度标签与知识点标签是实现后期题目自动化推荐的基础,将题库进行标签加持,学生自主做题过程中,系统会自动记录并分析学生的错题情况,在下一次的练习或者学生有需要的时候自动推送学生易错知识点、同等难度的题目(见图4-27)。

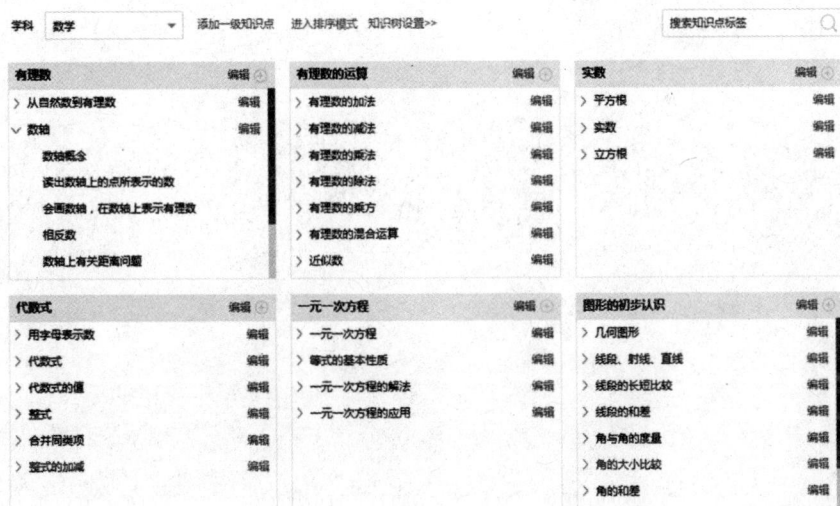

图4-27　智通云作业知识点标签

　　(2)大数据统计。运用智通云教学平台内嵌算法,可以自动统计学生的学习成绩情况,根据教师需要形成分析报表,教师根据学习成绩报表以及学生在学习平台使用过程中产生的数据,即作业是否按时完成、学生校对作业情况、学生活跃度数据、学生影响力数据等,综合判断学生的学习态度、学习习惯、学习方法等行为特征,能够准确全面反映学生知识点掌握情况。教师根据学生不同知识点掌握情况,真正实现"以学定教",科学有效地提供针对性的指导,提升教学效率。

第五章

个性特长助力：素养导向，多元发展

第一节　个性化课程规划

杭州市大关中学教育集团是拱墅区十大教育集团、杭州市优质公办中学初中。2015年学校成为杭州市第一批课改试点学校。在浙江省新课程改革精神引领下,根据学生发展和学校发展的需求制定本规划。

一、课程规划依据

(一)国家课程的要求

为贯彻落实《教育部关于全面深化课程改革　落实立德树人根本任务的意见》、浙教基〔2015〕36号文件《浙江省教育厅关于深化义务教育课程改革的指导意见》等文件精神,进一步全面贯彻党的教育方针,落实立德树人根本任务,促进课程实施方式的改变和学生学习方式的转变,切实有力地推进新课程改革,学校以新课改为契机,积极打造适合学生发展需求的学校课程,努力实现学生全面而有个性的发展,促进学校可持续发展。

(二)学生发展需求

杭州市大关中学教育集团是一所公办初中,学生基础、特长爱好、学习能力等方面存在很大差异。差异是我们课程规划必须直面的问题和机遇,只有尊重差异,让有差异的学生都能体验成功,是优化教育的睿智决策。学校进行了学校课程开发与开设的问卷调查。从反馈结果分析可知,在23项学校课程目标的表述中,就"学生最认可的目标"这一调查项目,按选择的学生人数百分数进行排序,前十项均超过50%,排在前五项的是:(1)"学会自主学习"占学生总数的75%;(2)"养成良好的学习和行为习惯"占学生总数的68.75%;(3)"学会认识自我,逐渐了解自己的兴趣爱好"占学生总数的

62.5%;(4)"具有责任担当"占学生总数的57.81%;(5)"突出学科素养"占学生总数的54.69%。学校架构的"排箫"课程体系保护和培养每一位学生的兴趣爱好,开发和培育每一位学生的学习潜能与特长,让每一位学生都能吹奏出一曲又一曲和谐美妙的新乐章。

(三)学校发展追求

杭州市大关中学教育集团以"敦本务实,弘毅致远"为校训,秉承"让每一个生命都收获成功"的办学理念,从学生的心理和思想的成长规律、个性发展的差异出发,培养勤于学习、乐于合作、敢于担当、勇于超越的成功学子。因此,杭州市大关中学教育集团课程规划的追求是通过对学生成长、发展实际需要建设多元、适切的课程,让学生在课程学习的过程中培养自主学习、实践创新等大关人的核心素养,获得成功的体验。杭州市大关中学教育集团的课程体系美好愿景是实现从学科本位、知识本位向关注每一个学生的核心素养培养、终身发展转变。

二、课程目标

杭州市大关中学教育集团课程目标为:敦德塑品、敦学塑行、敦长塑能、创新致远(见图5-1)。

1. 敦德塑品。具备家国情怀、责任担当、服务社会等品德的身心健康的公民。

2. 敦学塑行。学会自主学习,健全知识结构,凸显学科素养,养成良好的学习和行为习惯。

3. 敦长塑能。学会认识自我,逐渐了解自己的兴趣爱好,在某一领域初步显现自己的特

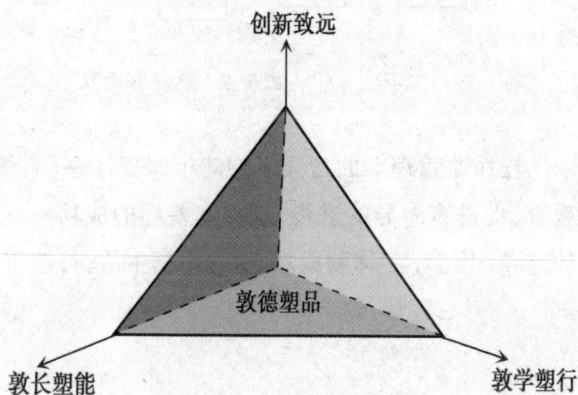

图5-1　课程目标结构图

长;养成健身的习惯和审美等习惯。

4.创新致远。具有发现问题、分析问题、解决问题的实践创新能力,具有开放共享的数字化学习视野和沟通合作的跨文化国际视野。

三、课程体系

杭州市大关中学教育集团基于学校的办学理念,分别从学生的内涵、形象和核心素养方面设计课程。保护和培养每个学生的兴趣爱好,开发和培育每个学生的潜能与特长,让每个学生都能获得最佳的成长。架构"基础性课程""拓展性课程"两大板块,其中基础性课程占总课程量的80%左右。学校对基础性课程进行部分整合重构,对于拓展性课程进行校本开放,如图5-2所示。

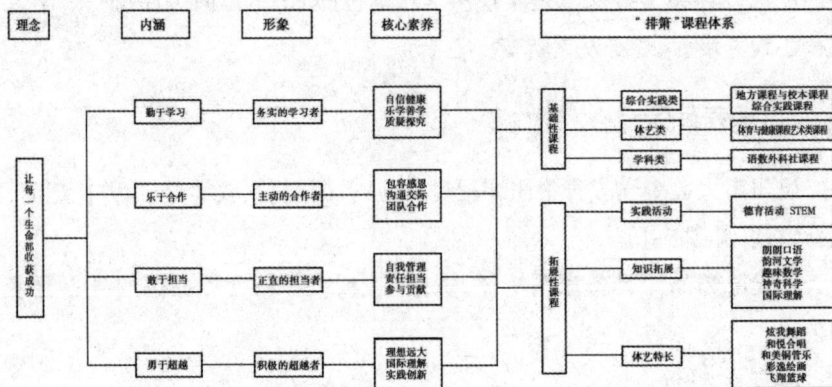

图5-2　总课程开发

学校在课程理念的指导下构建了课程体系(见图5-3),并实施有差异的教育,促进有差异的进步,获得有差异的成功——以多维的智慧优化多元的差异,引导学生体验成功、追求幸福生活,打造丰富多彩的校园文化。

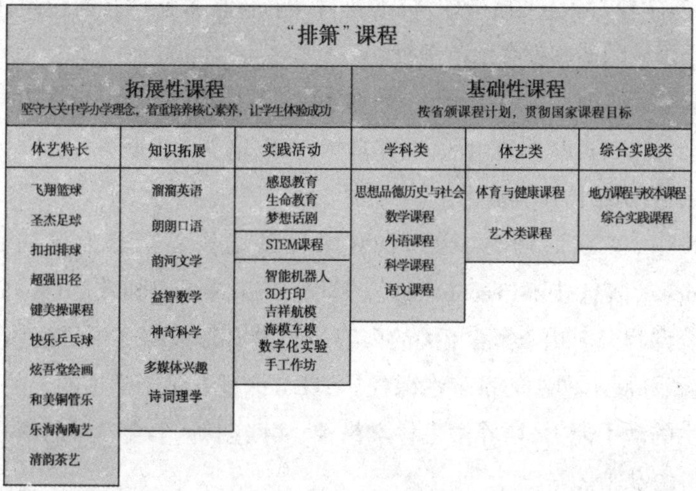

图5-3 杭州市大关中学教育集团个性化课程体系

（一）基础性课程

基础性课程指国家和地方课程标准规定的统一学习内容，是学校课程中的基本部分。这部分课程是构建坚实的学科基础，具有综合运用能力、探究意识、创新精神和实践能力。在此过程中，学生形成学科思想方法，提高学习兴趣，养成人文精神、科学态度、审美旨趣和健康体魄。

（二）拓展性课程

拓展性课程指学校提供给学生自主选择的学习内容，具有兴趣性、活动性、层次性和选择性，满足学生的个性化学习需求。拓展性课程可分为知识拓展、体艺特长、实践活动三类。

1.知识拓展类。知识拓展类课程包括学科研究性学习、学科专题教育等课程，旨在拓展学生的知识面，激发学生的学习兴趣。

2.体艺特长类。包括体育健身、艺术课程，旨在帮助学生培养兴趣爱好，养成良好的生活习惯和高雅的生活情趣，如飞翔篮球课程，以健体、育德、启智为育人目标。

(1)创新目标体系、管理机制、课程内容、评价手段，建成完备课程体系。

(2)学生文明指数不断提高，身体素质得到发展。

(3)学校自编《飞翔篮球》校本教材,制定《校本篮球技能检测标准》,被评为全国校园篮球教育示范学校。

3.实践活动类。包括德育社会实践课程和STEM课程,旨在引导学生了解社会、认识自我、体验生活、探究自然,着重培养学生服务社会、动手实践、科学探究、团结协作等能力。

其中,实践活动类中的STEM课程是以核心素养为导向,是科学(Science)、信息技术(Technology)、工程(Engineering)和数学(Mathematics)的整合课程,将四门学科相关的内容进行整合形成综合项目模块、专题模块、实践和展示模块的系统性课程。STEM课程立足于学生的全面成长,培养学生的动手能力,培养学生科学精神、实践创新、学会学习的核心素养和跨学科的专业素养。

其中,国际理解教育为开阔学生的国际视野,培养学生的全球意识,了解人类文明进程和世界发展动态,对学生进行国际理解教育。我们以培养学生具有国际视野、通晓国际规则、参与国际合作为育人目标。

把具有国际视野的课程落实在大关中学的日常课程实施中是实现教育国际化示范作用的基础。从2014年开始,学校应用网络资源编辑了国际理解教育的视频课程,面向初一、初二年级,每两周一次进行授课。这不仅丰富了学生的知识面,而且还打开了学生了解世界的大门,为理解现代社会丰富多彩的国际生活和矛盾纷繁的各种冲突厘清了线索,增强了学生的国际理解能力(见表5-1)。

表5-1 杭州市大关中学国际理解教育视频课程清单

序号	标题	主题	学段
1	国家与国旗	政治	初一、初二年级
2	宗教与节日	历史政治	初一、初二年级
3	非物质文化遗产	文化	初一、初二年级
4	物质文化遗产	文化	初一、初二年级
5	各民族的仪容仪貌	文化	初一、初二年级

序号	标题	主题	学段
6	各民族的婚丧嫁娶	文化	初一、初二年级
7	民以食为天	粮食问题	初一、初二年级
8	资源和环境	环境问题	初一、初二年级
9	战争与冲突	社会问题	初一、初二年级
10	杭州的国际化生活	社会生活	初一、初二年级

　　学校一直以开放的姿态进行国内外的校际交流,与德国罗特韦尔市莱布尼茨一级文理中学、德国格勒米兹综合中学、澳大利亚悉尼Lakes Grammar school(湖泊文法学校)、美国印第安纳州北方中学、美国普林斯顿中学和英国阿克沃斯学校等多所国外学校签订了合作交流协议,建立了广泛的互访机制。近两年,学校先后接待了美、英、德、俄等国和我国港澳台地区十余个代表团。在这些活动中,我们向国际友人和我国港澳台同胞展现了大关中学的STEM课程,这些学习项目得到了大家的一致认可,我们的课程也在不断的交流学习中得到了完善。在杭州市城市国际化水平不断提升的今天,大关中学以积极的姿态投身到教育国际化的工作中去。我们继续笃行敦本务实的校训,把我校的STEM特色课程作为教育国际化的突破口,在教育国际化示范校的创建中全面提高学校的教育国际化水平,为老百姓家门口的公办学校搭建一个面向世界的舞台。

　　(三)架构说明

　　1.基础性课程:贯彻国家课程目标。基础性课程按省颁课程计划,设置思品历史与社会、语文、数学、外语、体育与健康、艺术、科学、综合实践、地方课程与校本课程等课程。基础性课程是全体学生必修的课程,课程强调促进学生基本素养的形成和发展,是国家对公民素质要求的基本体现。

　　2.拓展性课程:坚守大关中学教育集团办学理念。根据省教育厅关于深化义务教育课程改革的指导意见和学校"敦本教育",在尊重每一个学生的差异性,"让每一个生命都收获成功"办学理念的指导下,构建具有"大关人的核心素养"、让孩子"收获成功"的课程。拓展性课程可分为知识拓展、体艺特长、实践活动三类。

3.基础性课程与拓展性课程的关系。基础性课程与拓展性课程互为补充,基础性课程的学习为学生打下厚实的基础,在拓展性课程中着重培养大关人的核心素养,让学生都能够收获成功,同时激发学生在基础性学习过程中采用更为有效的学习策略和方法。

四、课程实施

(一)课程设置及课时安排

课程的合理安排是课程有效实施的重要保证。学校按照浙江省关于课程设置的规定,在开足、开好基础性课程的前提下,把基础性课程重新整合,学校课程中的基础性课程和拓展性课程合理搭配,创设丰富多样的课程体系,为学生提供更加广阔的学习空间。周一到周四设置了四节分层的拓展类课程,周五设置了两节选择性的分类拓展性课程,同时还设置了以班级为单位的分模块拓展性课程,每周两节,拓展性课程占总课时的比例超过20%(见表5-2)。

表5-2　总课程设置及课时安排

年级	语文	数学	英语	科学	艺术	体育	思品历史与社会	综合实践、地方课程	体艺拓展	知识拓展	实践拓展
周课时安排	基础性课程							共用课时	拓展性课程		
七	5	5	4	4	2	3	5	1~6	1~2	1~2	1~3
八	5	4	4	4	2	3	5	1~6	1~2	1~2	1~3
九	5	4	4	4	2	3	5	4~6	0~2	0~2	0~2

(二)选课走班

为了适应不同层次学生和同一学生不同兴趣特长的需要,初一、初二全体学生在学校规定的时间(如周六8点到10点)登入学校的选课系统同时进行网上选课。

(三)教学组织

1.国家课程(基础性课程):校本化实施。国家课程校本化的质量往往决定了课程实施的质量,结合国家对学生统一、共同的基本素养要求和学生的差异性及多样化来进行校本化实施。

(1)学导学教学模式,助力高效课堂。"学导学"的课堂教学模式改善了课堂教学结构,转变了学生的学习方式。学导学教学模式通过以下三个载体实现教学优化和有效实施:①预学案——通过课前布置、学生自学、教师批改反馈等环节,暴露问题,搭建台阶,达到学案引学的目标。②任务单——在课堂教学中,以预设的问题或任务来驱动学生的学习进程,以合作学习、自主探究的方式巩固、提高相关的知识、能力。③体悟本——教师预设留出的问题生成时间和空间,通过变式训练、思维拓展,以学生记录生成性问题、问题解决方法为主要手段,促进二次学习,达成不同学生差异发展的目标。

(2)教学诊断系统,助力因材施教。学校自主开发了一套基于网络的教学诊断系统,实现师生不限时空的数据采集、分析和对教学的诊断、改进。

本系统在学校组织机构和评价体系的保障下,通过系统学业分析平台、教学反思平台、教学资源平台三大平台实施多样分析、科学诊断、分层施教、个性治疗和网络研修策略,发挥本系统的跟踪、诊断、自选、改进、积累功能,提高教师的教学能力和学生的自主学习能力;实现教育技术与学校新型教学模式的融合,培养师生现代教育技术素养和教学创新能力,实现教学轻负高质的目标追求。

(3)三维作业系统,助力适负优质。三维作业系统包括作业的设计编制、作业的应用反馈、作业的统筹管理三个子系统。三个子系统都立足于学生的差异性,核心目标是学生学习的轻负担高质量,提高作业的有效性。通过作业系统的构建,对作业的设计编制、应用、管理有了校本特色的操作方法。每个教研组还根据学情和错题类型,开发了"跟进式"作业来提升不同层次学生的学习水平。三维作业系统"减轻学生负担""提高学生能力""转变教师的教学方式"。

2.拓展性课程:分层分类分模块走班实施

(1)分层走班。分层走班为防止课时和场地的冲突,课程错时交叉安排:周一、周三安排语文拓展和英语拓展,周二、周四安排数学拓展和科学拓展。每门学科分为A(基础)、B(提高)、C(拓展)三层,学生通过选课进入其中的某个层次所对应的班级。每个学生的课表不尽相同。例如文澜校区初一(1)班的张三同学周一为语文A1,周二为数学B1,周三为英语C2,周四为科学B2;董家校区初一(8)班李四同学周一为英语B1,周二为科学C1,周三为语文B3,周四为数学B3。

在分层走班课程内容的选择上,体现拓展和补充的特点。语文学科以专题方式组织材料编写课程,数学学科以基础梳理、知识优化、题组串讲的方式进行针对性的分层授课,英语学科以课外阅读材料开展短篇精读、长篇泛读进行学科拓展,科学学科以STEM理念,结合实验教学突出动手操作来内化学科知识,提高动手能力。

(2)分类走班。体艺特长类拓展性课程是以"会、社、所、吧"——自助式社团形式开设的,以学生的需要为基础,以学生自行设计、自愿选择、自主活动、自我评价、自觉创新为特色。"会"指普及性的,学生参与规模大、参与性强且专业要求低的课程,如在全校范围推广一项普及性技能的篮球课程;"社"指专业性较强一些的特长类课程,如舞蹈课程等;"所"指相对具有一定研究性的课程,如"乡情古塔"研究所等;"吧"指相对规模小一些的体验性课程,如"清韵

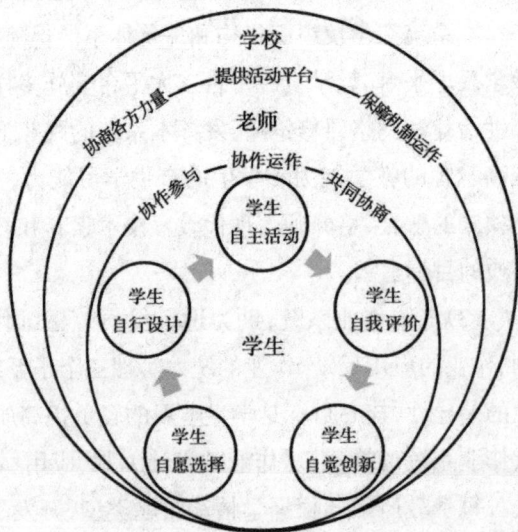

图5-4 "会、社、所、吧"运行流程图

茶艺"吧等。"会、社、所、吧"通过"自愿选择——自行设计——自主活动——自我评价——自觉创新"五个环节形成学校社团运行流程（见图5-4）。

　　分类实施的课程时间安排在周五下午第三、四节，以长课时的方式安排90分钟的时长。学生可以根据自己的兴趣爱好、特长等自主选择拓展课程进行分类走班实施。

　　（3）分模块走班。STEM课程整合了信息技术、科学、数学等综合内容，同时在初一、初二年级开设。其STEM课程以分模块的形式实施。如数字化实验室和航模海模分阶段交替实施，如智能机器人分为普及（虚拟机器人"萝卜圈"）与提高（九宫和WER）两个模块，所有学生都参加普及这一模块，在机器人学习方面有特长或有潜力的继续选择提高这个模块进行学习，这些课程分模块实施让每个学生都能参与，还能选择自己所专长的领域进行深入的学习。

　　Ⅰ、Ⅱ、Ⅲ三个系列的STEM课程体系，通过整合的STEM课程体系有综合项目模块、专题和实践模块。综合项目模块具有普及性，专题和实践模块具有选择性。学生进行综合模块学习后通过学业评价平台进行在线的能力测评，学生根据测评结果在自主选课平台上进行选课，通过选课后分别进入专题和实践模块的学习。通过分模块的实施（见图5-5），让每位学生都能参与，又能在各自原有的基础上有所提升。

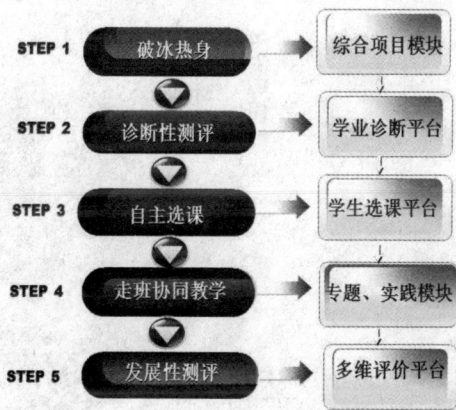

图5-5　分模块实施

五、建立发展性评价体系

(一)基础性课程评价

采用笔试、口试、长期作业、作品展示、学业诊断平台等多项相结合的方法。学校构建的"学业诊断平台"可以对学生的学业几个方面进行有效分析,如学业进退步分析、学业能力分析和各知识点掌握情况分析等。

(二)拓展性课程评价

学业水平评价是教学的指挥棒,所以改革学业水平评价是落实新课程的主要措施。拓展性课程要求确立新的学业水平评价模式,学校建立了多维的课程评价系统,主要分为四个维度多层面进行,除了对学生进行常规评价外,还为学生搭建展示舞台开展展示评价和通过竞赛评优评价。这种结合常规评价与展示和竞赛方式开展的评价是学生所喜闻乐见的,也乐意参与(见图5-6)。

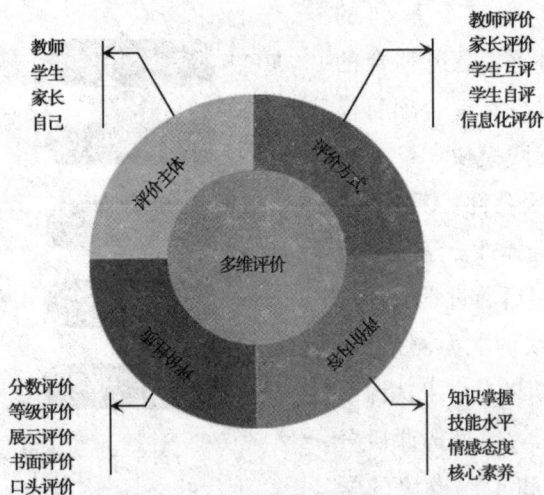

教师
学生
家长
自己

教师评价
家长评价
学生互评
学生自评
信息化评价

评价主体

评价方式

多维评价

评价内容

评价形式

分数评价
等级评价
展示评价
书面评价
口头评价

知识掌握
技能水平
情感态度
核心素养

图5-6 多维课程评价系统

1.全体的等级评价。全体的等级评价针对所有学生,在学生拓展性课程考核中占比60%,主要考核学生的参与态度、基本能力和总体成果。为体现评价的公平、公正,要有一个统一的评价标准和操作细则,便于学生比对、自查,便于教师考核、评价。

2.展示评价。在每个学期结束前,学校根据各拓展性课程的运行情况,把各拓展性课程成果以"拓展性课程展示节"为载体,进行全面展示。展示形式多种多样,有舞台艺术表演,有体育项目竞技,有绘画、手工作品展示等,而且成绩评定都由各拓展性课程的老师和学生共同打分评价。

3.评优评价。由于学生在基础、学习态度、学习能力等方面的差异,学生通过拓展性课程学习的收获也有所不同,通过评选优秀学员的评优评价还可以推出特别突出的同学获得"优秀学员"的称号,可以被推荐参加更高一级比赛和展示。

六、课程管理

(一)组织管理

新课程实施需要新的学校管理与之相适应,对此学校将成立专门的深化课程改革实施领导小组,统一部署和协调,使学校、教师、学生、家长理解、支持、配合、参与课程改革,并对学校各部门职能进行新的调整与定位,建立健全与新课程相适应的学校课程管理制度。

1.课程研究部。对学校课程规划进行顶层设计,管理课程开发、实施、评价等过程性工作。

2.师资培训部。

3.学生选课指导中心。维护与更新选课系统,对学生的选课进行指导等工作。

(二)制度管理

1.完善教师课程开发、申报、审核流程。建立骨干教师引领下的整合各方资源的拓展性课程开发团队。完善课程开发步骤,从组织建立、现状分析、目标拟定、方案编制、解释与实施到评价修正等方面建设完备的课程开发程序。

2.完善课程管理制度。组建由学校、家长、学生各方代表参与的课程委员,建立大关中学教育集团课程审核架构。进一步完善课程申报流程,先由教师自主申报,再由课程委员会审核并发布。

3.完善学生选课机制与流程。充分利用信息平台完善选课机制,通过学校网络平台发布课程信息、学生网上自主选课、后勤交流部排班、落实课程并告知等流程。

(三)师资培养

由师资培训部开展项目引领的校本教研,提升教师课程执行力。由课程研究部牵头,以学科教研组为单位,组织各备课组教师研制年段(学期)课程目标,进而帮助教师开展基于标准的教学。鼓励教师积极承担课程开发实施项目,引导那些对某个研究问题或对某个课程感兴趣的教师,自由组合,自发形成课程研究小组,一起进行合作研究。

(四)经费保障

设立新课程实施专项经费,每年拨付相应的款项用于课程实施的有关活动,确保经费落实,努力满足新课程对教学设施和办学条件的要求,为课程实施的顺利进行提供必要的物质支持。安排必需的课程开发、实施专项经费,对课程开发、实施中取得的优秀教学成果给予奖励。

(五)资源保障

学校设施完善,绿树成荫,四时鲜花,环境优美。有塑胶田径场、篮球场、室内运动馆、标准化实验室、数字化实验室、智能机器人实验室、航模实验室、海模车模实验室、手工作坊室、微格教室、图书阅览室、多功能报告厅、师生餐厅等标准化设施,每个教室都配备有电子白板设备等现代化教学设备。建立开放式的信息网络化平台,保证资源共享透明度,更规范、更有效地进行课程规划。

第二节 校本STEM课程实践

实践活动课程化是培养创新实践活动的必然选择。研究发现,大部分学校实践创新活动设备陈旧或缺乏,不能给学生提供配套的实践课程设备,开展实践教学就成了无米之炊。我校是市教育局确定的第一批新课改试点实验学校,学校的STEM中心创新实验室已投入使用,在实践尝试中发现:校本STEM课程的实施对促进学生实践创新的提升方面有很大的优势,因此我们看到了契合时代步伐的STEM课程的生命力和前景,决心以此为突破口,打开新课改的局面。

一、STEM中心创新实验室

(一)设计理念

学校5000平方米STEM中心的十几个创新实验室建设以"跨学科整合"为基本出发点,设计出适宜的环境,以丰富信息化工具、器材设备等教育资源,来满足STEM教育知识整合的需要。尊重每一个学生的差异性,建设学生成长、发展实际需要的STEM创新实验室。创新实验室的建设坚持功能实用、环保安全、人性智能、经济节能、可扩展性等理念,学生在STEM空间里获得成功的体验。

(二)设计原则

1.完整性。实验室的设计应该具备完整性的特点。完成一个课程的各个环节所需的软硬件设施都应具备。例如3D打印实验室拥有8台电脑供学生前期的模型制作,5台3D打印机和1台扫描仪提供打印成品的设备支持。

2.实践性。实验室设计原则以实践为主,让学生在实验的过程中具备相关硬件设施和足够的活动空间。例如航模海模实验室主要以操作为主,因此需要足够的空间让学生操作。

3.适用性。实验室设计原则以适用为辅,合理的空间布局和功能设置能够让课程更好地进行,基本设施如空调等可以改善学习环境,大大提高课程效率。

4.开放性。实验室的教学空间与内容都必须开放,探究内容向社会、生活真实问题延伸,教学工具向电子网络延伸等,提高学生解决问题的能力,培养学生的创新精神。

(三)创新实验室类型

1.探究实践类实验室

(1)未来城市实验室。分为展示区域、学习区域、搭建区域、实操和交流区域等。教学区域有可自由组合的桌椅便于小组协作,工具柜、工具墙便于设备的收纳及管理;演示和互动区域主要有投影,有便于学生演示时粘贴、展示汇报材料的磁性墙,还有预留小组多人汇报展示区域;展示区域利用沙盘架、磁性墙对学生的作品进行多维度展示。主要设备设施有教学电脑、控制电脑2台、建模软件、全息投影、车床及刀片组、铣床、铣床配件、抛光机、抛光机配件、切断机、80齿圆锯片(切断机配件)2套、树脂砂轮切断片2套、压缩机、模型喷箱、微型激光雕刻机、砂光机、电热丝泡沫切割机、DIY钻孔机、钻孔机套件组、微型十字工作台、手持泡沫切割电热丝切割机及电源适配器4套、DIY模型雕刻机4套、电烙笔及电源适配器2套、工具车、手持切断机4套、常用工具组(刀、尺、钳等)4套、防护眼镜45套等。在未来城市实验室的项目中,学生可以通过描绘、设计、制作未来城市,既能体验工程设计和技术应用的过程,又能加深对学科课程内容的理解。

(2)数字化实验室。

展示区域:讲台有教师教学用的计算机、系列传感器、数码生物显微镜、墙挂式一体机和黑板,教室后面有供展示和存入仪器用的橱窗。

实验和交流区域:教室内有14组实验桌椅,并且每2组为一大组,便于学生组内与组间交流。实验桌是长方形三人一组,可容纳42名学生同时开展实验。每组实验桌上有一套一体机和一套传感器。

主要设施设备构成:数字化实验室的主要设备是计算机和数字化实验器材。数字化实验器材选用的是朗威®DISLab V6.8及配套实验器材。朗威®DISLab V6.8主要由数据采集器、数据显示模块、系列传感器等构成。另外,还有一套教师演示用的数码生物显微镜。主要仪器概要如表5-3所示。

表5-3　主要仪器概要

仪器名称	仪器外观展示	功能简介
数据采集器		数据采集器与计算机以USB方式通信,采用四路并行输入,可同时接插四种传感器
数据显示模块		传感器可接入数据显示模块独立采集实验数据。用时将数据显示模块与传感器连接,打开数据显示模块的电源开关,可通过显示模块屏幕直接读取数据,操作、携带简单方便,扩大了学生学习和探究活动的范围
各种传感器	图例: 	学生实验所配的传感器包括电流、微电流、电压、压强、温度、声波、力、磁、光电门、pH、电导率、氧气、二氧化碳等理化生传感器。另外,除以上传感器外,教师还配有声级、双量程光照度、多量程电流、多量程电压、静电等传感器
配套实验器材	图例: 	为了更有效地使用传感器,还购入了一些与朗威®DISLab V6.8配套的实验器材,如流体压强与流速关系实验器(左图)、中和滴定实验装置、袖珍生化实验装置等29种实验器材

仪器名称	仪器外观展示	功能简介
数码生物显微镜		主要用于教师演示实验。可通过显微图像分析软件将装片上的细胞直接呈现在黑板上的一体机上,展示给全体学生观察

其中,数字化实验室软件:与硬件设施设备相配套的软件主要有朗威®DISLab V6.8数字化实验软件包、天籁声学软件V2.0、3D数字教学模型、数字化实验教学与评估软件、凤凰显微图像分析软件。

2.设计类创新实验室

(1)智能机器人实验室:分展示区域、学习区域、搭建区域、实操和交流区域。主要设施与资源构成如表5-4所示。

表5-4　智能机器人实验室主要设施与资源

设备名称	明细	数量	配件
机器人	特里斯机器人	10台	正版软件
机器人	乐高机器人BI9695	10套	正版软件
机器人	WER能力风暴	2套	场地和结构件
机器人	纳英特	1套	九宫挑战赛场地和组件
学生电脑	联想一体机	20台(董家校区12台,文澜校区8台)	
教师电脑	联想一体机	2台	
书籍	STEM课程、人工智能、智能机器人相关书籍	若干册	

(2)3D打印创意实验室:分展示区域、学习区域、搭建区域、实践区域。

展示区域:教室墙面有实验室规则,橱窗和墙柜摆放3D打印的成品和装饰。

学习区域:教室有教师教学、学生学习使用的计算机以及白板和短焦投影,学生在教室中间环形摆放座位以适应分组学习或合作学习等多种学习方式。

墙柜书架上摆有相关学习书籍。

搭建区域:教室内有桌面式扫描仪平台用于建模,教室配备1大4小5台3D打印机器进行3D打印,教室还配备打磨平台用于后期制作。

主要设备设施构成:桌面式、手持式扫描仪各一台,先临S型打印机4台,配套正版软件若干;先临L型打印机1台,配套正版软件若干;教学使用台式一体机电脑11台。

3.工程类创新实验室

(1)科技模型实验室:分制作区域、展览区域、工具摆放区。模型如表5-5所示。

表5-5 科技模型实验室模型

类型	数量	类型	数量
大疆飞行器	2架	美嘉达四轴无人机	12架
1/10房车	8辆	舰载机模型	4架
遥控船只	11只	遥控直升机	4架
机床	1套共6件	中天模型专用工具箱	6箱
遥控车赛道	1条	电动线操纵飞机	10架

另有各种小型模型若干,包括空气动力车、四驱车、橡筋动力飞机等。

(2)好好搭搭创意智造实验室。好好搭搭创意智造是在体验式学习理论和建构主义理论的指导下,以兴趣为导向,以编程为核心,围绕现实生活问题展开,通过程序设计、电子电路、智能硬件、结构与模型等内容的学习,着重培养学生使用数字化工具造物的能力,在独立或者合作造物的过程中体现创新意识、创造能力。

功能区域介绍：教学活动区域能满足创意编程、创意结构设计、开源硬件、电子电路等不同主题类型的课程教学和创客活动，可方便地实现多种灵活组合。

展示体验区是对外展示创客空间成果的窗口，营造立体全方位的创新创意氛围，利于创意的激发，其中制作区：能完成作品的制作、装配、调试，充分考虑使用者体验，方便使用各类工具和设备实现高效率的工作；讨论区：提供一个创意与灵感的碰撞、交流以及问题讨论的区域；储藏室：创客空间工具、材料的储藏和管理。设备设施主要有 Scratch 传感器板、智能电子积木、粘贴电子电路入门、Arduino 智能小车等教学系统教学套件和运河文化桥拱宸桥、运河古建筑东关古渡牌坊、梦想家园 DIY、智能杯垫、皮影盒子、声控小风扇、智能小车、多功能时钟等展示类设备。

二、STEM课程体系架构

(一)STEM课程理念

秉承"让每一个学生都收获成功"的办学理念和《教育部关于全面深化课程改革　落实立德树人根本任务的意见》《浙江省教育厅关于深化义务教育课程改革的指导意见》等文件精神的指导下，尊重每一个学生的差异性，学校从学生的发展需要、学科发展需要和未来社会生活发展的需要三者融合出发，构建纵向贯通、横向联系的可以不断生长的STEM课程体系和创新实验室，让学生在课程学习的过程中培养实践创新能力，优化教学方式，让学生获得成功的体验。

(二)STEM课程体系

学校从学生的发展需要、学科发展需要和未来社会生活发展的需要三者融合出发，构建纵向贯通、横向联系的可以不断生长的STEM课程体系，优化教学方式，提升学生的核心素养实践创新能力，开拓校本研修、家校协同等方面的工作路径来推进校本STEM课程(见图5-7)。

STEM Ⅰ	STEM Ⅱ	STEM Ⅲ
《未来城市》《数字化实验》	《智能机器人》《3D创意建模》	《乡情古塔》《科技模型》《好好搭搭创客》

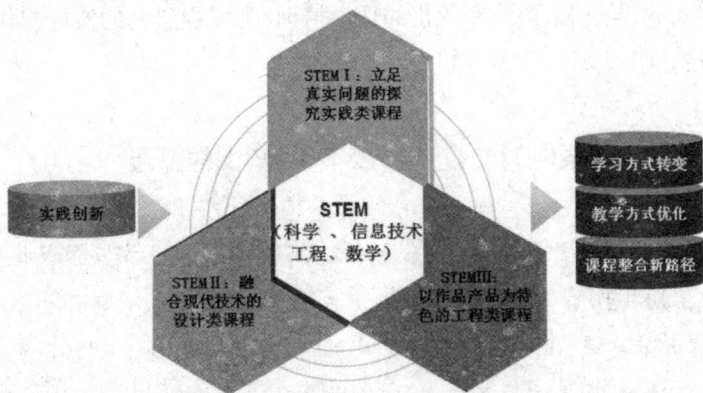

图5-7 校本STEM课程体系

1. STEM I 课程:是立足真实问题的探究实践类课程,以未来城市实验室、创新数字化实验等实验室为平台,整合了科学(机械、运动、传感器、电机、材料等)、数学、工程设计和技术等知识的学习与应用。

2. STEM II 课程:STEM II 融合现代技术的设计类课程,以3D创意实验室、智能机器人等实验室为平台,着重开发和培养学生创造能力与思维能力方面的潜力。

3. STEM III 课程:STEM III 以作品产品为特色的工程类课程,以科技模型实验室、好好搭搭创意智造实验室等实验室为平台。通过STEM III课程的实施,培养学生动手操作、团队协作、观察、发现和提出问题、沟通表达等能力,全面提升学生的实践创新能力。

(三)课程开发

在调查学生需求的基础上,依托教师的专长与特长进行跨学科组建课程团队进行STEM课程的开发。学校有一支课程建设方面战斗力很强的教师队伍,有自身专业的,也有独门"手艺"的。如信息组在××老师的带领下开发了《智能机器人》。我校痴迷古塔的数学××老师,从1986年开始研究古塔,1997年开始一个村一个村地收集浙江省的古塔资料,浙江现存民国以前的古塔,他都去看过不止一次,在古塔研究上具有深厚的造诣,他带领团队完成了《乡情古塔》课程研究设计,申报课程。学校还成立了塔文化特色领导小组,确定人员分工,开展专业化的理论培训,为课程研究的实施提供科学依据和指导。

【案例1】《古塔》校本STEM课程开发

学校很好地挖掘并利用现有资源,推出STEM课程《古塔》,该课程每周1课时,一学期共16课时,分为讲古塔、访古塔、3D建塔和设计塔四个篇章,安排第一课时分享课程纲要,最后一课时为成果展示与评价。通过研究性、体验性、实践性、应用性的项目式学习,走近并走进古塔,提升学生的实践创新能力。STEM《古塔》课程蕴藏了结构、材料、数学、工程、技术等方面的知识。在讲古塔的模块中,让学生借助互联网收集查阅资料来寻找古塔真相,学生从古塔的历史起源、结构特征、材料特点、古塔建筑、雕刻工艺、文化意蕴等角度进行报告阐述。"访古塔"这一模块,组织学生通过实地测量、计算、现场研究考察古塔,充分发挥学习主动性,在活动中实现跨学科综合实践能力的培养。"3D建塔"这一模块以塔为载体,让学生在现实世界中了解、保留并测试自己的创意。"设计建造塔"这一模块的学习,在之前模块的基础上,学生进一步增加了实践和感悟的机会,同时激发想象创新力。

三、校本STEM课程实施

(一)真实问题的探究实践

1.问题基于生活。利用未来城市实验室、创新数字化实验等实验室为平台,通过真实问题情境为载体将多学科知识关联起来,让学生联系课内学习就社会和生活中真实的问题开展调查、观察与对策研究。通过研究将学校、社区、产业之间联系起来,促使学生将知识学习与现实世界紧密结合起来,综合运用科学、技术、工程和数学知识于真实的问题情境中,学生主要采用基于项目式学习。

2.实践优化生活。探究实践类STEM I 课程实施主要分为四块。一是团队建设。通过一系列的基建活动巩固团队之间的关系,提高学生团队合作能力,促使项目更好地开展和进行。首先,完成一个项目本身就是一个团队的事情,只有一个优秀的团队,组员之间相互协调,配合默契,分工合理,才能最大限度地提高项目完成的质量。其次,团队建设其实就是个人建设,在建设一个团队的过程中培养了学生的交流能力、协作能力、沟通能力等综合性能力(见图5-8)。

LEADER(领导)
分配工作,帮助完成项目,确保大家参与

MATERIALS MANAGER
(材料管理员)
管理、分发材料

RECORDER
(记录员)
记笔记,写下反馈

PROCESS CHECKER
(进程管理员)
和老师交流,调节队员情绪,帮助解决矛盾,管理进程进度

图5-8 团队建设

二是项目实践。通过各类小活动的开展,锻炼学生实践能力和解决问题的能力,对其进行技能上的培养。首先让学生在设计中提出问题,再自行进行研究,查阅资料,通过反复测试去完善,让学生形成一种项目思维。

三是成果展示。在项目结束之后会有一个成果展示过程,旨在肯定和激励学生创作,也可以通过成品展示的过程锻炼学生的表达能力。

四是评价反馈。在每一次作品的完成之后都会有一次评价的机会,学生通过该流程进行感悟及收获。

如未来城市是集工程、技术、科学、数学于一体的作品。随着人们对城市环保、安全、节能、外形等诉求逐渐提升,未来城市将更具智能化、科技感、艺术性,这为当今人们尤其是青少年提供了一个充分发挥想象力和创造力的课题:如何让世界更美好?下列是基于项目学习环节的"未来城市——海绵城市"教学流程。

【案例2】 基于项目学习环节的"未来城市——海绵城市"教学

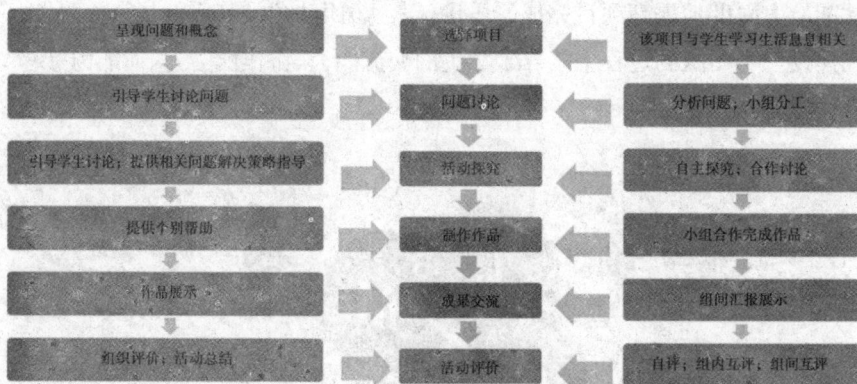

1.选择项目。呈现问题和概念。(1)海绵城市的相关概念;(2)目前我们遇到的问题,即水的时间、空间分布不均衡:水太多? 水太少? 某些区域水质问题:水太脏?

2.问题讨论。(基于调研报告)教师引导学生思考并且讨论以下具体问题。

(1)怎样能减少城市内涝问题?(2)怎样能缓解干旱问题?(3)怎样才能保护好西溪湿地和京杭大运河的水资源?(4)是不是解决好上述问题之后,我们就可以打造一座完美的海绵城市? 如果能,理由是什么? 如果不能,我们还需要做什么?

3.活动探究。教师在这个过程中需要倾听小组的讨论,并且进行启发性的引导,但是不要对学生的讨论给予对与错的评论,多鼓励学生发言。

4.制作作品。指导学生搭建模型,教师随时巡视每个小组的搭建过程,需要根据情况提出启发性问题。对于一些工具上的使用,如有需要,及时给予帮助、指导。

5.成果交流——模型展示。每个小组选一个代表,对自己小组制作的沙盘模型进行展示,主要展示内容设计理念,从怎样提高了西溪湿地的储水能力,从而降低了杭州市内涝的风险;或者从哪些方面提高了京杭大运河的运力,从而降低了杭州市内涝的风险,打造一个怎样富有杭州特色的海绵城市？教师多给予鼓励,并且在小组代表展示完之后,询问本小组其他成员是否有补充,其他小组是否要提问问题等。

6.活动评价。师生共同完成,既有教师的评价反馈,也有学生的自评及组内互评、组间互评等。

3.评价关注反馈。未来城市项目充分体现中学教学大纲中要求中学生能够在不同学科领域知识与技能之间的融通和连接。学生在课前对杭州的水资源进行调研,书写调研报告,从具体可实施角度将调研报告的有关内容整合在一起,既方便学生系统学习知识内容,也同时锻炼了学生沟通合作交流能力。在实施过程中采用了反馈评价,组内反馈:小组成员之间的反馈,例如在制作组徽时,每位小组成员都要设计一个组徽,之后同一小组之间的组徽进行评价,分析优点与不足。组间反馈:在各类设计制作中,组间都会互相评价,例如相邻两组会在便笺上以"我喜欢……"的句式记录对方的优点。小组成员汲取他人观点,不断优化,完善自己的作品。师生反馈:老师给予学生适当的评价。同时在动手操作与展示总结部分,将有密切逻辑联系的概念和原理在学生探讨问题的过程中传输给学生,充分体现"做中学、学中做"的教学理念,并且鼓励学生充分发挥想象设计未来城市,促进学生的创新意识和实践能力的提升。

(二)融合技术的创新设计

1.设计源于创意

以设计为主的STEM课程,以3D创意实验室、智能机器人等实验室为平台,以现代技术为基础,让学生经历设计的过程,包括发现需求、明确设计要求、资料收集、方案构思、模型制作等过程。整合科学、技术、工程和数学等学科内容,使用数字化工具进行创意制造实践,解决一个真实情境下的问题或完成一个现实任务,这是培养跨学科解决问题能力、团队协作能力和创新能力的重要途径。

2.分层展示创意

在设计类STEM Ⅱ课程实施过程中,教师根据学生所选科目和学情,会创设不同的STEM项目进行分层实施。针对不同学生,优化项目的设计思路。既要求学生就创设工作台、完成发电小车等基础项目展开深入学习和扎实掌握外，也为部分有能力的学生带去了最新设计的项目。这些项目能锻炼学生的综合能力，同时随着课程的实施同步展开改进。学校的机器人实验室、VR创客实验室等具有国际水平的STEM实验室为学生的创意与实践提供了平台。如在VR创客实验室，学生可以以虚拟现实的视角，身临其境地做一个电路实验，生物解剖，机械马达的拆解和拼装，利用一个个项目，学生将在完全沉浸式的体验中运用学科知识，在体验中提升实践创新能力。

如校本STEM《智能机器人》课程多以项目活动的形式呈现，学生在认知项目、分析项目、完成项目、分享项目的学习过程中，掌握跨学科知识，形成学习过程的思维导图，从而提升分析、归纳、逻辑思维、感性认识、理性计算等多方面的能力。以智能机器人研究所的"点球大战"等STEM项目分层实施为例，一部分学生选择智能机器人课程，抱着对科技本身的好奇和兴趣，但是不具备较高的基础。对于这部分学生，课程中推出了"化装舞会"项目。项目中学生需要了解已有机器人的形态或者思考创造机器人形态，并对模型件进行分类，从而顺利地搭建出自己创造的机器人的样子。最后用舞会的方式让大家进行静态"走秀"展示。

【案例3】 校本STEM《智能机器人》课程实施

1.学习多样的形态，用舞会来诠释。在这一活动中不少学生有如下反馈。

类别	学生反馈	原因分析	解决对策
搭建	"老师，我其实是想这么搭的，可是……"	学生搭建不出自己所想的	教师让学生能有叙述自己创意的机会，并找到创意中的亮点、可行性和搭建难点 教师鼓励学生在搭建中的闪光点，必要时指出搭建难点的解决方法 教师要发现学生的习惯问题，例如师生交流搭建要点的环节是否认真领悟、模型件的分类是否有助于其顺利搭建

类别	学生反馈	原因分析	解决对策
展示	学生怯于展示，搭建完了事	学生不愿意分享，或者自我定位太高觉得分享不出想要的效果，或者老师引导不利，导致学生在活动中的兴奋点没有被引燃	教师发现学生作品的闪光点，激发学生分享的兴趣和欲望

对于部分已有较强能力的学生，课程中会推出"点球大战"项目，供学生选择学习。通过"导入与规则——分组、制作场地、补充说明——讨论策略——学生讨论和制作——尝试用15分钟时间制作——调试与拓展(学生再根据实际情况进行调试)——思维导图总结"等过程进行教学。点球大战项目首先介绍技能树、规则，提示学生寻找规则漏洞并及时提出修改，讲解实际球门点球点距离和项目中的球门点球点距离的计算，确认规则后进行分组调试，讲解交替射门和防守，分析策略是否得当，观察机器人编程中的算法和实际效果是否达成，分析原因等。如果对于有非常好的编程调试能力、在数理运用能力上也有很好的基础的学生，还可以在课程中结合历史故事，从人文的角度切入，让学生体验用机器小车模拟"草船借箭"。

2.掌握智能的判断，用比赛来印证。学生在学习这一项目中的反馈如下。

类别	学生反馈	原因分析	解决对策
规则	"老师，边界怎么设置?"学生大多没有提出增加手臂长度，但是后期比赛中"擅自"增加守门员手臂长	学生积极思考规则	肯定学生的所有行为。如果学生修改了规则，大家就令行禁止，按照新规则进行。如果前期没有定下限制，在后期运行中学生有利用规则漏洞的行为，应当允许。但是教师要对此进行总结引导

续表

类别	学生反馈	原因分析	解决对策
策略	学生不知道如何进行向左向右的射门	学生对于实际问题进行运动分析的能力较弱	教师对此引导学生讨论力学分析
调试	大多数学生实际运行的效果和所设计的算法不符	算法编辑的习惯不够好,程序初始化没有做好,没有考虑很多实际情况	分析实际情况需要自己有非常明确的条理性,老师和学生都一样。老师需要在适当时候帮学生厘清思路,观察分析实际的地面摩擦系数、球门距离、球的摩擦系数、机器小车碰球的角度、机器小车电压等环节

3.评价关注多维

采用课堂观察、长期作业、作品展示、笔试、口试等多种方式进行评价,避免仅用分数量化学生或仅仅评价最终的学习结果。

(1)架构多维的课程评价平台:在课程环节常规评价的基础上,注重评价性质、评价主体、评价方式、评价内容的多维并重。在评价性质上包含分级评价、展示评价、口头评价、书面评价。评价主体上包含教师、学生、家长以及本人。评价方式上包含自评互评、信息化评估。评价内容上包含知识掌握、技能水平、情感态度、核心素养。

(2)利用完成任务的时间进行评价。

【案例4】 以最典型的实例项目——赛车为例

项目	形式	全部完成	基本完成	部分完成	有待提高
让机器小车在赛道上循迹赛跑(建议5分钟内2圈)	单人	4分钟以内完成	完成2圈	完成1圈	未完成

项目	形式	全部完成	基本完成	部分完成	有待提高
在赛道上完成避障和其他任务(共7个任务)	单人	完成所有任务	完成5项任务	完成1项任务	未完成
在预设地图上完成任务(共9个任务)	单人	完成所有任务	完成5项任务	完成1项任务	未完成
在随机地图上完成任务(共9个任务)	单人	完成所有任务	完成5项任务	完成1项任务	未完成
在随机地图上,按指定指令合作完成任务(共9个任务)	双人	完成所有任务	完成5项任务	完成1项任务	未完成
综合任务	多人	完成所有任务	完成部分任务	走完所有标志点(任务完成情况不佳)	未完成

(3)利用课堂表现和合作表现:学生进行自评和互评,选出优秀学员10名(25%)。

(三)跨界思维的工程制作

1.分模块体现升级

以作品产品为特色的工程类STEM Ⅲ 课程实施主要以分模块的形式实施。学校根据已有的STEM课程开设套餐供班级选择,让每个学生都能参与。以班级为单位选择套餐:一半学生参与课程一的模块学习,另一半学生参与课程二的模块学习。学习完毕后对换模块。授课时教室固定,教师固定。同时,内容也采用了分模块实施,如《古塔》分为普及(讲古塔和访古塔)与提高(3D建塔和设计建造塔)四个模块,所有学生都参加普及这一模块,在技术与工程设计学习方面有特长或有潜力的继续选择提高这个模块进行学习,这些课程分模块实施让每个学生都能参与,还能选择自己所专长的领域进行深入的学习。

"讲古塔"这一模块从以下三个层次实施:第一,搜古塔真相。学生通过

小组合作,收集有关中国古塔的资料,拉近与古塔的距离。第二,述古塔传奇。学生就自己最喜欢、印象最深的古塔,以小组汇报的形式展现。第三,讲古塔多姿。通过学生对古塔的既有认识,结合古诗内容,以小组合作形式归纳古塔的形式种类、结构特征等。如根据同学们的描述,大致可以归纳出如下几个特征:形象上——有孤立高耸,类似于古建筑门、窗、屋檐等的外形;质材上——可能是木材、石材、砖材、金属或多种质材混合;功能上——佛教附属建筑、点缀风景的标志建筑、象征精神期盼的风水建筑等。这一模块学生通过自主学习了解古塔建筑、材料等基本知识,提高跨学科素养,同时还培养其对传统文物的保护意识。

"访古塔"这一模块,我们主要组织学生访问保俶塔和理公塔。学生在阅读资料、观察图片的基础上,已能条理清晰地说出保俶塔和理公塔的历史、结构。在此基础上,由教师带队,组织学生实地考察有关这两座塔的历史和结构,并激发学生思考古塔信息在理论与实地考察上的差异性,即学生通过对两座塔文化历史的了解,制作《古塔调查设计表》以加深对塔的认识。我们还访问了灵隐寺石塔和香积寺石塔。学生在总结灵隐寺石塔的特点与结构的基础上,实地考察这两座塔上的佛教雕刻,并将调查到的信息填入表中。通过让学生临摹古塔上的佛教雕刻,小组合作,从而介绍自己所临摹的内容。这样,在实地考察的实践中,学生在一定程度上提高了自身的实地考察实践能力。

【案例5】 古塔调查设计表

塔名	修建时间	结构	传说	底边和高度(米)
保俶塔				
理公塔				
灵隐寺石塔				
香积寺石塔				

"3D建塔"这一模块在古塔项目中融入3D打印技术,升级成了3D古塔项目(见图5-1-1)。通过综合物理和数学知识,对古塔外形进行模型重建,利用3D建模软件,将塔身的形态制作出来。不少学生可以在这个基础上做创

图5-1-1 学生3D作品

造改进,最后利用3D打印技术将模型打印出来。通过亲身体验3D打印,激活学生们无限的创造力,帮助他们在现实世界中了解、保留并测试自己的创意。通过古塔STEM课程的项目式学习,我们培养了一群富有文化素养的孩子。孩子们对古塔产生了浓烈的兴趣,增加了对古塔的基本知识的了解,比如:古塔的来源与演变轨迹,古塔的形式种类与结构特征,古塔的自然环境与古塔的雕饰语言,古塔的文化与文物价值等。同时,通过参观典型古塔,如组织学生实地参观雷峰塔、白塔等,发表个人观点与动手制作等活动,提高了学生的社会实践能力,增强了其综合素养。学生在活动过程中既展示了自己的个性,也收获了自己的成就感。

"设计建造塔"这一模块让学生把空间思维的创新和空间建构的严谨付诸实践。各个小组通过对实际塔的观察,提炼出符合自己组对塔结构的认识,根据自己的创造,结合实用性、科学性、艺术性和塔所在地点的人文性,设计出塔基、塔身和塔顶。最后还需要对自己组的塔进行展示说明。初一(3)班某组学生在今年的课上以香积寺塔为原型进行设计,推出了名为"祈福"的塔。塔的结构简单、线条明显,可以用最节省材料的结构建造最牢固的塔身;塔顶有避雷设计,宝刹的形状也和塔名一样寓意祝福;该塔作为小组动手的第一件作品,因此也具有特别重要的意义。学生对自己所设计的

塔进行展示之后,就需要自己寻找合适的材料建造塔。搜寻资料、寻找和试用材料的过程,也是一个不断优化自己设计的过程,最终通过合作完成了塔的制作原型。

又如,在设计建桥项目时,老师首先介绍自己的城市,并且描述自己在上下班路上遇到的一个问题。例如:在城市中有火车通过一条道路,在马路两边的人需要等待半小时,等火车过去之后才能恢复通行,影响人们的生活。依据现实问题,引导建桥解决问题。

2.评价关注过程

STEM Ⅲ课程主要采用过程性评价(形成性评价)。关注评价过程与教学过程的交叉和融合,评价主体与客体的互动和整合;关注学生在课程学习过程中的表现与制作。

【案例6】 STEM《乡情古塔》课程评价

学习评价主要注重平时课堂表现和学习心得撰写,具体课程评价参考如下。

1.上课出勤情况、课堂纪律情况,占总成绩比重的20%;该评价内容,按照上课教师点名来评定。我们设置该项分为100,缺勤一次扣10分,待期末的时候算出该项成绩。

2.课堂表现情况,即能否在课堂上有效地同教师、学习内容互动,占总成绩比重的20%。鉴于需要调动学生学习主动性,着重对学生课堂参与度进行考察。形式有:"课堂一个问"——重视课堂中的发现质疑能力;"课后一段话"——表达对本课知识的认识生成,也就是在课程知识体系下的听说读写能力提升。进而有效提高对课程的学习参与度,在积极的教学活动中提高综合能力。该评价内容,按照上课回答问题的情况来评定。我们设置该项基础分为50分,平时每次回答问题且要点详细、清楚者加5分,最高分为100分,待期末的时候算出该项成绩。

结果性评价(终结性评价)：

1.学习心得情况，即对每课课后教师布置的思考题或者是对本课的学习体会等，占总成绩比重的30%。期末以"古塔寻宝"为题，撰写小论文或者制作PPT展示，发动学生通过细心发现，关注身边的文物资源。将优秀的作品及时与师生分享、点评，积极引导学生参与到课程教学的学习思考当中。该评价内容，按照体会文字稿内容来评定，分为优秀、良好、中等、及格，即90、80、70、60四个档次计入总分。

2.学习作品拓展情况，即是否开展与课程内容相关的社会实践活动或者研究性实践操作活动，占总成绩比重的30%。课程社会实践活动强调学生的参与度、表现力等。研究性学习活动，即是否有开展关于历史文物，关于地方文化的研究性学习活动。我们设置该项基础分为50分，平时每参与一次社会实践活动或者研究性实践操作学习活动加10分，最高分为100分，待期末的时候算出该项成绩。

最终成绩：按照"考勤20%+课堂表现20%+学习心得30%+学习拓展30%"公式给出最终成绩。60分以上获得1个学分，80分以上为优秀等级。

用单一的尺度不能衡量学生全面素养发展的面貌，在STEM课程的实施过程中强调真实性评价、表现性评价、过程性评价和传统教学评价等多种形式综合运用，为凸显能力和素养导向提供策略。

第三节　成长课程校本化实施

　　学校的个性化成长课程主要以"会""社""所"的形式实施,个性化成长课程面向的是不同需求的学生,能满足几乎所有层次的学生的不同要求,既有指向知识拓展的、体艺特长的,也有指向研究型的和增长生活爱好情趣类的课程。

一、会:知识拓展类课程的实施

　　"会"指普及性的、全校性的知识拓展类课程,规模大、参与性强。如"韵河文学会""益智数学会""神奇科学会""趣味口语会""快乐体育会"。"会"是在学科知识的基础上延伸出的相对规模比较大的知识拓展类课程,每个学生根据自己的特长需要,主动参与到活动中来。在形式、理念、评价上的新意,突出了"会"之普及性和参与性的特点。

【案例7】　韵河文学会

　　"韵河文学会"活动形式丰富,共设有"汉字与成语""阅读与演讲""文学与话剧""电影欣赏与微电影制作"四个项目组。

　　以"汉字与成语"为例,它主要针对语文基础比较薄弱的学生,起点低,以激发兴趣为主。目标一是正确理解成语。了解成语的来龙去脉,讲述成语故事。这些故事短小精悍,趣味性强,又是简短的文言小文,边讲边生发,相当于小小的故事会。目标二是正确使用成语。所有的语言都要在具体情境下使用,不了解成语意思固然用不好成语,只理解意思而不了解它使用的特定语境也会闹出很多笑话。例如"天伦之乐"就必须用在一家人,"天伦"是指血缘关系,如果不理解这一要素,说"我和同学朋友一起游玩,享受天伦之乐"就是错用成语。目标三是辨析近义成语。做到成语使用的精确传神。例如"骇人听闻"和"耸人听闻"等近义成语由于感情色彩、词义轻重、适用对象等的不同而导致的误用。

而"文学与话剧"就是针对文学素养比较高的学生,指导他们改编文学作品,编写剧本,针对有表演天赋的学生进行表演指导。例如在《老人与海》的阅读演讲交流中,有的学生只看到了不服输、理想等,有深度的解读就触及了"美国精神"。美国作为一个新兴的移民国家,在独立的过程中也承受了种种磨难,这种磨难就像老人圣地亚哥一样,可能他曾经收获了马林鱼,但是在斗争的过程中他也付出了沉重的代价,最终马林鱼被鲨鱼吃光了,只剩下一副骨架,这副骨架就是"美国精神",它的永不服输、永不放弃、追求独立自由个性恰是年轻的美国能迅速崛起的基础。通过交流,浅层次的学生被深层阅读启迪了。静止的阅读、个人的阅读流动起来了。只有通过演讲交流,才能不断提升鉴赏能力,获得语文素养的提高。

文学会的评价也采取自助方式。例如在活动中有10个会员做评委,对每次活动的参与者给予评价,采取10分制,最后去掉最高分和最低分得出平均分。在下一次活动中,由一个主评委代表评委组进行点评,并宣布得分;如果对自己的得分不满意,可以申诉,由专家组审议最后给予最终评价。也有对自己的演讲和活动表现不满意的,可以在本轮主题活动结束后申请重新演讲,重新打分。这个分数经过折算将和其他如考勤、发言等分数一起计算,成为该会员本年度会员活动的最终分数。由此评出优秀会员,给予奖励。

"韵河文学会"让学生主动参与到文学会中来,学生在网上选择相应的项目,有比较大的选择范围选择自己喜欢的活动组,新学生社团活动融知识、趣味为一体,既考虑了学生的个体差异,在活动中增加了知识学习的趣味性,激发了学生参与的积极性,寓教于乐,学乐结合;另外,通过学生"自治"管理社团,也培养了学生良好自治素养。

"会"的运作采取自治方式。"会"由1名会长、4名副会长以及2名干事,组成一个"领导"组织机构。这些"领导"都由"会"所在学生成员民主选举产生。4名副会长分别负责四个分会的具体事务。尽量让每一个学生参与到"会"的活动中来。组织与设计好全校性的"会"活动，这要经过全体"会"组织的团队老师和各分会"会长"等领导，经过充分调查、讨论，反复协商后，最后精心设计活动的内容和过程，为各类学生量身定做具体的项目，对于某些学科基础知识比较薄弱的学生，团队老师和"会长"也共同协商设计相关活动，努力让更多的学生都加入活动中来。所以此类活动强调相关知识的普及性，更加关注学生的个性特色。

二、社：体艺特长类课程的实施

体艺特长类课程具有一定的专业性，技术层面上甚至有明显的级别差异。"社"，如篮球社、足球社、排球社、乒乓球社、武术社、棋社、书画社、篆刻社、舞蹈社、铜管乐社、话剧社、中国鼓等，体艺特长类课程内容以体育、艺术为主，以发现提升学生的体艺特长为立足点，尊重学生个体的差异性，注重学生的互助学习。

【案例8】 "社"之校铜管乐社的组建和运作

铜管乐社的指导老师经常会说这样一句话："初中学习生活有些紧张、单调，闲暇时间若能学点音乐，不仅能放松身心，还能陶冶情操，提高综合素养。"铜管乐队组建初期，分短号、萨克斯、长号、大号、鼓点各器乐团组，虽然每种器乐的演奏技术需要专业音乐老师指导，但是具体分组训练需要每个团组各自分头训练。为此，通过讨论、协商、民主选举，产生了总社社长，下面分设短号、萨克斯、长号、大号、鼓点各分社社长。各分社在学校社团活动时间，在分社社长的组织、带领下，到各自的练习点进行训练。其他课外活动、双休日时间均由各分社自行组织训练。

乐队刚组建时，只要你喜欢铜管乐队的某个器乐，就可上网自愿选择参加。乐队开班，就有60多个成员参加。乐队成立后，大家利用课余时间、社团活动时间甚至休息日时间训练，全凭一腔热情。渐渐地，一些成员身上发生了可喜的变化。比如，成员小马平时是个小调皮，但一排练就特安静，还充当乐队的节拍器。排练的过程中，团队默契也渐渐建立起来。

由于学校专业音乐老师时间和精力的限制，在完成正常学校教学工作的情况下，要组织、带领、训练这支队伍，对于音乐老师来说，压力是比较大的。但通过"自治"，各分社各自有组织活动，大大减轻了音乐老师的负担。各分社训练时，基本由分社长想出各种方式方法，让刚刚起步的其他组员尽快掌握吹奏的乐感、节拍。学生之间的互帮互助，成为社组活动的主旋律。经常看到，在学校社团活动时间，铜管乐社的社员在各分社社长的带领下，用各种不同的训练组织方式，演奏着同一个音乐旋律。另外，萨克斯、长号、大号分社的学生，通过学生家长，找到了校外比较好的专业老师，他们共同协商一个合理的时间，各自进行分散的训练。

目前，学校的铜管乐社已经成为学校的精品课程，组建四年多，在学校社团节、元旦迎新活动和学校大型活动中都有出色的表演。此类课程进一步激发了学生的体艺兴趣爱好，提升了学生良好的体艺专业特长。

三、所：综合实践类课程的实施

"所"是相对具有一定研究性的科技拓展类社团，如水质研究所、植物研究所、综合实践研究所等。以学科知识为基础，以兴趣特长为前提，以自发组合形成的小组为单位对自然、社会现象自主研究的方式开展活动。在以"所"为组织形式的社团活动中，学生从灌输式学习走向了自主探究学习，使学生在探索与自治中进行创新实践。学生从自身的兴趣、基础出发自愿自主选择某一"所"，再自主寻找志同道合的小组成员，商讨确定小组研究"课题"，将研究课题提交导师审核、修改后，最后研究小组通过文献调查、实验探究、综合实践等形式开展活动。每个所还有2～3位教师共同承担"导师"职务。每个所的所长、副所长、研究组长等职务全部来自学生。所长负责活动的组织、策划和分工，副所长配合工作的落实，由每个课题的研究组长和小组成员负责活动方案的设计、实施、过程汇报、成果展示和评价等。

【案例9】 "航模研究所"之自制水火箭研究活动

"航模研究所"自制水火箭研究小组在完成自制小实验过程中的实验心得如下。

实验心得1:这次探究活动,以"水火箭的设计与发射"为主题,带我们走近并认识了反冲力作用的强大。本次活动,我们自己查资料,自己动手实践、动脑探索,亲自设计与发射水火箭,做自己选择的喜欢的课题,感觉很幸福。活动使我们在动手中学习,在动脑中领悟,在尝试中有所收获。科学的探究是永无止境的,我们所探究的只是宇宙中一羽。本次活动,趣味生发,极具科学意义,它使我们感受到了科学的伟大与神秘,促使我们向科学的未知领域去深入探究!我们的下一个目标——二级水火箭!

实验心得2:这次制作水火箭的实践活动对我们启迪颇大。它不仅让我们在活动中收获了快乐,也让我们在一次次的实践中学会了动手用脑、团队协作和永不放弃的"韧"。更重要的是,我们是科学研究的主人,每一个步骤、每一个细节都要非常严谨,让我们明白:如何去研究,如何去合作。这次活动,趣味不断,富有科学意义。它不仅让我们感受到了科学的博大精深,更促使我们用好奇心作船,以雄厚的科学知识为帆,以永不放弃的坚韧为桨,去更加神秘的知识领域深入探究!

本次小创造综合了运动和力等相关知识,在活动过程中,学生用牛顿第一、第二、第三定律(作用与反作用、惯性、能量守恒定律)来解释火箭的发射和降落,学生还自主学习了一些基本的空气动力学和飞行力学等方面的知识。这种研究所的"自治"运行方式促进了学生根据实践需要自觉地去学习相关知识的学习模式的形成,收到了很好的学习效果。

实践探究是"所"类社团的最大特点。研究主题源于实践,往往是社会问题、自然现象或与社会发展密切相关的热点;研究方式结合实践,需要深入自然、社会调查探究,需要在实景中动手操作,尝试解决真实问题;研究成果指导实践,能为解决社会问题、解释自然现象提供参考。通过"所"类活动的开展,学生的综合实践能力随之得以培养和锻炼,这些能力将对学生今后的自主学习和自我管理产生更为积极、深远的影响。

第 六 章

教师发展支持:教有所长,跨界发展

第一节　助力教师成长的意义和价值

没有教师的成长，就没有学生成长，教师发展是助力学生成长的主力军。教师的专业成长，需要长期的积累和实践锻炼，是一个终身学习和实践的过程，这就是所说的"教师行动"。它需靠教师自身主动、自觉参与才能完成。教师在专业成长过程中，必须增强自我规划意识，使自主成长变为一种积极行动。

一、助力教师成长的意义

(一)"教有所长"型教师的含义

"教"的本意指"指导，训诲"，这里专指学校的教育、教学与管理工作。"长"可以理解为"优点，专精的技能"，如特长、专长。我们所说的"长"是指一位教师身上的在某个领域特有的长处。"教有所长"型教师是指在教育、教学、学校管理过程当中，善于分析自身条件，根据自身特长制定发展规划，借助各种方式提高业务能力，初步具有工作风格，受到学生喜欢的教师。

(二)现代"教有所长"型教师的特征

现代"教有所长"型教师有四个特征：第一，他们往往对自己有较全面的认识，会思考自己的优势和劣势，始终保持发展的内在要求；第二，他们能够合理确定自己的成长目标，发展路径明确，善于借助各种方式，运用各个平台，取他人之长结合自身进行改造，实现超越；第三，他们关注自身个性发展，优化教育、教学、管理的各个过程，逐渐形成独特、稳定并有浓厚的个性色彩的表现，最终形成工作风格；第四，具有很强的信息意识、知识以及信息素养，具有高效获取信息、合理鉴别吸收、归纳、存储和创造、生成、交流与输出的能力,能够利用信息化技术适时适度地辅助教育教学工作。

(三)"教有所长"型教师培养的重要意义

校本培养"教有所长"型教师,需要教师根据自身特点制定发展规划,参与以校本为主的富有个性的培养,产生体验,通过多元化评价,激发他们的专业自觉,促进他们主动发展,逐步形成自己在教学、教育与管理方面的风格。

1."教有所长"是校本培养教师机制创新的逻辑起点

每一位教师都有自身的独特性,由于遗传素质、社会环境、家庭条件和生活经历的不同,从而形成了个人的独特性。充分挖掘教师在学校教育、教学和管理工作中有别于他人的长处是研究的起点。只有通过科学的分析,才能看清自己的优势和弱势,才能看清自己发展的必要性和可能性。

2.满足需求是校本培养教师机制创新的操作动力

当教师的低层次需要得到满足后,他们开始思考自身的发展,实现自我价值,这使得教师产生新的动力。学校在尽力帮助教师发现自己的个性优势,找到适合自己发展的道路,一旦这种实现自身价值的需要得到满足,就能更大地激发教师的发展动力。创新"教有所长"型教师培养机制的核心就是激发教师对自我发展的关注,为实现自我价值提供动力。

3.个性发展是校本培养教师机制创新的终极目标

"教有所长"型教师不热衷于对别人机械地模仿,而是竭力地发现和发扬自己的个性,使自己或"学得智慧",或"干得出色",或"说得精彩",或"写有价值",或"秀有品位",或"成有大德"……创新培养机制的目的是引导每一位教师发现和发扬自己的个性,这是研究的终极目标。

二、助力教师成长的价值

(一)指导教师制定发展规划

没有规划就会缺少方向,失去动力。青年教师刚参加工作,往往缺少方向感,只知道做事,缺少发展意识,如果不及时引导,就会耽误他们的美好时光。同时,第一成长期每个阶段的主要任务也是不同的,学校要善于分析和把握入职1年、2~3年、5~8年等不同阶段的主要任务与发展目标,既注意衔接，又各有侧重，这样才能缩短教师的成长周期。一般情况下，我们把入职第一年定位为岗位适应期，通过一年的学习实践，适应学校的工作节奏，基本掌握学科教学、班主任工作、家校沟通等基本的程序与方法。这一阶段，校本的岗前培训十分重要，帮助其了解学校的工作内容与基本要求，为整体适应打下基础。接下来就是密切跟踪指导，关键在于配备一位有责任心的指导老师，师徒制是这一阶段的最大特点。2~3年是专业成长的起步阶段，最大的特点是困惑，仿佛过去学习的教育教学、心理学理论似乎一点作用都不起，于是专业引领的作用开始真正发生。指导老师要善于结合理论与实践，答疑解惑，指出事实背后的理论依据、方案设计的优缺点。经过两年的学习实践，青年教师可以尝试独立自主设计教育教学活动了。接下来的几年就是第一成长周期的快速成长阶段了。有的人5年，有的需要8年甚至10年。这一阶段，有些教师什么都想尝试，但不自信，什么机会都想争取，但怕失败，他们感到理论是有用的，尝试着用理论解决一些问题，遇到问题也会努力从理论与实践两个方面去思考，寻找答案，就在不断地思考与找寻中，完成了第一阶段的成长。

（二）搭建成长平台助成功

成长需要平台，成功需要机会。在教师成长初期，每一次成功都有特殊的意义，特别是第一次成功会对其今后的发展起到极大的推动作用。学校要根据不同教师的禀赋、个性特长等创造出可供每一位教师选择的适合自己发展的平台，在不同的活动中发挥潜能，锻炼和展示自己的专业能力，帮助他们成功，推动他们在专业道路上前进。以我校为例，我们有"三二一"学习内化平台：每学期阅读三本教育专著，写出较高质量的读书笔记，定期开展读书研讨交流；每年听两场高层次的专家报告，回来后汇报学习体会；撰写一个教育故事，记录自己的教育经历。"三个一"实践展示平台：每学期至少上一节组内研讨课，展示自己的教学创新；制作一个精美的课件，并在实际教学中加以应用；参加一项情趣社团，修炼一项兴趣爱好与特长。"三个一"专业研究平台：每学期至少发现一个教学问题，围绕问题进行较为系统的实践研究，撰写一篇论文，阐释自己的研究主张；每年和专家面对面交流一次，在专家指导下进行论文写作；参与一项课题研究，撰写一份高质量的课题材料。学校的教师发展部围绕上述内容编制培训计划、实施方案与考核办法,分阶段组织实施。分类分层设置奖项,开展评比活动,为青年教师创造成功的机会。

当然,在教师发展过程中,我们也不是"一二一,齐步走",会根据教师的特长与爱好,在打好基础底色的同时,鼓励差异化发展,努力让每一位教师都找到属于自己的领地。当无数个独特的"自己"组合成一个团队的时候,实现学生的个性化成长才有真正的可能。

第二节 "教有所长"型教师的运行机制和成长路径

一、组建教师发展中心,明确使命与职责

(一)教师发展中心:校本培养教师机制的组织创新

1. 教师发展中心建构的依据与原则

(1)成立依据。教师发展中心是为提高校本培训效率,创新管理体制而建立的组织机构。它下辖职业规划部、学术研讨部和教学指导部三个部门,其负责人分别由特级教师和部门领导兼任。它既是校本培训的决策机构,也是促进教师发展的管理机构。

(2)实施原则。第一是高效的原则。我们成立专门机构,选派专门人员,制定专项制度来专门从事教师发展工作。这样有助于集约资源,提高效率。第二是管理互补原则。机构是在校长领导下,独立于学校行政系统,在支持行政开展教育教学活动的基础上,开展教师业务培训的各项个性化活动。第三是方便易行原则。从校长室到教师发展中心到三个部门,再直接作用于各位教师,形成了一条完整的命令链,政令畅通,反馈及时,有利于工作顺利开展。

2. 教师发展中心的基本框架与职责

(1)基本框架。教师发展中心是学校专门负责关于教师发展的机构,校长助理任中心主任。设置职业规划部、学术研讨部和教学指导部。以往学校地处城郊,缺少外部资源,这次教师发展中心还成立由教育行政部门的领导、教科研部门的研究人员、师范院校的教授学者和本地区、本校的教学骨干教师组成的专家团队,支持工作的顺利开展(见图6-1)。

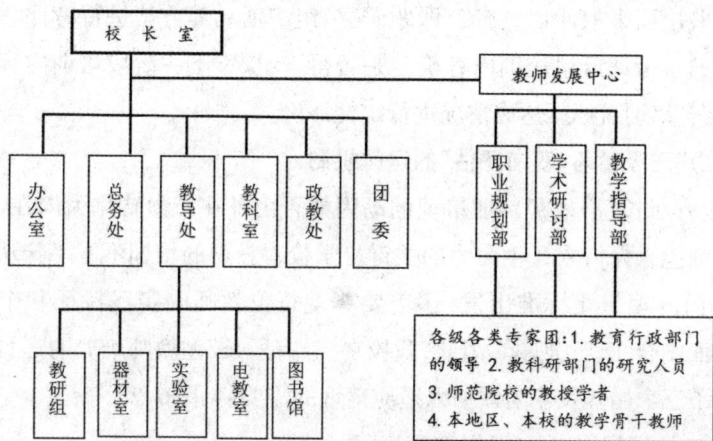

図 6-1　教师发展中心基本框架图

（2）工作职责。我们出台了《杭州市大关中学教师发展中心工作职责与部门工作规范》，明确教师发展中心各个部门的工作职责。

培训目标的确定。职业规划部与目标教师共同结合教师的基本情况，分析优势所在，结合特点提出总体培训目标和预期阶段发展目标。每个目标都有达成的标志。

培训方案的制定。根据每个教师的培训目标，由职业规划部制定《"教有所长"型教师个性化培养方案》。根据教师的特点，在系统性、发展性、实效性的原则指导下，有针对性地选择培训内容，内容包括理论研学、实践操作两个部分。培训形式因人而异，注重创新，关键在于激发参培教师的参与热情。

培训过程的调控。在实施"教有所长"型教师培养的过程中，我们强调过程的实时调整。学术研讨部主要负责培养方案的落实。教学指导部主要针对日常教学提出要求，实时检查，加强反馈。职业规划部对所确定的培训内容，根据教职工的理解和掌握程度及变化了的情况进行调控，以使培训内容在范围、定位、适宜对象等方面更具有针对性。

培训效果的评价。学术研讨部主要负责在理论层面，采取撰写论文、学习心得、研究报告、答卷等方法对培训内容进行考评。教学指导部主要针对工作实践层面采取研讨、交流、课题研究、组织活动等方法进行考评。职业规划部通过考评反思培训内容确定是否得当,探索下一阶段培训内容新思路,并结合培训目标就达成情况进行定性评价。

(二)"三级循环,双向评估"的运行机制

"教有所长"型教师参加培训的动因能否由外在压力转化为内在需求,这是培训能否保持永久生命力的关键。学校对教师的培训不能一味从教育行政部门的理想化标准出发,还需要尊重每位教师的实践特征和个体需求,点面结合、远近兼顾。因此,我校在"教有所长"型教师培养的运行机制中建立了三个循环及双向评估以适应培训的需要(见图6-2)。

1."三级循环,双向评估"运行路线图

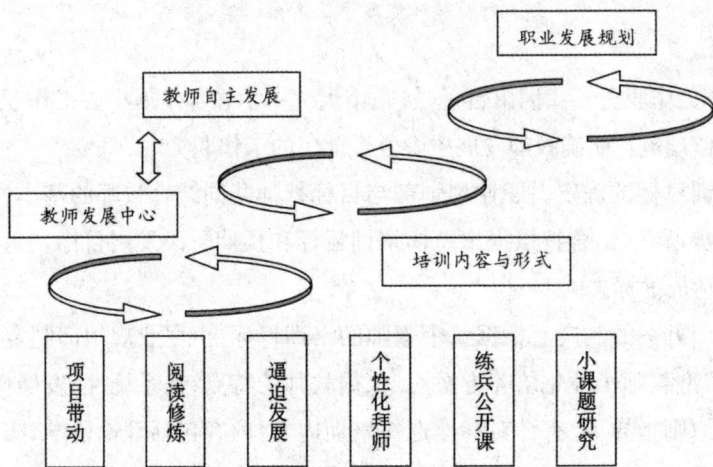

图6-2 "教有所长"型教师培养运行机制图

(1)"教有所长"型教师培养的运行机制中的三个循环

"一级循环",即目标教师培训前在职业规划部的指导下写好职业发展规划,根据规划自主选择培训内容及培训形式,确定自主发展方向的循环。专家培训的关注点与教师自身研究的焦点、与其个性化研究之间往往有一定差距。因此,目标教师根据规划自主选择培训内容及培训形式是培训有效性的保证。

"二级循环"，即职业规划部关注每位目标教师个体的独特性、差异性和实践性，帮助教师确定培训内容，选择因人而异的培训形式。二级循环旨在满足目标教师自主选择的意愿，支持其自主筛选学校提供所有培训资源，以获得最适合自己的特殊性培训效果。

"三级循环"，即学术研讨部根据目标教师自主选择的意愿，安排培训的时间、内容，开展多样化的培训活动，并根据培训的反映情况及时对培训活动进行修整以确保培训活动的有效，同时教学指导部对目标教师的日常工作进行指导。培训努力开发目标教师个人潜能中促进其发展的可持续性，通过创设具有教育意义的积极的学习氛围和共同探讨的环境来使教师达到"教有所长"。

（2）"教有所长"型教师培养的运行机制中的双向评估

任何一种培训都必须接受评估和考核，否则培训将流于形式，起不到任何作用。所以，为了避免培训的盲目性，建立一套科学有效的培训评估及考核系统势在必行。在"教有所长"型教师培养的运行机制中，通过教师和教师发展中心的双向评估，达到规范培训工作和提高培训质量的效果。

目标教师对教师发展中心进行评估。目标教师就教师发展中心工作态度、日常指导力度、提供培训的支持效度三个方面以问卷调查的形式进行调查，提出建设性意见。我们集中汇总当前存在的问题，结合下一步工作提出建设性意见，以有效改进学校后期的培训工作。教师发展中心对目标教师的培训工作进行评估。三个部门就自身职能，结合培训目标对目标教师进行定性为主、定量为辅的评估。

2.保障举措

（1）出台《学分评估条例》

校本培养"教有所长"型教师，我们相应地出台了《学分评估条例》。我们没有具体限制每一位教师的培训时间、地点和内容，而是在可能的资源运用基础上为教师提供学习选单。教师根据选单自主选择，采用学分制。这样，教师能够根据学校工作部署和个人工作的轻重缓急，能动地选择学习时间，避免学习与工作出现矛盾，做到学习、工作两不误、两促进。尊重培训的个性化、强调教师的个性发展，是学分制培训的重要特征。

（2）保证教师培训资金到位

给予青年教师们不断地学习和接受各种培训的机会,提供各种表演的舞台,让他们一显身手。青壮年教师给予充分授权、委以重任、给予肯定。中老年教师给他们充足的自由时间,让他们静下心来搞研究,支持他们提高文化业务素质,积极向上推荐他们撰写的论文。学校每年都投入相当量的资金,以确保教师培训的需要。

（3）建立多元的奖励制度

学校建立了《绩效工资考核制度》《杭州市大关中学奖励条例》《班主任考核办法》,这些制度从各个方面进行奖励。教师只要底线合格、向上不论是单项优秀还是综合先进,都能够得到学校的认可,使教师们感受到每一学期,只要付出就会有回报,从而激发教师工作的积极性。

二、校本培养"教有所长"型教师"两部曲"

"教有所长"型教师的成长内因是根本,外因是条件,因此,我们需要从这两个方面入手校本培养"教有所长"型教师。我们的研究认为职业规划制定能够激发教师发展自我的内需力,职业规划的实施能够让教师体验到自我成长的乐趣,职业规划的实现能够让教师感受到成功的喜悦。因此,学校要了解教师的心理需求,了解教师个人的成长目标并有效地帮助他们实现自我发展的规划。有了目标,还需要通过内容新颖、形式多样、贴合教师发展需要的个性化的培养,才能真正有实效地培养"教有所长"型教师。

教师职业规划指的是通过制定职业目标,确定实现目标的手段以得到不断发展的过程。教师发展中心在培养"教有所长"型教师中非常重视教师职业规划工作。刚开始时,我校从规划内容上进行了梳理,确定了论文发表或获奖、公开教学或讲座、辅导学生获奖、承担课题研究、继续教育、获得个人荣誉六个量化指标。但这样的职业规划工作非常表面化,教师们往往写一些口号性目标,不太考虑以后的达成难度。因此,中心还提出了一个"教师生涯规划"的基本格式。它包括"教师基本情况""现状分析""预期发展目标""分阶段措施""目标达成的标志"。

我们专门设计了表格,由职业规划部指导教师填写。这里值得注意的是,关于教师长处分析,需要充分考虑教师的个性特征、年龄大小、学科属性,借助过去大量事实和数据进行梳理。教师自身往往不清楚自己的长处,需要更多地借助身边教师和区市教学、教育、管理权威的认识。长处的程度不一,但每个教师必须都有,这事关教师工作积极性和后期整体设计。如表6-1所示。

表6-1　叶XX老师现状分析表

姓　名	叶xx	出生年月	1986.11	政治面貌	中共党员
任教学科	语文	最高学历	研究生	职　称	中学一级教师

现状分析	基本情况	2011年参加工作以来,我一直担任语文教学工作。虽然工作时间不长,但我已经能很投入地进入教师这个职业角色,并从教师成长的"适应期"过渡到了"迅速成长期",在我校的教师梯队中,我暂时处在"奋发向上型"
	环境分析	大关中学教育集团是拱墅区公办教育的窗口学校之一,目前已拥有高级教师49人,中学一级教师76人;省市教坛新秀48人,区运河特级教师1人,区级学科带头人10人。学校秉承"敦本务实,弘毅致远"的校训,以"让每一个生命都收获成功"为办学理念,致力于培养"教有所长"型教师,打造了一支有鲜明工作风格的教师队伍
	优势	自己具有优良的师德,系统而坚实的理论基础、专业知识。九年教学实践,课堂气氛融洽,学生参与度高,教学成绩优秀,具有亲和力
	问题	当前发展以模仿为主,缺少系统思考,缺少"高师"的有效指导,自己具有亲和力的教学优势没有很好显现。需要加强教学科研,以课题研究促进教学能力提高

　　(1)个人规划:制定确保自己向"教有所长"型发展的规划。职业规划部与教师个人就其所长进行研讨,结合自身要求、学校发展和社会大背景,确定自己的职业定位。由定位转向目标的确定,目标有长期目标和短期目标,两者应有一致性。近期目标有阶段性可测成果和具体成长策略的描述。表6-2就是在对叶xx老师进行现状分析的基础上制定的三年发展规划表。

表6-2　叶XX老师三年发展规划表

三年发展规划		
第一年	目标	1.加强教学理论学习,提高课堂教学水平 2.开展打造亲和型语文教师的策略研究
	措施	1.申请进入学校名师工作室,拜区教研员胡培新为师,认真制定个人教学发展规划。认真学习三部理论著作,争取上一次区级以上公开课 2.写好课题方案,强化特点,力争市立项
第二年	目标	1.反思自己课堂,有意识强化自身特色 2.完成初三升学要求,语文学科平均分与市持平,重高升学率完成学校指标
	措施	1.有序开展课题研究,抓住"亲和"这一亮点,在名师指导下总结策略。参与杭州市优质课评比 2.认真开展"典型题"教学,抓学生学习参与,科学地完成各项教学指标
第三年	目标	1.参与杭州市教坛新秀评比 2.初步成为一位教有所长的具有亲和力的教师
	措施	1.做好各方面的积累,提高教学业务能力 2.参与骨干教师研训,善于积累,及时总结,提升亲和力和知名度

(2)学校认定:学校论证教师个体发展方向。有了教师们上交的《发展规划》,由校长室牵头,召开教师发展中心、学生发展中心、行政保障中心和专家团队负责人会议。会议重点研讨如何确定适合教师成长的方向,最后如何认定教师的发展方向。2018年1月,学校就近三年重点发展教师人选进行讨论。最后,我们从教育、教学、管理三个方面,年轻教师、中青年教师和中年教师三个阶段,从各个学科选择9位教师作为重点培养对象(见表6-3)。

表6-3　对9位培养对象的分析表

姓名	职务	长处	策略	目标
何老师	数学教师	善于自我激励	个性化拜师	区内有一定知名度
李老师	年级组长	善于组织活动	逼迫发展	优秀教研组长
聂老师	团委干事	最年轻干部	逼迫发展	团工作有声有色
左老师	班主任	班级自主管理	小课题研究	区优秀班集体
郑老师	班主任	班级氛围营造	项目管理	区优秀班集体
纪老师	科学教师	课堂教学风趣幽默	个性化拜师	初具教学风格
陈老师	语文教师	课堂气氛调节到位	练兵公开课	初具教学风格
申老师	思品教师	善于自主学习	阅读修炼	初具教学风格
吴老师	数学教师	善于课堂设计	练兵公开课	初具教学风格

　　这样的会议,以后每年开一次,总结前一年工作,调整人选。目前已有52人,占全校教师的30%。另外一些教师,我们主要通过菜单式培训和对日常具体教学业务个别化指导。

三、搭建"教有所长"型教师个性化成长的平台

(一)阅读修炼:搭建读书人俱乐部帮助教师个性发展

　　操作定义:所谓读书人俱乐部是指我校为了推进教师阅读,交流感悟,总结经验,提高解决问题能力而成立的学习型组织。

　　操作流程:提出需要——选择书目——个性阅读——书写心得——沙龙交流——解决问题。个性化阅读与书面交流相结合,讨论与总结相结合,最终解决问题。这种方式适合于有相当自学能力,善于交流,勤于总结的教师。

　　案例1:蔡老师新接手一个乱班,在班级管理中经常遇到后进生转化问题。于是,她向职业规划部陈老师请教,陈老师首先听了她的讲述,给了她

一本李镇西的《我们都有一个梦想》。蔡老师在阅读后写下了这样的话："……平日里忙碌地工作，累了只是先想到让自己的身体放松，其实现在发现更重要的是对自己心灵和内心深处的充实和反思，让自己的心时刻保持年轻，充满阳光。当我读了这本书，看了自己的读后感，当我再次面对我的学生、我的课堂，我觉得我又一次成熟了，从容了许多，我想我又一次成长了。面对曾经让我焦心的一群后进生，我不再焦急地去把他们从班级里拎出来，去批评他们、去跟他们理论，这样会让他们感觉被异类化。"然后，我们在一次读书人俱乐部活动时专题研讨了此事。我们认为后进生主要是自卑感强，逆反心理强。老师们纷纷给蔡老师出主意，提供各自的绝招。蔡老师将发言进行整理总结了四点。一是深沉的爱是转化后进生的重要途径，真教育是心心相印的活动，你对他们好教育已经成功一半。二是讲究语言艺术让后进生接受批评，因为孩子的心理和意志都还脆弱，诸如笨蛋、废物、脑子进水、这辈子你也看不着后脑勺等否定词语，最易伤孩子的自尊;反之，老师的一个微笑，一次赏识的目光，一个认同的点头，一句轻声的问候，都会给孩子带来无穷的鼓励和喜悦。三是对后进生对症下药，有的放矢。要找到差的病根，根据心理特点，帮他认识错误，及时给予肯定，帮他树立信心，逐步改正缺点和不足。四是认清转化过程是反复的，要持之以恒。耐心、细心、不厌其烦是信任与赏识教育后进生的重要一环。实现转化一般要经历醒悟、转变、反复、稳定四个阶段。因此在转化过程中，后进生出现多次反复，是一种正常现象，对这项艰苦的工作，教师一定要满腔热情，锲而不舍。

案例2: 章老师参与杭州市优质课评比，提前三天才知道课文题目是《背影》。接到任务后，章老师就一直很焦虑，他搜遍所有资料还是一筹莫展。语文教学研讨部主任吴老师给了章老师一本王荣生的《新课标与"语文教学内容"》。章老师连夜阅读，他发现问题在于切入口的寻找。《新课标与"语文教学内容"》中指出:"语文课堂教学是师生、文本之间对话的过程。初中学生的知识积累有限，他们与文本之间有一定的距离，不能马上进入文本。我们为他们走进文本做好铺垫，找到合适的切入口。"于是，语文教研组全体老师研讨了几个方案,最终章老师决定以"父亲衣服颜色的描写"为切入口。在教学中,他只设计了一个问题:这三次对服装颜色的描写各有什么特点,分别有什么作用?祖母去世,家道中落,所以父亲身上的服装是黑色的。在这样一种情况下,父亲强忍悲痛,给"我"做紫毛大衣,为"我"送行,浓浓父爱倾泻。公开课获得了很大成功。章老师以《有效参与构建高品质语文课堂》为题,在杭州市语文教研活动中发言:"与文本进行有效对话必须以话题为媒介。话题的选择强调探索性。学生的讨论围绕主要教学目标展开,引发反思,并不断向知识的广度和深度进行探索。交流过程重视针对性。在熟悉教学内容,了解学生已有的基础、兴趣、接受能力及培养方向的基础上,我们对交流的内容进行增、减、移、结。增,增得实在,不盲目提高;减,减得准确,知识点不缺;移,移得自然,交流贴切;结,结得及时,产生新知……"

在教师发展中心带领下,学校教师读书成风,教风与学风也明显有了大的改变。正如叶澜教授所言:"我们坚信没有教师的生命质量的提升,就很难有高的教育质量;没有教师的精神解放,就很难有学生的精神解放;没有教师的主动发展,就很难有学生的主动发展;没有教师的教育创造,就很难有学生的创造精神。"总之,教育是一个使教育者和受教育者都变得更完善的职业,而且,只有当教育者通过阅读这种形式自觉地完善自己时,才能更有利于学生的完善与发展。

(二)练兵公开课:在实战中使其特长得以强化

操作定义:学校选择目标教师借助公开课这一平台,运用多种手段展示教学风格,提升教学能力。

操作流程:确定目标——初次实录——课堂问诊——改进设计——反复磨课——上课展示——总结梳理。不断地优化设计,不断地体验上课的艰辛,不断地积累经验,磨砺自己的教学长处,并总结形成理论。这一培养形式适用于在课堂教学中初具个人特色的教师。

案例1:语文组年轻的李老师在几年里上了10多节公开课,使得她在调动课堂气氛上非常有经验,可以轻松调动学生的积极性,引导课堂进入高潮。李老师第一堂公开课是七年级上册的《荷叶·母亲》。通过自己的静心思索,设计了这样的结尾:课件上的背景图片是一个母亲怀抱幼儿,目露慈祥,音乐缓慢而伤感,字幕缓缓进入,同时朗诵这段话:"大难来临时,是谁给你保护?心中倍感苦楚时,是谁给你安慰?汶川地震中一位坚强的母亲是这样用行动回答的,地震来临的一瞬间,她把幼小的孩子护在怀中,用自己瘦弱的身躯撑起了一片天,最后救援人员到来后,发现这位母亲已然离去,她的手机短信中有这样一句话:'亲爱的宝贝,如果你能活着,请记住我爱你!'"学生已经深深陷入浓浓的母爱亲情的意境中,随即再齐声朗读课文的最后一段:"母亲啊!你是荷叶,我是红莲,心中的雨点来了,除了你,谁是我在无遮拦天空下的荫蔽?"李老师被评为"优秀实习生",得到了大家的认可,她调动课堂气氛的能力也展现出来。

案例2:数学组年轻的吴教师认为上公开课对自己的发展是最明显的。因此,她不放过任何一个机会去上公开课,通过参加各种教学比武,上公开课,学到很多平时学不到的东西,使自己快速成长。经过几年取得了不错的成绩。在上"确定位置的方法"公开课时,她凭着扎实的基本功和对课堂良好的控制与应变能力,在学校层面胜出。学校请了区里的教研员来指导,区里的教研员肯定了这节课的优点,也指出了这节课的问题所在:"数学课不管是不是公开课,实实在在才是最重要的。"通过指导,她对这节课进行了重新梳理和备课,对教学的每个环节都进行了精心的设计,碰到迷惑和难处理的地方及时与教研组同事商量。再在学校里进行试讲,试讲后再进行交流,再改再交流,再上课……就这样一遍遍地磨。由于她的出色表现,最终获得了区运河赛课节"新苗杯"评比一等奖。课后她感慨:通过公开课,收获巨大,这种收获在平时的教学中得不到,是自身的一个蜕变过程。

在上大型公开课前,教师发展中心组织目标教师进行课题分析,进行教学设计,邀请专家团队讨论教学设计,进行课堂诊断,提出改进意见。目标教师再次根据自己的教学特点和班级实际进行个性修改,成为富有个性的课堂设计。最后进行展示。两年半来,我们组织了近10次交流与展示,开展数十次赛课活动,一大批教师在公开课这个舞台上迅速成长。

(三)个性化拜师:为青年教师寻找适合其个性发展的名师

操作定义:所谓个性化拜师,就是在分析教师个性特长的基础上,帮助其寻找发展路径相仿的名师,在其指点下助其快速成长的培养形式。

操作要素:分析特长——寻找名师——规划发展——名师指点——风格初具。在这里,名师成为教师发展的关键人物,在道德、理论、实践三个层面向名师学习,随时得到点拨,一定会事半功倍。由于地域关系,平时缺少名师指导,这种方式对于已有相当基础、迫切要求进步,又苦于没有正确指导的教师尤为适用。

案例1:2016年,年轻的钱老师参加杭州市青年科学教师解题能力竞赛,在竞赛中获得了拱墅区第一的好成绩。这次成功改变了钱老师只是科学教师队伍中塔基的定位,她树立了要成为拱墅区顶尖的科学教师的目标。学校在了解这一情况后,由教师规划部和她本人一起制定发展方案。目标定位为在三年后成为拱墅区小有名气的科学教师。实施途径有两个:一个是以赛代练,要求钱老师精心准备参加一切能参加的教学比赛与教学培训;另一个是为她选择杭州市名师,获得高人指点,钱老师正式加入了胡柳蔚特级教师工作室,正式拜了浙江省特级教师、正高级教师胡柳蔚老师为师。由于新的定位,她产生了事事要领先、要拔尖的内心渴望,教学上曾获杭州市科学优质课二等奖、市"智慧15分钟"教学难点研讨比赛三等奖、拱墅区科学优质课一等奖、区初中科学教师解题竞赛一等奖、区"新苗杯"教学竞赛一等奖、区"新秀杯"教学竞赛一等奖、区初中科学青年教师比武一等奖、区科学教师实验技能竞赛二等奖等。科研方面也有多项市、区小课题立项,撰写的《基于实验的科学课堂学习活动优化之实践研究》等多篇论文获市、区课题成果及论文奖项。曾执教"生态系统的结构和功能"一课在杭州少儿频道《名师公开课》栏目播出,并被评为杭州市教坛新秀。

案例2:为了能更好地发展,童老师在参加杭州市新锐教师培训时拜著名的数学特级教师、正高级教师苏建强为导师。这几年在苏教授的悉心指导下,她的课堂教学进步很大,在她的教学过程中可以享受到轻松、有趣、且充满快乐。苏建强导师曾经说:"教学不是买卖,一件商品必然有卖家和买家,但教学过程中如果不生动,再好的知识都不可能到学生的脑子里,即有卖却没有买。"在一次公开课后,苏建强老师对她的课做了点评:"一堂课要有效,必须要做到教与学的统一,一堂好的课既要做到深刻,也要做到生动,童老师的公开课很好地解决了这个矛盾。"这句话是动力,更是对童老师生动课堂的褒奖。

在实施这一策略时,学校还专门成立名师工作室,利用校内外资源为我们的教师提供学习的资源。同时安排每周三、周四下午的文理科教研活动时间为师徒交流时间。时间是确定的,但地点、研讨内容却是机动的。我们的教师可以在名师指导下充分展示自己的能力,向更高层次发展。

(四)项目带动:在参加或者管理项目的过程中得到提高和发展

操作定义:学校根据教师的特长将某一方面的某项工作交给一位或几位教师,他们全权负责这项工作的计划、实施、反馈,从而培养教师教育、教学和管理能力。

操作流程:分析特长——交付项目——组织实施——及时反馈——得到发展。项目运作是一个综合工程,它给了操作者足够的实施难度和发展空间,通过运筹形成方案,脚踏实地地实施,势必会锻炼教师的能力,给予他们胆识和成功的体验。这一培养形式比较适合于有一定能力但没有得到锻炼的专业教师。

案例1:2018年底,学校拟开展"快乐星期五"社团活动。学生会副主任李老师带领一班人制定方案。活动以"关爱生命,建设幸福人生"为主旨,结合任课老师自身特长,自主决定活动名称和方式,每周二第七、八两节课定期开展。学生可按兴趣自由选择课堂。社团活动项目丰富,每个项目都有各自主要培养的生活技能。

表6-4 "快乐星期五"社团活动项目

项目名称	活动内容	培养学生的生活技能
科学博览与实践	科普影片赏析,对科学现象调查研究	决断力、执行力、创造性思维、批判性思考、有效的人际沟通、自我认知
红十字紧急救护	了解急救知识,掌握常见的急救方法及操作	决断力、执行力、情绪处理和压力管理、同理心、协商与拒绝的能力
电脑·漫画	电子报刊,电脑绘画设计	决断力、执行力、有效的人际沟通、自我认知、创造性思维、团队合作
小合唱	系统学习合唱的方法与技能	有效的人际沟通、情绪处理和压力管理、团队技能
车模、航模	模型组装和制作	创造性思维、批判性思考、有效的人际沟通、情绪处理和压力管理
英语口语俱乐部	排演英语校园剧,学唱英语歌曲	有效的人际沟通、自我认知、同理心、协商与拒绝的能力、团队技能
篮球、排球、足球、乒乓球	学习球类项目基础知识,学习掌握攻防技术	决断力、执行力、有效的人际沟通、自我认知、团队合作
趣味数学	剖析生活中的数学题	解决问题的能力、创造性思维、批判性思考、自我认知

在此后的两年时间里,李老师每逢周二就忙得不亦乐乎。但她觉得很值得:"一方面锻炼了自己,另一方面发扬了教师们的长处,更重要的是促进了学生的发展。"人力资源是最具活力、最有开发价值的资源。每个人都蕴藏着巨大的潜力和能量,都希望能遇"伯乐"而后成"千里马"。但在现实生活中,经常有人因为自身作用得不到充分发挥而抱怨,而一旦被委以重任,就会变了个人似的马上精神抖擞起来。由此可见,"压担子,给项目"对于人才的成长和进步意义重大。近几年,学校在项目带动培养"教有所长"型教师策略实施中统一了思想,提供了后勤保障,并取得了一定的成效。

（五）驱动发展：在压担子的过程中促其快速成长

操作定义：驱动发展是指根据管理能力大小，在发展关键期委以重任，充分调动自身积极性完成任务的后备干部培养制度。

操作流程：分析情况——选择对象——委以重任——工作评议——管理到位。将合适的工作交给合适的人，工作的难度高于正常水平，通过努力一定能够胜任。这种培训方式主要适合于精力旺盛有青春活力，但阅历不足、工作不够老练的后备管理干部。

案例1：顾老师是一个富有钻研精神的教师，曾被评为杭州市教坛新秀等。在教育教学过程中，她都很用心，无论是在教育后进生、培养尖子生以及和年轻教师沟通的过程中都能表现出很强的组织能力、沟通能力。学校对顾老师进行了深入了解，决定对她进行定向培养，以发挥她善于合作、善于钻研的个性特征。顾老师被任命为学校科学教研组组长。顾老师自担任教研组长以来，不停地以活动为载体凝聚人心，促使团队提高。2019—2020年为组内年轻教师搭建同课异构平台，先让同一备课组教师采用背对背备课的方法设计教案，然后进行课堂实践，再接受全教研组教师点评。听课者要从异同两个方面进行点评，执教者在此过程中体会哪种设计更为有效、更为合理，取长补短之后再形成新的教案再上课。2020年组内开设了典型题说题比赛。在大家讨论过程中寻找更好的上课模式，并且要讲清楚为什么要选这些题目，为什么要这样上课，这样的研究为年轻教师的成长创造了条件。在担任教研组长后，顾老师带领组内年轻老师完成市专项课题的研究。顾老师深有感触地谈自己的工作体会："一个人的成功不等于真正的成功，只有集体成功了才是真正的成功。"在一次一次的锻炼下，她的工作显得更自信、更有条理，科学教研组也成为区优秀教研组。

案例2：聂老师拥有外向、热情，有创造力，组织能力强，工作充满激情等个性特征，比较适合团委工作，还因为她在大学里担任过生活委员、校学生会外联部副部长等职务，有一定的组织管理能力，通过对她一年的考查培养，各方面都取得了很大的进步。2019年5月学校任命聂老师为校团委干事。聂老师没有辜负学校的期望：一学期后，她不仅熟悉了团委的工作，还干得风生水起，举办了爱心义卖等活动。

学校要求后备干部进行月汇报工作制。后备干部每月要向校长汇报工作。汇报工作包括做了哪些工作、取得了哪些效果、存在什么不足、下月改进措施是什么等。校长在肯定成绩后，对带有一定难度的工作给予具体的指导。每学年，后备干部在教代会上述职后，全体教师根据述职情况和工作情况对其进行评议。凡是重点工作，如教育工作会议、教学工作会议、科研论文评比等，相关后备干部要写出详细周密的计划，向校长汇报。这种"逼迫发展"培养形式能够让素质高、基础好、潜力大的同志及时充实到后备干部队伍，以保持人才库的活力和生机。同时，学校特别注意对新上岗年轻干部的跟踪培养，对他们严格要求，悉心扶持；利用各种机会，对他们进行党的宗旨和党性党风教育，帮助他们正确看待名利、权力和地位，正确对待顺利与困难、成功与挫折、赞扬与批评。

（六）小课题研究：强化教师特长的有效途径

操作定义：教师为了改善教育教学行为，在实际情境中对自身日常工作中的具体问题进行研究。

操作流程：发现问题——分析问题——定小课题——行为跟进——解决问题——再次实践。"问题"即能成为小课题，解决身边的"问题"，总结得失，就能使自己时刻处于研究状态的教学、教育和管理工作中。这种研究比较适合遇到问题比较棘手，需要系统考虑，同时具备一定科研能力的教师。

表6-5　2016—2017年区里立项的小课题一览表

教师	小课题名称
钱老师	基于实验的科学课堂学习活动优化之实践研究
赵老师	比较对照式板书在科学课堂上重要性的研究
吴老师	初中数学课本例题变式的方法技术探索

教师	小课题名称
花老师	初中科学探究性作业设计策略与应用研究
郭老师	鼓励教育对心理弹性培育影响的反思
黄老师	渗透元认知体验的科学教学实践研究
陈老师	以"一本作业本"为核心的轻负高质英语教学
周老师	基于八年级教材的英语写作训练
徐老师	初中古诗词教学读写结合研究
童老师	以轻负高质为主旨——谈标点符号的妙用
任老师	新课标初中英语课本插图的使用策略研究
刘老师	流程图在初中科学教学中的设计与应用研究
朱老师	"学生说题"在初中数学教学中的实践研究
汪老师	基于微课促进初中语文课堂深度阅读的实践
方老师	基于体能视角下,初中篮球游戏设计与实施研究
李老师	初中语文跟进式作业设计
赵老师	初中科学实验课的分层合作教学模式的探索研究
申老师	"深阅读"在初中历史与社会教学课堂的实践探究
李老师	融入体验与多元观点的说故事法——初中语文小说教学案例研究
李老师	初中语文散文教学中的"主问题"设计有效策略研究
娄老师	用心设计适合学生的"天天清"数学一题
花老师	在初中科学教学中课本插图使用策略的实践研究
张老师	基于法治意识培养的初中《道德与法治》课堂教学有效策略研究
钱老师	初中文言文拓展性阅读文本筛选与实施研究
童老师	借助奖励卡培养初中数学核心素养中的运算能力
许老师	戏剧教学法在初中英语口语教学中的应用和实践
来老师	基于历史与社会学科历史理解力培养的作业讲评策略研究
应老师	"以学定教,以问促教"的散文教学个案研究

让每一个生命都收获成功

基于大数据构建学生成长助力系统

这些教师的课堂上都清晰地留下了小课题研究成果应用的痕迹。如科学组将"基于实验的科学课堂学习活动优化之实践研究"成果应用到课堂上，教师提问的环节和内容恰到好处，教师与学生互动成为授课的主要形式，课堂效果良好。数学学科通过"'学生说题'在初中数学教学中的实践研究"，明确培养学生学习能力是提高质优生数学学习质量的关键。英语组的"新课标初中英语课本插图的使用策略研究"，打破传统的教学模式，有效使用英语课本的插图。思社组"基于历史与社会学科历史理解力培养的作业讲评策略研究"重视学生对思社学科理解能力的培养。他们通过小课题解决身边的问题，将成果运用到教育、教学、管理实践，让自己成为行家里手。

案例：董老师是一位善于思考的班主任教师。但由于当时所带班内的学生普遍成绩不是很理想，且外地学生较多，她采用威慑的教育模式。在这样的模式下，学生都成了表面派，班主任在教室时，学生很安静，不在教室时，教室里是乱糟糟的。通过反思，她及时发现了自己的不足，决定对自己的带班模式进行改革。于是她在学术研讨部的指导下撰写小课题《自主管理在班集体建设中的实践研究》。我们帮助她细致分析了她的优势、劣势，明确表示学校要自班主任层面定向培养她。通过研讨，我们确定以日常规范落实为抓手，推进自主管理。她开始关注班级建设的各个方面，如在学生还未到校报到时，对班内能预测的各项工作都事先做了安排，学生座位安排、卫生打扫安排、班委初步安排等各个方面。具体到如小组长收作业时如何上交，课代表记载作业时如何记载……都予以指导，使学生进校后觉得一切井然有序。在班里尽可能给更多人锻炼的机会，让更多人都成为某一方面的"小标兵"，如"行为规范小标兵""文明小标兵"等。如班里规定每排轮流写一天周记，这样能及时地与学生进行情感交流，通过这一渠道，使学生敞开心扉，收效甚佳。董老师还会经常在学生的作业本上或试卷上写一些鼓励性的语句，"最近进步了很多，继续保持！""这次测试考得不错！"……卷面上简短的几个字，能让学生深切地体会到成功的喜悦和存在的不足，从而激励他们继续努力和改正缺点。同时通过政教处的活动指导，她大量读书，外派参加培训,撰写经验总结,她开始管出成效,也使自己在班级管理领域做到"教有所长"。

学校小课题研究有这样四个特征:第一,所研究的通常是教师个人教育教学中出现的问题。如"如何让不交作业的学生交作业""如何让学生喜欢自己的课"等真实的问题。第二,研究由教师个人自己确立并独立承担,教师即研究者,是研究的主角。第三,主要采用适合教师个人的叙事研究、个案研究和行动研究等方法。第四,有一部分教师研究的是自身工作中"长处"如何更"长"。小课题研究者反思自身的工作现状是研究的起点,理性分析是研究的基础,解决自己的问题是研究的实质。小课题研究能够实实在在地解决学校工作中的问题,增强学校教师对校本科研的信心,克服"科研没多大用"的疑虑和功利思想,有力地促进教师的自主性专业发展,从而坚定依托校本科研促进学校发展的决心,是校本科研走向成熟的新起点。

美国著名的管理学教授、组织行为学的权威斯蒂芬·P.罗宾斯认为,团队是由两个或者两个以上的,相互作用、相互依赖的个体,为了特定目标而按照一定规则结合在一起的组织。根据罗宾斯对于团队的定义,团队是有规则、有目标、相互依赖的组织。因此,初中学校教师团队建设的指导思想是合规、合理、合情。合规是指合乎教育规律,合乎法律法规,不越雷池。合理是指办事有原则,讲道理,结果导向,合理安排,注重效率。合情是指及时沟通,带着方案提问题,当面提出,当面解决,注重合作,积极进取。

第三节 基于"教有所长"型教师的团队建设

学校一直把"教有所长"型教师培养作为学校教师培养的抓手,我们的教师一般都具有规范的教育教学行为,并逐渐形成个性化的教学风格。我们提高学校"教有所长"型教师群体的凝聚力、合作的紧密程度和默契程度,使广大教师产生内驱力、凝聚力和执行力,促使学校教师群体逐渐发展成优秀的教师团队,进一步发展和提高学校的办学质量。

一、明确育人目标,以提升水平为核心实现发展

我们根据教师团队处于不同的发展水平,按照其成熟度可以分为四个阶段(见表6-6)。基于"教有所长"型教师的团队建设需要学校管理层从构建团队目标、建设团队文化、强调过程管理、改革考核办法、加强情感交流等方面顶层设计,才有可能使教师团队由混乱走向成熟。

表6-6 不同成熟度团队的特征

内容	形成期	凝聚期	激化期	收割期
目标	缺乏共同目标	了解领导者的想法与组织的目标	目标由领导者制定转变为团队成员共同的愿景	
关系	信赖不足	由熟悉而产生默契	开放的氛围,互相信赖,坦诚相见	有强烈的一体感
规范	对于规矩尚未形成共同看法	渐渐了解组织的规矩	外在的规范变成内在的承诺	
效率	内耗很多一致性很少	主要的决策与问题需要领导者的指示	智慧、创意源源不断	创造出非凡的成果

我们分析学校内部和外部的各种挑战,综合考虑,合理布置。将办学目标与个人责任结合起来,形成团队的办学使命,学生成功,教师发展,学校进步。办好学校既是我们的责任,也是实现突围的唯一办法。学校坚持"让每一个生命都收获成功"的办学理念,实现党建引领,提升办学水平,凸显办学特色,助力师生成功,建设"杭州一流,全国知名"的现代化初中教育集团。

二、重视文化建设,以作风建设为手段增强合力

我们在教师师德师风建设方面主要抓"肯干、能干、干成"的价值观建设。肯干是大关教师的工作态度,忠诚于学校,勇挑重担,接受学校工作安排。大家都肯做了,学校风气就好了,人心就凝聚了。我们每月定期进行师德和业务学习,强化教师身份意识,为学生成长服务。每月定期开展班长、学习委员、生活委员会议,听取学生的意见和建议。自觉规范教育教学行为,严禁上班时间玩游戏、炒股,严禁体罚与变相体罚学生。会干是大关教师的工作能力,教育是一项专业技能,关键是掌握教学技巧和班主任工作技巧。我们在平时的培养中相当一部分时间就是在提高这方面的能力。干好是大关教师的工作效果,需要我们制定目标,明确人群,采取措施,反馈效果并不断调整。我们需要寻找撬动学校发展的各个不同的支点,通过有意义的活动,发挥学校文化的导向、凝聚、规范、辐射作用,营造良好的文化氛围,增强学校教师的凝聚力和创造力。承办全国STEM大会;制定学校三年发展规划;全面构建学校全新的视觉系统,拍摄宣传片,动员师生参与学校的改造,"让每一个墙面都说话";建设校史馆;开展出访活动,进行国际交流;开展重大课题研究;参与浙江省首批现代化学校评审。每一次活动都带来了新的机遇,也带给了教师团队新的挑战,完成任务带来的成就感,营造了良好的校园文化,也推动学校向更高的层次迈进。

三、落实过程管理,以"四要"为载体开展工作

1.各方面要盯住业绩

岗位要明确,更要注重团队实绩。管理者应该像猎豹一样盯住团队绩效,而不仅仅是职责。我们盯教师团队,教师们盯学生。每次月考后召开年

级分析会,形式可以多样,但是分析必须到位。后期整改,必须落实。阶段性总结必不可少,评价直接导向过程。我们学校对内用增量评价法,自己和自己的过去比,比进步;对外用绝对评价法,在经过一段时间的自我磨炼后,和兄弟学校直接比,找差距,看进步。这样我们盯到目标学生、教师团队中的相关教师、有关学科。只要按照规律,科学实施管理,团队业绩就会慢慢提升。近几年学校教学成绩突出,初三重高升学率始终保持在50%~60%,处于全市公办初中前列。

2.教师们要富有激情

有一种品质是成功人士所共有的,那就是他们比别人更有激情,他们更在乎把任何一件事做成功。教师们的激情才能支持他们为每一个细节去挥汗。当我们教师在家庭、身体、感情方面有急难险阻时,我们一定尽自己所能去帮助他们。急教师之所急,为他们分忧解难。当我们的教师在业务发展遇到瓶颈时,我们要挺身而出,给予无私帮助。有矛盾出现时,我们能够静下心来仔细思考,勇敢地去解决,将事实的真相公布于众。尊重教师,他们的心气顺了,就有了工作激情,团队建设也就上来了。

3.工作中要创新模式

我们要把教育的一本书读懂、读好。娃哈哈集团创始人宗庆后实施产销利益共同体,实现了产销管理模式的创新,使娃哈哈经久不衰。我们学校提出对组织负责的管理模式。行政、党务、工会都有自己的职责,工会制定政策,行政执行,党务监督。我们要善于分解任务,善于指导,树立层级观念,一级对一级负责。学校班子有重大决策之前必须充分讨论,办事有据可依,过程集思广益,做到按照规则办事,尽可能公正、科学、合理,不集万千权威于一身,用好每一个岗位,大家有职有权,对组织负责,共同承担风雨,分享成功的喜悦。

4.过程中要勤于检查

检查可以守住学校的底线。汇报数据固然重要,但更重要的是事实。我们随时检查团队目标,每天一早巡视校园的每一个角落,每周记载《班长记录本》,发生事件及时处理。这样既可以及时发现教师个体和团队的问题,又可以让目标更有效地落实。

四、建立考核机制，以团队激励为方向促进合作

1.目标导向落实评价

增强教师的团队质量意识，以年级组、教研组和备课组为单位，根据实际情况，明确年级组、备课组的学期目标。运用增量评价和绝对评价，在目标意识深入人心，大家为目标实现而努力的基础上，通过对考试的分析，从结果来推导过程的合理性。对不同年龄、不同水平的教师，通过备课组的活动，从备课、上课、批改、辅导、评价、反思等角度寻找问题，及时提供帮助和整改。

2.捆绑考核淡化个体

唐代著名政治家魏徵曾说："智者尽其谋，勇者竭其力，仁者播其惠，信者敛其忠，文武并用，垂拱而治。"这句话告诉我们，校长管理的首要任务就是合理配置学校的人力资源，凝聚团队合力，创造和谐合作的人际关系。在一个学校团队里，每个人都有自己的个性，都有自己的优缺点，这很正常。关键是不仅要学会赞赏别人的优点，更要学会容忍别人的缺点。教师是一支高素质的队伍，因此，我校在教师考核制度上，适当渗透老子"无为而治"的思想，无为并不是不作为，而是不强为、不妄为，强调的是顺其自然，以德化人。过多、过细、过繁的考核只会挫伤教师的工作积极性，我校积极推进备课组捆绑式考核项目，倡导团队中的每一个成员都必须具有责任意识，并遵守团队中的管理规则，合作共赢。这样的考核，促进了教师之间的合作和沟通，实现了教师之间的相互学习、共同发展。

五、发挥教师特长，以品牌建设为抓手走向卓越

1.创新教师培养方式

我们强调团队建设，并不是搞"一刀切"，而是指在共同愿景的指引下，让每一个教师都发挥自己的长处，为团队建设出力。这些年，我们结合学校教师实际探索了以"低重心、新体制、活机制、个性化"为特征的校本培养"教有所长"型教师新路径，培养了一批"教有所长"型教师，推进了"典型学习"，提高了教学质量。

2.和而不同扬长发展

大关的STEM教学是学校的一张金名片。学校拥有一幢5000平方米的STEM中心楼,形成大关特色的内容体系。2017年开始,学校承办"浙江·印州中小学课堂平移项目",将美国印州STEM课程平移到我校进行课堂教学,进行教学和师训双轨并行的国际交流项目。2018年成立浙江·印州STAM教学研究基地,进一步开展STEM的项目落地、改造和本土化实践,推进区域STEM教学的研究和推广。这个项目的开展,教师队伍建设最重要。我们选择了瞿敏、刘丹、李杭、张晨凯、郭丽等一批教师,他们有自身专业背景,也有独门"手艺"。我们依托STEM种子教师的培养提升教师的跨学科素养,目前他们已经成为区STEM种子教师,带动全区STEM教师团队成长。扬长发展,和而不同,让团队中的教师在一次次机会中展示,让大家发现他们的优点。

3.积点成面形成优势

团队建设给教师个体发展提供了支撑,教师个性发展成为团队的"闪光点"。点点光亮汇聚成团队的优势。我校社团建设当中,有一位赵老师,他很喜欢航模制作。学校就花大力气支持他参加进修,带航模社团。他个人也十分努力,几年下来学校航模队已经小有名气。学校组队参加杭州市体育局、杭州市教育局组织的杭州市青少年航海模型锦标赛,连续获团体总分前三名的优秀成绩。还有篮球社团指导陈老师,田径社团指导章老师,合唱社团指导方老师等,他们积极参与学校工作,发挥自身特长。渐渐地,我们的教师开始在拱墅区、杭州市乃至浙江省有一定的声誉。

六、开展自我批评,以情感交流为纽带和谐相处

1.逐渐拥有政治智慧

我们要在学校内部开展批评与自我批评,明确立场,相信真理。不推诿,不说不利于发展的话,不做不利于发展的事。同时,凡事都与分管领导商量,减少内耗。学校办好了,班子获得认可了,个人才能有政治前途。明白"吃小亏与占大便宜"的道理,我们不是"钟点工",在利益面前要谦让,为人要谦逊。

2.加强干群情感交流

清醒看待学校当前的干群关系,要有80%以上的教师拥护学校班子,发展是硬道理,业绩为重。我们抓紧时间认真做好与35岁以下教师的沟通,进行个别谈话,在各个方面关心教师。我们一心一意谋求发展,教师们才会尽心全力教书育人。

3.妥善处理各种关系

教师团队建设过程当中,牵涉各种关系的再平衡。我们需要关注各个类型、各种"小团体"当中教师的心态、状态,主动沟通,善意解决他们的困难。通过各种途径来传递正能量。及时发现问题,为他们设置合理渠道,反映自身呼声,工会、纪检负责此事。

基于"教有所长"型教师的团队建设过程中,"细节决定成败"等理念自然深入人心,每一位教师的生存状态得到关注,学校人际和谐氛围浓郁,教师之间各种渠道的交流频繁,团队荣誉感和竞争意识逐渐增强,团队的力量得以凝聚。"肯干、能干、干成"的教师价值观正在形成,已经成为学校文化的有机组成部分,具有强大的功能,引领学校教师的行为,促进教师快速成长。当学校全体教师置身于高效能的团队之中的时候,智慧和创造力就会源源不断,学校由此而具有包容性、融合度、创造力的高品质,助力学生成长的能力也就更强,为此我们将继续努力。

第 七 章

家校合作支持：双线并轨，共谱蓝图

第一节　家校共同体建设的内涵和意义

一、家校共同体的内涵

从教育的本质和教育的长远发展角度看,学校和家庭彼此目标一致,利益相通——最大限度发挥教育的功能与作用,促进学生的成长。

家校共同体是学校和家庭具有共同的价值取向与发展目标,科学有效地融合学校和家庭两方面的力量,使之形成平等参与、优势互补、责任共担、成果共享的战略合作关系的一种新型家校合作机制。

所谓"双线并轨制"家委会组织体系,就是在学校家委会统一领导下,分两条线设置岗位,既平行又交叉,既相对独立又相互融合。第一条线是"会长——六大职能部门",形成两个垂直的领导和被领导关系的组织层级。家校共同体基于双线并轨组织架构模式,是学生个性化成长助力体系的一个重要组成部分。

二、家校共同体建设的价值追求

与传统的家校合作形态相比,家校共同体的时代创新性更强,运行机制更科学规范,更能形成家校合力,更能凸显家校合作的意义,也更能发挥家校合作对学生成长的作用和价值。家校共同体建设的指导思想立足于三个关键词:学习、沟通和共赢。家校共同体建设以提升学生的学习力,促进学生的个性化成长为出发点。这里所说的学习不仅局限于知识的学习,而且涉及学生的道德培养、人格形成、生命教育(心理健康引导)、兴趣特长等多方面内容,旨在促进学生全面发展的基础上,助推学生个性化成长。学校通过建设家校共同体,形成一个共学共育的合作机制。家长和教师以及孩子一起学习成长,从而为孩子的成长不断助力。

在家校共同体建设体系中,作为基本构成的两大主体:学校(包括教师)和家长,彼此之间需要实现融合,形成向心力和合力。两大主体一起积极探索,创新突破,借助科学积极有效的沟通方式来达成以上目标。家校共同体建设的最终目标是实现学校和家长双方的共赢。学校在共同体建设和实施过程中,提升了办学的质量和成效,促进了学生的个性化成长;家长也在这个过程中,更好地发挥了作为教育主体之一在孩子教育成长过程中的作用,助力孩子的个性化发展。

第二节 "双线并轨制"家校共同体的组织构建

学校的家委会作为家长群体的组织领导机构和代言人,在家校共建中起着非常重要的作用,是家校共同体体系构建的重要内容,是实施学生个性化成长助力的重要前提。重视家委会建设,加强对家委会干部的培养,有利于更好地发挥家委会作用。拥有健全而又科学的组织架构,是一个团体发挥其价值功能的前提和基础。为使家委会更好地参与学校管理和建设,助推学生的发展和成长,充分发挥家校共同体在促进学生个性化成长过程中的积极作用,近年来,学校经过探索实践,形成了独具特色的"双线并轨制"家委会组织体系。

一、"双线并轨制"家委会组织体系的概念

所谓"双线并轨制"家委会组织体系,就是在学校家委会统一领导下,分两条线设置岗位,既平行又交叉,既相对独立又相互融合。第一条线是"会长——六大职能部门",形成两个垂直的领导和被领导关系的组织层级。

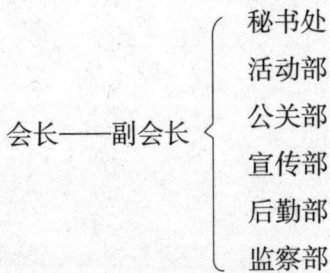

会长——副会长 {
秘书处
活动部
公关部
宣传部
后勤部
监察部
}

第二条线是"学校家委会——年级家委会——班级家委会",形成三个垂直的领导和被领导关系的组织层级。

二、"双线并轨制"家委会组织体系的具体构成及各自功能

总体而言,学校家委会的主要功能在于统筹规划和顶层设计,年级组家委会和班级家委会的功能在于细化实施框架,承接具体活动。同时,三个层级的家委会还承担各自层级的内部管理和活动组织实施任务。

下面以学校层级的家委会为例,详细阐述家委会的具体构成及功能。

(一)监督参与学校管理和建设

学校一级家委会的主要功能在于统筹规划和顶层设计,即对全校各层级的家委会工作进行统筹规划,明确总体思路和工作方向,起到"举纲"的作用。学校一级家委会设会长一名,副会长若干名,下设六大职能部门,分别为秘书处、活动部、公关部、宣传部、后勤部和监察部。

会长的职能:全面负责家委会工作。

副会长的职能:协助会长工作,分管其中某个或若干个部门的工作。

各职能部门的具体工作和职能如下。

秘书处:负责家委会的通知接发、档案和相关材料管理、内务管理以及各职能部门的协调联系等。

活动部:负责家委会相关活动的策划组织实施。在学校家校共育课程体系中,家委会负责协助学校或者以家委会为主体开展一系列丰富多彩的共育活动,促进学生的个性化成长。家委会活动部就是这项工作的具体负责和实施部门。活动部负责和学校相关部门协商,制定活动方案,并组织实施。学校给予活动部充分的自主权。近年来,在学校相关部门的监督指导下,家委会活动部主导或者参与组织开展了一系列以促进学生个性化成长为目标的丰富多彩的活动。

公关部:负责对外联络、社会资源的开发。学校开展活动离不开社会资源的支持,家委会的参与,极大地拓宽了开发社会资源的渠道。比如学校开展社会实践活动,需要提供场地的,家委会公关部可以出面联络。

宣传部:负责借助学校微信公众号等平台,对学校与家委会相关的工作以及活动信息进行宣传报道。为更好地展示家委会相关工作尤其是家委会组织的活动过程和成果,塑造家委会良好的形象,家委会宣传部及时在学校

微信公众号和网站上发布相关信息。

后勤部:负责家委会组织参与的活动的后勤服务保障。

监察部:负责对家委会工作和学校工作的监督,负责收集反馈家委会对学校工作的意见和建议。

(二)助力开展学校课外活动

在明确边界的前提下,学校的部分课外活动会邀请家委会参与组织策划和开展实施,而有些课外活动则完全由家委会主导。如此,可以充分发挥家委会的主观能动性,充分利用家委会的社会资源。前者如学校社团节、运动会和春游等大型活动,学校将其中一部分宣传策划和后勤服务工作安排给相关的家委会部门参与承担。后者如亲子运动会(亲子羽毛球赛、乒乓球赛等)、亲子共读等与家长直接相关的活动,组织宣传策划和后勤服务等活动则交由家委会唱主角,学校做好配角。实践证明,家委会的参与,使得活动参与面更广,内容形式更丰富,效果更好。

大关中学教育集团首届亲子羽毛球比赛实施方案(部分)

为了促进家校之间的情感交流,丰富师生和家长的业余生活,加强体育锻炼,增强体质,特举办本次亲子羽毛球比赛。

比赛组织机构及具体分工:

组委会主任:由校家委会会长担任

副主任:由校家委会副会长和一名校中层领导共同担任

成员:由校家委会各部部长或者副部长担任

裁判:由学校体育老师和校家委会活动部擅长体育的干事共同担任

宣传报道:校家委会宣传部干部和干事若干名

后勤服务:校家委会后勤部干部和干事若干名

比赛时间、地点、项目、赛程安排等(略)

(三)领导各年级家委会

学校一级家委会直接领导各年级家委会的工作。因在组织体制和功能上与学校层级家委会大体相似,年级家委会和班级家委会的具体构成及其功能这里只作简要说明。年级家委会的主要功能是监督参与年级管理和建设,细化校级家委会的顶层设计规划框架,承接和落实相关任务,领导和组织协调各班级家委会的工作。学校的很大一部分亲子活动都是以年级组为单位组织实施的。年级家委会是学校家委会和各班级家委会的中转站与联系的纽带,不可或缺。班级家委会的主要功能是承接和落实学校以及年级家委会布置的各项任务,监督参与班级管理和建设,结合班级实际情况,组织开展能助推学生个性化发展的各项班级活动。为了尊重和保护每个班级教师尤其是班主任在教育管理上的个性自由,充分发挥他们的主动性和创造力,学校对于各班级家委会工作留有充分的自由空间。

第三节 "双线并轨制"家校共同体的运作

家校共同体的运作也是双线并轨进行。"双线"一是指学校层面的工作路径,二是指班级层面的工作路径。"并轨"即学校层面和班级层面资源共享,活动融合。学校层面主要做两个方面的事。一是为学生的个体成长助力;二是组织开展促进学生成长的学校活动,助力学生群体成长。因为学校的很多活动是以年级为单位组织开展的,所以,这里将年级活动包含于学校活动。班级层面和学校层面类同,也是完成两个任务。一是为班级学生的个体成长助力,二是组织开展助力学生群体成长的班级活动。

一、依托家校共同体,为学生个体的个性化成长助力

学校依托家校共同体,组建学生个体的个性化成长助力团队,发挥学校和家长各自的作用,融合资源,互补优势,通力协作,共同助力学生的个性化发展。从学校层面看,因为全校学生体量大,无法通过学校层面组织老师、家长以及学生本人对每一个学生个体进行成长规划。所以,只选定部分学生作为学生实施成长规划和助力的对象。

那么,如何选定受助学生,纳入学校层面的个性化成长助力名单? 这里基于以下几个方面的考虑。

第一,需要学校出面协调,综合利用学校多方面的资源,助推学生成长的。比如一些体艺信息等特长生,他们往往要选择专业特长作为未来发展的主要方向。特长生的培养和成长规划助力,要涉及任课老师与专业老师之间的工作协调,资源的统一调配,由学校出面会更合适、更有效。体艺信息等特长生的成长,还涉及校内外专业老师的指导衔接以及一些招生政策

信息的获得和解读等,学校相关老师加入学生成长助力团队,可以更有效地和学生以及家长进行沟通,解决相关问题,助推学生成长。

第二,班级层面不能有效助力个性化成长的一些特殊学生。比如身体或者心理等特殊原因,班级层面构成的家校助力系统无法对学生的个性化成长提供更好的帮助,由学校出面组建学生成长助力团队则会更加有效地解决相关问题。

除以上两种情况外,学校还会根据需要随机选定学生进行个体个性化成长助力。那么,如何具体开展学生个体的个性化成长助力?以下分几点并结合案例进行阐述。

(一)制定学生个性化成长规划——举行三方圆桌会谈

这里所谓的三方圆桌会谈,就是学校(包括相关领导和教师)、家长和孩子三方共同参与的交流谈话。学校通过推行这个模式,对学生的个性化成长进行系统规划。因为涉及学生成长的因素很多,一次约谈很难解决所有问题,所以每次约谈都会确定主题,选定促进学生某一个方面个性化成长作为约谈的主要目的。一次聚焦一个方面,解决一个问题,这样的交流往往更高效。根据需要,召开三方圆桌会谈,约谈相关家长和孩子。学校专门设立了一个会谈室,会谈室里布置得十分温馨,中间摆放一张小圆桌,所有参加会谈的学校相关领导和师生以及家长围坐在圆桌周围,这样就消除了级别身份所带来的交流障碍,营造了一种非常平等和谐的交流氛围。

参加会谈的三方人员构成如下。学校方面:学校相关领导和教师代表(一般以班主任为主);家长方面:父母或其他家长代表。以上两个方面的人员组成学生个体的个性化成长助力团队。学生方面:学生本人(必要时,会邀请班委和被约谈学生比较要好的同学参加)。会谈的流程一般分为四步。

1.分析学情

在会谈前,学校会提前在学生成长大数据库中调取受约谈学生的成长档案,结合学生成长档案,三方一起进行详细的学情分析。这里的学情是广义上的学情,不局限于狭义的知识学习情况,即指学生在德、智、体、美、劳等方面的综合表现。学生的综合表现信息只是起到辅助作用,学校会根据此次约谈的主要目标,重点筛选部分相关信息,以下几个步骤所涉及的内容均考虑到这一点。

2.互补信息

在以上学情分析的基础上,再进行信息补充。学校方面,由参加约谈的相关领导和教师根据平时对学生的了解与尚未进入大数据系统的学生近况进行信息补充。家长方面,重点是对学生在家里的表现进行补充说明。在学生成长大数据中,尽管也会包含一些家长对孩子的评价,但还是会有一些疏漏的信息。而且和学校方便提供的信息一样,家长掌握的有些最新的信息尚未进入学校大数据库,现场补充完善显得十分必要。学生方面,在学校提供的成长档案相关信息的基础上,进行自我评价补充。尽管学生成长大数据运营情况良好,信息录入比较及时全面,但总有疏漏之处,而且很多自我评价的信息相对隐秘,更需要学生自己提供说明。而作为被约谈学生所在班级的班委和同学,也可以根据平时对被约谈学生的了解,提供大数据储存的信息除外的一些更直观、更具体、更及时的信息。

3.诊断优劣

经过以上两个步骤,被约谈学生的个人信息已经基本齐备。在此基础上,共同诊断出学生的优劣点。必要时,以图表的形式生动直观地呈现学生的优势和短板。

4.规划未来

约谈的最后一步便是制订成长计划,规划学生的未来。了解了学生的信息,知道了学生的优势和短板,那就要发挥学校相关领导和教师的专业能力,在学校领导和教师的指导下,和家长以及学生一起充分研究讨论,确定学生未来发展的方向和具体实施的计划。学生的成长规划包括远期成长规划和近期成长规划。

(二)实施过程参与和监督

完成了学生的成长规划后,下一步重点是按照成长规划的相关内容实施。成长规划的实施主体是学生自身。家长和学校相关领导以及教师作为助力团队成员,是学生个性化成长的助力者,起到陪伴、引领和监督的作用。助力团队指导和帮助学生按照个人成长规划中的阶段目标分步实施,并填写行为记录表等相资料关。在校内,学校相关领导和教师是监督助力的主体,在校外尤其是在家里,家长是监督助力的主体。家校双方各尽其职,密切配合,及时交流联系。

学生的发展是动态的,教育环境也在不断发生变化,尽管在三方圆桌会谈中进行成长规划时已经考虑到这些因素,但有时候还是有调整的必要。学生本人或者参与成长助力的学校教师以及家长,一旦发现学生有偏离成长目标的倾向,或者对照成长规划与实际情况,个人努力根本无法实现成长规划里的目标要求,那就需要及时对成长规划里的部分内容做出调整。学生进行调整成长规划前,需充分征求参与成长助力的学校相关领导和教师以及家长的意见和建议。在实施过程中,原则上只做微调整。如涉及大的调整,需等到定期举行的实施成果反馈和评议时再进行。

(三)实施成果反馈和评议

1.学校层面

每学期或者隔一个时间段,参与学生成长助力的学校领导、教师以及家长,会同学生,定期进行交流,对学生个人成长规划的实施成果进行反馈和评议。交流的方式一般采取十分便捷的线上方式,比如在微信群、钉钉群和QQ群等平台,如有必要,可以再次召开线下面对面的三方圆桌会谈。反馈和评议的主要任务是对前期实施的阶段成果进行反馈,包括学生的自我反馈,参与助力的学校领导、教师和家长的反馈。随后,各方对照反馈的信息,对实施的效果进行评议。评议结果分为四个等级,分别为优秀、良好、一般和较差。接着,参与交流的各方进行进一步的交流。重点是对学生的个人成长规划的可行性再一次进行研究,如有必要,对成长规划的相关内容进行调整和补充完善。

案例:学校社团课期间,有一天校长路过民乐社团活动教室,优美的扬琴声传入校长的耳中。校长驻足聆听,等声音停下来,校长轻轻推开教室大门,请指导老师把刚才演奏的那位学生(以下用"小A"代称)叫出来。校长和指导老师以及小A三方进行了短暂交流。校长了解到,小A是初三毕业班的学生,她有成为艺术特长生的意愿,但没有明确的方向和具体的计划。其扬琴演奏已经达到一定的水平,但对乐曲主题的理解,对乐理的了解尚有欠缺。

于是，第二天，校长便亲自出面，组织举行三方圆桌会谈，启动个性化成长助力计划。参加圆桌会谈的有校长、音乐老师、社团指导老师、学生父母，还有小A本人。在圆桌会议上，校长将事先从学生成长大数据里调出来的学生电子档案打印出来，人手一份，和与会人员共同分析小A的学情，重点是小A学习成绩和艺术水平。分析后形成的数据显示，小A在学习成绩上一直处于年级下游水平。离中考时间只有几个月，如果单凭中考文化分，进不了重点高中和优质高中。而小A的艺术水平即扬琴演奏水平，在学校乐团属于较高层次。

随后，与会的教师、父母以及小A先后补充了相关信息。在前面形成的数据信息基础上，与会人员一起做出诊断：小A的优劣点均很突出。从小A情感态度因素分析，小A积极上进，肯吃苦，有钻劲，有很大的提升空间，但自信心不足。文化课学习方面，理科很弱，处于年级下游水平，文科相对属于优势科目，基本处于年级中游水平。艺术特长方面，演奏熟练程度较高，技巧不错，但对作品的理解不到位，表现力不足，且乐理知识几乎空白。

最后，在征求家长和学生意见的基础上，对小A进行未来规划，明确未来的成长方向和具体实施策略。与会人员一致认为：小A适合走艺术特长生的道路，中考就锁定几所与小A练习的扬琴对口的高中，并定出了实现这一目标的总体策略：文化课扬长避短，对理科重点突破，并请任课老师有针对性地进行课外指导。扬琴专业课学校出面帮助学生在外面找一个更有经验、指导能力更强的专业老师进行强化训练，并对乐理知识进行突击性系统学习。校内社团指导老师和音乐老师协助督促指导小A进行专业训练。家长做好服务工作，协调好小A的学习时间。

为更好地加强实施过程的监督管理，考虑到这个学生情况的特殊性，校长决定委派学校分管初三年级的副校长亲自担任小A成长助力团队的负责人，整个助力团队成员包括学校乐团指导老师、音乐老师、班主任以及家长。助力团密切关注初三最后几个月小A的文化课学习和专业课训练过程，及时帮助解决小A在成长过程中所遇到的困难，及时协调文化课和专业课的时间分配，及时调整专业课练习的强度等。

助力团队还在离中考两个半月即专业考核的前一个月左右,再次组织召开了一次三方圆桌会谈。对前段时间小A的成长状况即规划实施成果进行反馈和评价。大家一致认可自规划实施以来取得的成果。小A的心态更积极,自信心更足。学习成绩有明显进步,扬琴演奏专业水平也有提升,并已经顺利通过乐理考试。考虑到即将要去目标高中参加面试即专业考核,助力团队决定,后面这一个月,增加扬琴训练时间,提高强度,文化课的学习时间适当减少一些。后来小A顺利通过目标高中面试考核,中考也正常发挥,顺利地考上了理想的高中,完成了目标。学生很兴奋,整个助力团队的成员也都感到十分欣慰。

小A和她的家长都非常感激学校助力团队。小A家长表示,之前对孩子的未来发展方向一直处于摇摆不定的状态,是否走艺术特长生的道路,举棋不定,也很迷茫。经过学校领导、专业老师和班主任的全面客观的分析,心里终于有了底,对孩子未来的发展方向有了明确的认知。在后来的实施过程中,助力团队的领导和教师密切关注,并做出了很多有针对性的指导和实质性的帮助。家长对学校的学生成长助力举措不时点赞。

以上这样的例子还有很多。经过家校共同体的助力,受助的学生有的在学业成绩和特长发展上获得质的飞跃,有的在思想品德上脱胎换骨。总之,几乎每一位受助学生都能不同程度地受益。

2.班级层面

学校层面的家校共同体助力个体学生成长,主要是面向一些班级层面不能提供足够的资源,实施成长助力的学生个体,而班级层面的家校共同体成长助力机制面向全班每一个孩子。这样,两个层面结合,前者做到重点突破,后者做到全面兼顾,从而实现促进每一个孩子个性化成长的宏观育人目标。

案例:小C是一名初一学生。小C初中刚入学的时候学习成绩居于班级中等,但经过半个学期后,成绩下降明显,且小C性格内向,平时喜欢独处,不能很好地融入集体,在学校情绪也一天天低落。尽管小C的父母都是高级知识分子,但面对孩子突如其来的成长困境,也是极度焦虑,亲子关系也日趋紧张。小C所在班级班主任是一个有着丰富管理经验的骨干教师。在和小C的相处以及对其的日常观察中,班主任意识到这个孩子情况特殊,暂时陷入了成长的困境,单方面利用"灌心灵鸡汤"等教育手段已经不起作用。于是班主任决定先于班级其他学生,启用家校共同体个性化成长助力机制(按照学校关于家校共同体建设的总体思路,每个班从初一新生入学开始,需在一个学期内基本完成对每个学生的家校合作助力的第一步:成长规划)。

期中考试结束不久,班主任立即牵头召开三方圆桌会谈,小C、小C父母、班主任和任课老师代表参加会谈。班主任在会谈前,做足功课,从学校大数据平台中调取小C成长档案中的相关信息,与会人员对着小C从入学到期中考试前后的成长档案,仔细分析,并各自补充遗漏的信息,明确小C身上未来成长的优势和不足。小C的优势在于其自身天生聪颖、智商较高,又出身于高知家庭,家庭环境优裕,这些都是其他大部分学生所不具备的。其不足之处,小C自身方面,进入青春期,开始叛逆和迷茫,在从小学生到初中生的角色转换过程中没有及时调整心态。家长方面,尽管父母都是高级知识分子,但平时工作忙碌,对孩子的教育缺乏耐心,亲子沟通的方式方法存在明显问题。加之孩子突然各方面表现退步明显,青春期叛逆心理不期而至,令父母措手不及,也是情理之中。

综合以上优劣,与会人员一起为小C规划未来,确定远期目标和阶段性目标以及实施的策略步骤。三方会谈结束后,班主任和任课老师在小C不在场时,还和家长进一步面对面坦诚而充分地交流。重点是探讨家校如何配合,各自如何行使教育的职责。班主任特别要求家长要放下思想包袱(父母都是高级知识分子,但自己的孩子却不够优秀,会产生巨大的心理落差),摆正心态,放低姿态,多给孩子时间和空间,多给予孩子表扬和鼓励。小C的父母也十分真诚地自我反思和检讨,表示接受班主任的建议。班主任还建议小C父母发挥高级知识分子的优势,多阅读一些家庭教育方面的书籍,多写一些亲子日记。小C父母也欣然接受。

后来学校几位领导也知道了小C的事,学校领导认为,高知家庭遇到这样的教育困境,具有一定的典型性。于是学校领导也找机会给小C父母打电话、发信息,给他们更多的鼓励和专业性的提醒。小C父母更是感动。有了老师和学校领导多方面的支持,他们对孩子的未来成长也多了几分信心和期待。

经过半个学期,在家校合作成长助力机制的有力支持下,小C在慢慢地改变,也在慢慢地进步。本学期结束时,小C的家长给班主任和学校领导发来短信。短信中有这样几句话:"衷心感谢贵校老师和领导对我们一家的关心和帮助,因为你们的成长助力机制,给我们带来了曙光,让我们在迷惑中找到了前行的方向。为贵校的办学智慧点赞!选择大关中学,没错!"

二、依托家校共同体,组织开展促进学生群体个性化成长的活动

面对学生群体,有计划、有针对性地组织开展学校(年级)和班级活动,是促进学生群体某一方面知识的掌握和能力的提升,助力学生个性化成长最有力的推进器。

(一)亲子"共读"

学校依托家校共同体,以"促进学生个性化成长"为共同的育人目标,以"合作共享"为宗旨,以"共育、共生"为支撑,积极开展形式各异的家校共育活动,促使家校合作成为一种优势互补、共同成长的合作文化的共同体,成为一种更有效的双向教育。让家庭教育与学校教育形成一个有机活动系统。亲子共读是构建家校学习共同体,实现家校共育的重要途径,有效的亲子共读能够激发学生的阅读兴趣,促进学生认知、情感、社会交往等方面的发展;还可有效增进亲子之间的情感交流,使亲子之间产生更多情感共鸣,从而有利于良好亲子关系的建立,实现共同成长。近几年,学校每年不间断地组织全校学生和家长"一学期亲子共读一本书"活动。

1.共读书目的选定

选定书目是开展亲子共读的第一步。学校层面每年会列出一个书目清单,供各班家长选择。具体书目的选择,以班级为单位统一进行。每个班级

每学期选定一本书,作为共读的书目。学校综合考虑学生和家长阅读经验以及阅读水平,还有阅读的价值,精心挑选阅读书目。主要有《论语注释》《孟子注释》《大学中庸读本》《小王子》等中外经典著作。

2.共读过程记录

共读期间,家长和孩子分别写读书笔记和读后感,并鼓励他们进行阅读交流,一起讨论阅读的疑惑和收获。

3.共读成果分享展示

每学期期末,会举行全校性的阅读成果展示,学校搭建线下和线上分享展示的平台。线下分享展示主要通过家长会进行。线上则利用学校网站和公众号,分享家长和学生在亲子共读中的感悟与体会。

(1)家长会共读分享。在学校各班举行家长会期间,安排一个环节,由家长代表分享亲子共读的成果。家长借助PPT,以图片、文字或者动态视频短片的形式分享阅读体验和成果。

(2)开辟"亲子共读"专栏。为了营造一种良好的氛围,激活家长和孩子参与亲子共读的能量场,学校在网站和微信公众号设置"亲子共读"栏目,定期推送家长和孩子关于亲子共读的故事以及读后感等。

(二)家长"享"读

学校每年度组织全校家长共读一本书。通过阅读推荐书目,更新家长的育人理念,提升家长的素养和家庭教育的水平;通过共读,形成良好的阅读和学习氛围,相互探讨,交流碰撞,共同成长;通过分享阅读心得成果,获得更多阅读的愉悦感,形成想要主动阅读的良好氛围,从而更好地为孩子的个性化成长助力。

1.共读书目的选定

家长共读的书目主要是以家庭教育为范畴。比如,近年来,学校推荐家长阅读《正面管教》《爱的教育》《孩子,请把你的手给我》《别和青春期的孩子较劲》等家庭教育著作。

2.共读过程记录

学校要求家长在共读过程中积极撰写读书笔记和读后感,并由家委会负责组织打卡统计收集,形成宝贵的文字资料。

3.共读成果分享展示

和亲子共读一样,学校联合家委会,通过线下的读书沙龙,线上的学校网站和微信公众号"为你读书"专栏,将家长们共读的成果进行分享展示。

(1)读书沙龙。学校层面每年安排一次家长读书沙龙,由各班级各年级选派优秀代表参加读书沙龙。参加沙龙的家长代表分享读书故事和读书成果,并就阅读中遇到的难点和大家感兴趣的内容展开讨论。读书沙龙还会请学校老师和校外的专家参加,参与讨论并给予必要的指导。在学校这几年举行的几次读书沙龙现场,家长们积极参与,经验分享,智慧碰撞,气氛热烈。

(2)开辟"为你读书"栏目。在学校网站和微信公众号设置"为你读书"专栏。这个专栏类似于"为你读诗"等网络上具有极好口碑的融媒体文化推广类产品的形式,家长化身主播,向全校家长推介一本好书或者一篇好文章。向全校家长征集稿件,并定时推送。这个栏目一经问世,便获得了广泛的支持,涌现出了一些流量阅读明星家长。通过这种创新的模式,借助当下强大的信息资源,搭建一个为广大家长乐于接受的平台,以读促"享",以"享"促读,形成良性循环。

(三)亲子"乐"动

1.亲子活动的目的意义

活动是最好的德育,陪伴是最好的家教。学校策划实施什么样的亲子活动,主要考虑两个方面因素。一是能改善亲子关系,二是能促进学生的个性化成长。每一个活动都有明确的主题和目标,并以任务驱动的形式推进实施。

2.亲子活动的策划和组织实施

亲子活动的策划由学校各级家委会负责完成。学校相关部门和家委会根据实际情况,确定亲子活动项目,家校合作,拟订活动方案,并组织实施。

××班2020年寒假"抗击病疫,从我做起"
家校协同主题教育活动实施方案(部分)

面对突如其来的疫情,消极躲避一定不是最好的选择,乐观向上,传递正能量,才是该有的姿态。××班这个团队经过一学期的运营,教师和家长形成了密不可分的发展共同体。在家校合作方面开展了有益的尝试,积累了丰富的经验,取得了良好的成效。面对这次特殊的"超长"寒假,经班级家委会和班主任老师充分商议,决定在原定寒假家校协作活动计划的基础上进行调整和补充,在全班范围内开展"抗击病疫,从我做起"家校协作主题活动,以实际行动参与这场全民战"疫",强化每一个孩子的公民意识和社会责任感。

活动时间:2020年1月底至2020年3月初

活动方式:分宅家战"疫"之运动篇、宅家战"疫"之劳动篇、宅家战"疫"之绘画篇、宅家战"疫"之爱心(公益)篇和宅家战"疫"之对话篇五个篇章即五个方面开展活动。五项活动同步进行。每个星期侧重于一个主题,进行集中汇报展示分享。

活动任务分工:1.家委会策划部负责活动策划组织;2.家委会宣传部负责活动信息报道(美篇制作)。

大关实验中学××班家委会
2020年1月25日

3.亲子活动过程记录

学校鼓励家长和学生用文字或者图片、视频生动记录亲子活动的过程。家长和学生用图文并茂的方式记录下一个个精彩或者感人的瞬间。

4.亲子活动成果分享展示

和亲子共读一样,亲子活动的成果(包括活动过程的图文、视频资料和活动总结感悟)通过线下线上平台进行展示,比如在学校网站和微信公众号上分享展示。

【案例】 七年级2019年暑假"爸爸陪你一起看电影" 亲子活动观后感分享展示

观看了电影《银河补习班》后,深深地体会到影片中作为一名父亲,在经历短暂的人生失败后,依然带着微笑面对生活。在和儿子交往的过程中,用知识的力量正确引导孩子。让孩子在人生的道路上清楚地找到自己的目标，从而向着自己的梦想及目标前进。

其实在现实生活中，作为一名孩子的父亲，需要更多地改变自己，多花点时间陪伴孩子，多参与孩子喜欢的活动，多交流多沟通，与孩子平等相待，做一个尽责的父亲。了解孩子的想法，正确引导孩子的思维方式，帮助孩子建立目标，使孩子朝着梦想，朝着目标一步一步脚踏实地地前进。就像电影里所说："人生就像射箭，梦想就像靶子，如果你连靶子都找不到，那你每天拉弓有什么意义。"通过努力，相信孩子终会到达成功的彼岸！

——G爸爸

我亲爱的女儿，爸爸单独和你一起看电影的时间是第一次，这次我们在荧幕上看到了别人的父亲和孩子是如何一起成长的，这对我们俩也是一次洗礼。当电影中的爸爸对他儿子说，平时需要多观察身边的事物，遇到困难的时候要平静下来，才能解决问题，这一点跟爸爸平时和你说做事不要急，"心急吃不了热豆腐"是一样的道理。当你在学习中遇到了解不了的问题，生活中遇到了困难的时候，爸爸希望你能静下心来，多思考一下起因和过程中的得失，梳理好思路后，再去把遇到的问题解决好。让我们共勉。

——Z爸爸

每一位家长都望子成龙、望女成凤，希望把最好的一切都留给子女，让子女少吃一些苦头。因此，家长们往往会给子女营造优渥的环境，却忽略了对子女的陪伴，错过了他们成长过程中最重要的阶段——人生观、价值观的形成阶段。"授人以鱼不如授人以渔"，家长不仅要为孩子提供更舒适的环境，更要以自己积极的三观去引导孩子独立思考，输送给他们适应社会的勇气和信念。

真正的人生难题不会像试卷那样提供A、B、C、D四个选项，家长应该通过言传身教去启发子女，面对生活的问题时，通常不止有四个选项，还能有E、F、G、H……人生这份试卷，本来就应该是千姿百态，而不是千篇一律。好的教育，就是去鼓励孩子进行不断的尝试，最终找到"箭靶子"，找到自己应对生活问题的办法。

没有天生就失败的孩子,失败的是错误的教育方式。在《银河补习班》中,馨予和马皓文分别是马飞的妈妈和爸爸,他们都希望马飞能有个光明的未来,但采取的教育方式却天壤之别。馨予外表火爆而内心坚忍,她的教育观念就是尽一切努力把最好的都给马飞,不希望马飞在教育方面输给其他人。因此,马飞被送进最好的寄宿学校,一来有更多的时间集中学习,二来锻炼他的自理能力。结果,马飞成绩不仅没有起色,反而一直垫底。马皓文的教育观念则截然相反,他陪伴马飞去体验大自然,去发展自己的兴趣,鼓励他是"世界上最聪明的孩子",并带他去参观航展。最终,马飞成绩逐步提高,考进年级前十,当其他同学还在为高考发愁时,他已经被录取为飞行员。

在成长的道路上,方向和努力谁更重要?越努力,就会越与众不同;但方向不对,努力就可能白费。为人父母,最好的教育就是启发子女找到积极的兴趣爱好,去交一份属于自己的人生答卷。

——T爸爸

看完《银河补习班》,我被深深地触动了,影片中的马爸爸父爱如山,甚至牺牲了自己的全部,来陪伴孩子的成长。他将自己爱国、勇于担当、不服输、坚持追求梦想的精神通过言传身教,最终培养出了自信、执着、有理想的孩子,并能在危急时刻记住父亲的教导,化解了一次又一次危机。如此优秀的孩子,成为祖国栋梁之材,为国争光,爸爸的教育功不可没!

而现今社会,有的爸爸们总是因为各种原因,忽视孩子的教育,缺席孩子的成长,显然是得不偿失的。孩子需要爸爸,爸爸的陪伴至关重要,无论再忙,爸爸都要担当起应有的责任和义务,陪伴孩子,见证孩子的挫折,分享孩子的成功,成为孩子最坚强的后盾!

——X爸爸

电影《银河补习班》讲了一位父亲如何把一个智质一般、濒临退学的孩子培养成宇航员的故事。这个故事中的父亲马皓文有许多地方值得我们学习。

首先，故事中的父亲马皓文坚强的性格非常值得我们学习。他在遇到人生的巨大挫折时，没有自暴自弃，更没有放弃自己和孩子。他在监狱中努力改造，争取减刑提前出狱。出狱后坚持申述，还自己一个公道。

其次，他在教育孩子方面更值得我们好好学习。第一，他坚信孩子，全方面地相信孩子。剧中孩子马飞的成绩是年级倒数第一，但他主动提出一学年内让孩子的成绩进入年级前十。所有人都觉得不可能，但马皓文确信马飞可以做到。马皓文告诉孩子每天学习三毫米的知识，至于如何学是你自己的事情。事实是经过半年的努力马飞真的做到了。所以我们一定要相信信任的力量。一个人在得到别人的信任后会爆发出无穷的力量，成人和孩子都一样。在教育孩子方面，父母对孩子更应该信任，父母对孩子信任具体表现在语言上、面部表情上，还有肢体动作上。学习是孩子自己的事，父母要学会放手。如果父母能做到这两点，相信最愚钝的孩子也会积极向上。第二，鼓励孩子、赞赏孩子。剧中马飞经过一段时间的努力，考了倒数第五名时，爸爸用很惊喜的表情表扬了他。当马飞在学习上遇到困难想退缩的时候，爸爸想尽办法帮助孩子、鼓励孩子。虽然马皓文给马飞定的目标是年级前十名，但在孩子取得微小的进步时，马皓文也表现出很满足的表情。目标高远、期望放低。这一点值得父母反思和学习。第三，帮孩子树立人生目标。人生就像射箭，理想就像是靶心，当一个人失去目标时，拉弓就失去了意义。剧中马皓文为了帮孩子树立人生目标，不惜逃课，经过千辛万苦陪孩子到广州去看航空航天展。孩子有了人生目标，学习就有了动力。从而培养了一个自觉、自律、积极向上的孩子。

观看《银河补习班》对我来说收益良多，让我对孩子的教育更有信心了。我坚信我的孩子一定能成为自觉自律、积极向上、德智体美劳全面发展的人。

——Z爸爸

哪吒,自古以来就是一个桀骜不驯的叛逆少年形象,他的出场,往往伴随而来的是叛逆、不听话、想法奇特、行为大胆放纵、异类、任性等名词,总之是一个让所有人都头痛的角色,让人谈之色变。

然而,此次陪女儿看了电影《哪吒》后,我似乎有了一个全新的认识,电影中的哪吒,不就是我们现实中家家都有的"熊孩子"吗?剧中的李靖夫妇和太乙真人就是父母与老师的化身。面对这个家家都有的"哪吒",我们想对你们说,不管你们是怎样的,即使有些顽劣如"妖丸",我们对你们都是只如初见,一如既往的关爱和望子成龙。你们每个人都与众不同,是上天赐给我们的天使,我们会精心培育,静待花开。希望你们在老师的教诲下学会感恩、学会做人,开心学习、健康成长,不怨天、不信命,我有我光芒,通过自己的努力在大关实验中学××班里遇到最好的自己。加油吧!"哪吒"们!相信你们是最棒的!

——L爸爸

电影《哪吒》创造了中国动漫电影史上多项纪录,在热情退去之际,影片带给人们的教育意义却一直让我回味其中。

哪吒是魔珠的转世,从出生那天起,就一直被人们视为"妖怪","不祥之人"。但就是这么一个小孩子身上却拥有着坚韧不拔,敢与命运斗争的精神和力量。

现实生活中,作为孩子的父亲,心底一直期望着孩子是一个了不起的人,拿着自己的标尺去衡量自己的孩子,总觉得自己的孩子不懂事,就知道贪吃、贪玩、不勇敢……不知不觉间孩子似乎成了我眼中的"妖怪"。

然而细想一下,孩子也是有情感、有自己想法的人,也有自己的闪光点,只是这些闪光点不知不觉间被父母忽略了,其实父母小时候不也是这样吗?

"人之初,性本善;性相近,习相远。苟不教,性乃迁;教之道,贵以专。"今天的孩子优不优秀,其实跟我这个做父亲的教育息息相关,之前应该是自己太过"放手"了,责任并不完全在孩子身上。

虽然孩子小学阶段的学习基础不够扎实,但是我相信初中阶段经过努力,孩子还是有机会考入理想高中的。当然留给我和孩子的时间是很紧迫的,在初中的三年里我一定要和孩子一起加油,向命运挑战,"我命由我不由天",持续保持激情和斗志。

——M爸爸

以下是初一年级一位班主任对这次活动的记录和思考,也在学校微信公众号上分享。从这位老师分享的文字中我们可以看出,学校联合家委会组织这次活动的目的和效果。

学校七年级在这个暑假举行的"爸爸陪你一起看电影"亲子活动很有意义。全年级各班家长和孩子积极行动,全员参与,反响热烈,取得了良好的成效。以上是部分参与活动的教师和家长的活动感悟。他们朴实而真诚的话语,诠释了此次亲子活动的意义。

这是一项特殊的暑假作业,初一(×)班的爸爸们利用休息时间,或者抽出工作时间,或者特意从外地赶回家里,陪孩子看了一两场电影。他们用实际行动告诉孩子,爸爸除了是那个会赚钱的人,还是那个会陪伴自己的人。爸爸们勇敢坚毅的外表里,隐藏着一颗柔弱温暖的心。从爸爸的话语中,感受到了他们对孩子浓浓的爱意和殷切的期待,也感受到了他们对教育的或深或浅的理解。他们中间,有的是第一次给孩子写信写留言,有的是第一次陪孩子进电影院看电影,但无论如何,这是一个美好的开始。

推荐选择观看的两部电影都很励志,也充满了教育的智慧。陪孩子一起观看这样的电影,在改善亲子关系的同时,从家长角度,可以帮助家长树立正确的家庭教育观,获得家庭教育的科学方法;从学生角度,可以培养学生积极向上和刻苦顽强的精神品质。

总之,年级组安排这样的活动,其目的指向十分明确,就是充分发挥学生身上非智力因素的作用(从广义上看,家长对孩子的教育也是影响孩子成长的非智力因素之一),为学生的个性化成长助力。

——初一(×)班班主任Q老师

案例：××班级家委会制作的2020年寒假"抗击病疫，从我做起"家校协作主题活动美篇（节选）

2020年寒假，一个漫长的寒假。一场突如其来的疫情扰乱了大家的正常生活和学习。在这关键时刻，一个个逆流而上的白衣天使，一个个平凡的血肉之躯，默默守护着千千万万的生命。我们明白坚守家，就是坚守胜利的阵地，就是一起抗战疫情。我们相信春天总会到来，黑暗的尽头是光明。××班同学动起来，强身健体，祈祷"战疫"早日胜利。

今天你们守护我们

未来我们守护你们

让我们重温经典，勿忘使命！

《少年中国说》是清朝末年梁启超（1873—1929）所作的散文，写于戊戌变法失败后的1900年，文中极力歌颂少年的朝气蓬勃，寄托了作者对少年中国的热爱和期望。

《少年中国说》梁启超（略）

班主任×老师说，亲爱的家长和同学们，疫情困住了我们的活动范围，却不能困住我们前进的步伐。没有了欢腾的体育课，没有了清晨校园的晨跑，在家的日子里，我们一定要利用好时间，在每天学习之余要抽出时间锻炼身体。初中的学习比较繁忙，分数的差距有时候也是身体素质的差距。学校也提出运动打卡，我们××班以多元化的形式，动起来。方寸之间，大显身手！

我们做到以下几点：

坚持，学会不轻易放弃

安全，循序渐进量力而行

互动，亲子时光倍感温暖

创意，花样运动乐趣无穷

同学们：相信这段时间我们通过手机、电脑、电视一次次地和"钟南山"这个名字相遇。没错，83岁的钟南山爷爷的话一次次出现在新闻里，他敢言、真言，他每一句平实的语言都令我们敬佩感动。在这场没有硝烟的战场中很多人倒下了，这样一位83岁的爷爷却一次次逆行武汉，面容虽然憔悴，但是身体依然如大山一般屹立。他说："锻炼就像吃饭，是生活的一部分。"他说的即是他做的，所以在83岁这个年纪依然冲在"战疫"前面！

我们目前无法为战胜疫情做什么，但是我们可以一起向钟南山爷爷学习每日运动，锻炼身体，练出毅力，培养面对困难不放弃、超越自我的特质。回顾那些伟大的人，他们都有一个共同点——热爱运动，面对困难不轻言放弃！比如伟大领袖毛主席晚年还横渡长江。

"免疫力是最好的医生！"

好的免疫力需要合理的饮食、良好的生活习惯和长期坚持的运动习惯！来吧，一起看我们学校××班居家亲子运动花絮。

哇哦！这么专业的动作也只有瑜伽教练L妈妈来完成了，身轻如燕才可以哦！爸爸妈妈们切勿轻易模仿！

小时候妈妈拉着你的手，陪你长大学会坚强！

长大后我拉着妈妈的手，带您一起运动更健康！

G同学和G妈妈的亲子运动，简直是教科书级别的，太专业啦！

Z同学有妹妹加入的运动时光瞬间萌化啦！

L同学带着妈妈和奶奶一起运动，三代人一个心声："武汉加油！武汉加油！"

未来你们会是谁呢？医护工作者、教育工作者、创业者……不管你将来做什么，都离不开健康的身体，让运动成为我们的常态！有行动，有未来。

没有跳舞细胞的你被妈妈"逼"着跳起来，虽然看起来像做广播操也不错，爸爸跳起来也挺可爱的嘛。

若干年后想起曾经和父亲的这次俯卧撑PK会不会让你顿觉力量。

看这小视频，发现原来小弟弟才是你最早的粉丝、最铁的队友。

C同学说："疫情宅家每天依然要小跑10分钟，这10分钟不仅锻炼身体，更是增进家庭成员关系融合的时光！"

××班全体家长和学生呼吁：防疫宅在家，运动不打烊！

文字编辑&美篇制作：杭州市大关实验中学××班家委会宣传部

（四）"职业体验"实践活动

为让学生更准确地找到自己未来专业发展的方向，树立适合自己的成长目标，激发实现目标的积极性，从而更坚定自己的理想目标，学校会同家委会定期组织策划实施"职业体验"实践活动。

学校会依据学生成长大数据，并结合家长和教师的意见以及学生的意愿，确定学生名单，分批分类组织学生参加实践活动。

实践活动主要是组织各批次学生到高一级的学校或工厂等社会机构，进行参观体验学习。

家校联合组织初三学生参观两所职业高中

几年前，在初三学生毕业三个月的一天，学校初三年级组曾协同家委会组织学生参观杭州市开元商贸职业学校（以下简称"开元商贸"）和拱墅区职业高中（以下简称"拱墅职高"）两所学校。初三年级组部分教师、家长代表和近80多名初三学生参加了此次活动。

上午，师生和家长代表参观了开元商贸施家桥校区。大家首先在开元商贸报告厅聆听了学校领导对学校的介绍。随后，开元商贸的老师带领我们学校的师生和家长分批分组参观各个专业教室，并重点参观了学校电子商务专业教室。电子商务是该校的王牌专业，办学多年来，培养了近千名电子商务人才。家长和学生一起近距离全方位了解了电子商务的基本常识，大家对这个领域产生了浓厚的兴趣，纷纷迷上了虚拟商务交流活动，体验了一把"当老板""做生意"的滋味。

下午，大家来到拱墅职高。在多功能厅听取了拱墅职高学校领导对学校的介绍后，参观了学校校园和各个专业教室。随后，前往拱墅职高实践基地，先后参观了美容美发厅、美体塑身厅和摄影棚等学生实践场所。在参观期间，学生们对正在进行实践操作的学哥学姐们的技术水平赞叹不已。很多学生还跃跃欲试，有的在专业老师的指导下，拿起理发刀，对着塑料模特的头发一刀一刀地比画着,当起了理发师;有的在专业老师的指导下,拿起专用照相机,摆开架势,对着室内的各种实物,进行高难度的拍摄,当起了摄影师。家长们一边忙着给自己的孩子拍照,一边忍不住亲自体验了一把。整个场面十分轻松而热闹。

参加这次参观活动的80多名学生都是年级成绩排名靠后的学生,按照正常的情况判断,这些学生中的大部分,几个月后只能升入职业高中。而社会对职业类学校的认知普遍存在偏差。这次学校组织学生和部分家长代表参观体验,旨在让学生和家长对职业学校有一个重新的认知,也使学生对职业学校的专业设置有更进一步的了解,并近距离体验这些专业的独特魅力,使他们在家长和老师的引导帮助下,对自己的职业目标进行初步的定位。这些学生平时学习普遍比较慵懒,大多抱着无论学不学、无论考多差,反正都能进职高的消极态度。这次参观体验,让他们深切地体会到,读职高也需要文化基础,也可以学出名堂,也可以成为出色的人才,从而激发他们学习的热情。

整个活动的后勤服务保障工作主要由学校家委会活动部、后勤部联合初三年级家委会共同协作完成,充分体现了双线并轨制家委会制度的明显优势,确保活动得以顺利开展。

(五)家长课堂

家长课堂是家校共育课程的有效载体,也是助力学生成长的有效途径。这里所说的家长课堂,不完全等同于一般意义上的家长课堂(即一般所指的家长学校)。一般意义上的家长课堂是以家长为听课对象,以提升家长的素质为教学目标的教学课程。这里所说的家长课堂既包括了前者,也包括了以家长为授课者,以学生为听课对象(教师也可以参与听课)的教学课程。

开设家长课堂可以充分挖掘家长资源,充分发挥家长的作用,促进学校的发展,助推学生和家长的成长。它是对学校常规教学的有益补充,是家校

第七章 家校合作支持:双线并轨,共谱蓝图

共育的有效载体。一所学校的家长资源非常多元而丰富。在多元化的新时代,在开门办学家校融合的新理念的驱动下,开设家长课程是借力助力顺势而为的一种教育策略。

本校开设家长课堂时间不长,一边实施,一边摸索,不断改进优化。经过一段时间的实践尝试和思考提炼,学校的家长课堂实施取得初步成效,并形成了几大鲜明的特色。

1.师资培养机制灵活,师资储备充沛

学校相关部门和家委会秘书处联合设置一个"家长课堂师资库",并对师资库里的师资进行分类分层,及时更新。学校和家委会根据需要,分层分批对师资进行培养。充分利用家长资源,挖掘家长的潜能,使得家长课堂的师资在原有储备的基础上,更加充沛,更加高素质。

2.课程内容形式丰富多样,多元发展

以学生为听课对象的家长课堂密切关注对学生核心素养的提升,从学生成长的几个核心视角出发,设置相应的课程,以此最大限度地助推学生的个性化成长,实现课程价值的最大化。自开展家长课堂实践以来,授课家长们各显神通,充分发挥专业特长。很多家长领授的课程深受学生欢迎,校园里也涌现出了不少"明星家长教师",成为学生追捧的对象。学校层面也对这些家长课堂进行客观科学的测评,整体教学效果十分理想。

目前,学校基于学生的个性化成长需要,开设了以下三个类别的家长课程。

(1)德育生活

主要包括励志教育和品德修为等内容的家长课程。

第一,励志教育。授课家长结合自身的工作生活经历,作为励志榜样人物对学生进行励志教育。家长现身说法,讲自己的故事,谈自己的理解,这样的励志教育更接地气,更能触动人心。

第二,品德修为。有些授课家长本身就是这方面的专家,可以发挥他们的职业优势和专业特长,开设相关课程。比如,有些授课家长是从事和礼仪相关的工作,由他们来给学生讲礼仪,比学校老师讲更专业、更合适、更有效。

第三,心理健康。心理健康教育是学校教育非常重要的一项内容,近些年,学校越来越重视相关课程的开发实施。聘请具有较高专业素养和相关资质的学生家长为心理健康兼职老师,请他们进入家长课堂,为学生讲解心理健康的有关知识,这也成为学校心理健康教育的一大亮点。

(2)学科拓展

有些授课家长自己就是一名教师,甚至是名师或者是这个学科、那个领域的专家,由他们独立或者和学校教师一起开设相关专题,讲解与学科课内教学内容有关的知识,是对学校教学的有益补充或者延伸。比如,学校或者班级层面聘请家长担任朗诵社团、文学社、科学实验、地方文化等学生学科类课外兴趣团体课程的导师,让家长走进课堂,走上讲台(可以是教室内的课堂,也可以是走出校门的社会课堂),这样既丰富了学校课堂,使学校的学科教学活动多了一道道亮丽的风景线,也更好地助推了学生的个性化发展。

(3)文体特长

在文艺、体育这两个领地,家长中间更是藏龙卧虎,篮球队、足球队、茶艺社团、书画社团、乐器社团等才艺类课外兴趣团队都可以在学校教师为主体的基础上,吸纳家长参与授课。我们学校社团活动丰富多彩,课外社团众多,涵盖了学科类和文体类的各个领域,这为家长的参与、为家长课堂的开展提供了广阔的舞台。以家长为听课对象的家长课堂主要是以家庭教育为主题,由家长中的家庭教育专家和优秀家长代表走上讲台,和听课家长分享家庭教育理论策略或者育儿故事、育儿心得。

3.学校、年级和班级三重授课,平行交叉

家长课堂内容丰富形式多样,按学校、年级和班级三个层面组织实施。各个层面有其平行设置的课程体系,也可以实现交叉融合。简言之,有些课程既可以是面向全校,也可以是面向一个年级一个班级;有些授课家长既可以作为学校层面的师资,也可以作为班级层面的师资。

4.课程计划融入学校发展计划，形成序列

制订家长课堂的课程计划（学校、年级和班级三个层面）。学校将家长课堂写进学校的年度和学期计划，包括学校层面、年级层面和班级层面的课程，做成课程表。然后按照计划和课程表实施推进。家长课堂课程计划是基于学校发展远期目标规划以及年度学期发展计划。

5.课程管理科学规范，保证成效

为更好地实施家长课堂，对家长课堂进行有效的管理，学校相关科室专门安排负责教师和家委会相关负责家长一起落实，加强过程监督管理，及时开会小结反思，发现问题及时解决，有疏漏或者不足的环节及时调整优化。

第 八 章

身心健康支持:全员关注,融合发展

第一节　助力特殊学生成长的意义和价值

一、助力特殊学生成长的意义

(一)从世界特殊教育发展趋势看

学生的身心健康是办学的底线,我们对全体学生都很关注,尤其是其中一部分特殊学生。

对特殊学生教育的重视程度已成为衡量人类文明与社会进步程度的重要标志。目前各国的教育越来越追求质量,越来越重视满足学生的个别需要,因此为随班就读的特殊学生提供符合其特殊需要的支持和服务是势在必行的。我们这里指的特殊教育对象是指正常发展的普通儿童之外的各类有特殊需要学生。许多学者都认同资源教室方案是沟通普通教育与特殊教育的桥梁,接受辅导的特殊学生大部分时间在普通班级中学习一般课程,一部分时间在资源教室内接受资源教师的指导,这是使特殊学生真正融入主流教育环境中的第一步。

(二)从我国特殊教育发展趋势看

近年来,我国特殊教育有了很大的发展。人们逐渐接受"全纳教育"的理念,开始正视和尊重特殊儿童的身心差异,认同其有接受正常教育的权利。在政策层面自上而下制定了相关政策,还制定了相应的策略,即"资源教室"方案。从操作层面上看,我国许多学校正积极实施资源教室方案,有利于初步保障特殊儿童接受正常教育的权利,有利于完善随班就读支持保障体系,提高随班就读教育教学质量,进而推动随班就读工作的快速发展。

可以说资源教室是改变当前随班就读教育质量的关键性工作。

二、助力特殊学生成长的价值

(一)从特殊学生自身的发展看

一名特殊学生对于学校来说可能只是微不足道的几百分之一、几千分之一,但是对于一个家庭来说却是百分之百。在正常的教育教学环境中,特殊学生由于自身的需求、基础和能力与其所处年级的教育教学目标存在着比较大的矛盾,轻则导致随班就读学生对学习丧失信心,在学习中找不到乐趣,重则导致自暴自弃,厌学、离群,无法适应社会。而现实中,随班就读教师受到随班就读班级学生人数过多和自身专业水平的限制,对特殊学生的身心发展特征和发展需要难以全面把握,难以做到同时既教好普通学生又兼顾特殊学生的需要。在这种情况下,作为随班就读支持系统的资源教室则可以发挥它独特的作用:受过专业训练的资源教师利用资源教室的资源和其他资源,对随班就读教师进行指导,为特殊学生提供个别化教学、诊断评价以及咨询服务,从而协助特殊学生,在正常的教育环境中使他们的潜能得到最大限度发挥,使其缺陷在发展中得到补偿,同时发展他们的社会适应能力。

(二)从学校发展趋势看

学校目前是拱墅区最大的优质公办初中,由于招生规模大,人数多,因此在实际的教育教学工作中,我们接触到的不同类型的"有特殊需要的学习者"也比较多。例如,患有轻度自闭的孩子、感统失调的孩子、智力偏低的孩子、情绪障碍的孩子等。作为区域内的领军学校,我们尽力在各方面的工作中发挥引领作用,包括一直关注、重视特殊教育工作的开展。一所学校处于高位发展时期,就更要关注教育的公平,关注每一个个体,真正尊重并接纳学生之间个体的差异,尽可能让学生的优势能力进一步加强,同时改善弱势能力及存在的问题行为。尽力帮助每个孩子顺利成长,焕发生命的光芒,获得他们可能的成功。

目前,我国特殊教育在校生 79.46 万人,其中随班就读在校生 39.05 万人,约占特殊教育在校生的 49.15%。教育部印发《关于加强残疾儿童少年义务教育阶段随班就读工作的指导意见》，要求更加重视关爱特殊学生，坚持科学评估、应随尽随，坚持尊重差异、因材施教，坚持普特融合、提升质量，实现特殊教育公平而有质量地发展，促进残疾儿童少年更好地融入社会生活。这也给了学校随班就读工作明确的指示，我校努力健全科学评估认定机制，提高资源教师专业素养，让学校真正成为"全纳教育"理念的践行者。

（三）从社会发展趋势看

当今社会一直提倡"终身学习""兼容并蓄"的理念，对于特殊学生这个群体，也一直在努力让孩子避免社会上的"隔离"，为特殊儿童少年更好地融入社会生活起先导作用。特殊儿童少年要融入社会，需要具备基本的自尊、自信、自立的精神，这部分学生身心健康的发展直接关系到社会的和谐稳定。社会发展同特殊儿童少年的教育是相辅相成的。一方面，社会发展中的各项支持系统给予特殊儿童少年拥有更多可利用的资源，比如资讯支援、专业与服务支援、精神支援、经济支援等；同时传播媒体、社会服务、家庭周边生活环境设施以及康复机构与学校都是给这个群体提供支持的有效方式。另一方面，特殊儿童少年进入社会之后，也会倾情回馈社会。据统计，我国特殊学生毕业之后，工作岗位多为个体就业或公益性岗位就业和辅助性就业，他们的认真工作及努力，为社会经济发展及稳定起到了非常重要的作用。

第二节　资源教室的建设与服务

一、资源教室软件和硬件的规划建设

(一)争取经费保障,完善软硬件建设

学校积极学习党和国家以及有关部门关于推行资源教室建设的一系列政策法规和纲领性义件。2014年,为了满足特殊儿童的需要,学校开辟了两间教室,并进行了装修,分成心理疏导区、补救接洽区两大功能区,使资源教室具有为特殊儿童提供学习辅导、心理诊断、教学支持、补偿教育、康复训练和教育评估等多种功能,以满足具有个别差异的孩子的特殊需求。2017年,除了原来筹建时已经购买的电脑、白板投影等教具,沙盘、放松椅、耳机、有源音箱等器材,学校又添置了沙发、团辅桌、团辅箱、测评软件等,以便更好更有效地开展工作。目前我校资源教室设在综合楼四楼,资源教室主要分为心理辅导区、教师办公区、快乐阅读区、沙盘游戏区、学业补救区等。2018年,在学校郭家库校区又建成面积大约360平方米的青春健康教育基地作为资源教室区域,按照资源教室标准采购了相关器材设备,为学校资源教室工作的进一步开展提供了很好的场地条件和物质条件。

(二)健全管理网络,完善规章制度

资源教室的管理包括设备管理、资源管理、档案管理、学生管理、业务工作管理等。资源教室纳入学校统一管理,建立和完善相关管理制度。资源教室根据特殊儿童的特殊需要制订专门的工作计划并开展工作。同时将资源教师培育专业化、制度化,以保障教师素质。

学校始终把资源教室和随班就读工作作为学校教育教学工作的一个重

要组成部分,给予极大的重视和热切的关注。在资源教室的运作过程中,学校成立了以校长为组长、副校长为副组长的随班就读工作领导小组,由教导(务)处、总务处具体分管,形成了校长室——教导(务)处、总务处——资源教室团队的三级管理网络,研究资源教室的运作措施,制定相关制度,落实相关保障。

学校将资源教室运作纳入学校的教育教学计划,加强对此的教学管理和教学研究。建章立制是确保特殊教育正常运作的保证。为加强对资源教室的管理,我校制定了《资源教室管理制度》《资源教师的职责、权利和岗位职责》《特殊教育资源教室训练的原则、方法及组织形式》《特殊儿童筛查鉴定制度》《资源教室书籍、器材管理制度》等制度和方法,努力使资源教室的运作走向规范化和制度化。在这些规章制度以及考核细则等文件的制定过程中,资源教师的全程参与使这些规章的内容更翔实、用词更准确、对特需学生以及特教团队老师的评价更科学。

随着资源教室工作的开展,我们深深感觉到原有观念的局限性,对资源教室工作的管理观念也有了新的发展,认识到资源教室不仅仅只是针对几个特殊学生,不仅仅是几个老师的责任,而是应更具大局观,从而逐渐树立了"大资源教室观",即人人皆为服务对象(学生、老师、家长)、人人皆为辅导老师(教师、同伴、家长、社工)、处处皆为可用资源(教室、走廊、操场、社区)。有了这一新的理念基础,使得资源教室工作有更大的施展空间,可以开拓更多的新途径、新形式,充分运用好所有可利用的场地,充分挖掘可整合训练辅导的时间,使更多力量的人和资源可以融入进来,从而使资源教室工作开展得更有成效。

(三)做好教师培训,提升特教能力

学校利用校本培训和班主任工作会议的时段,向老师们宣传特教理念,根据初中学生的特点和主要问题推荐特教资料,通过学习和互相讨论的形式指导老师对有特殊需要的学生提供科学的帮助。在提供培训平台的基础上,根据教师专长与爱好组建资源教室教师队伍。

1.主动"走出去"

学校派专人参与校外特教培训,选派老师分期分批参加了资源教师培

训班,并且参观了许多特教工作示范学校。外出学习的资源教师回校后,会把培训中学到的知识技能在教师校本培训时间做汇报,为全校教师做特教专题知识介绍,使其他老师也能从特教的角度去改变对待这些学生的教育观,从而改变自己的教育行为。

2.积极"请进来"

派送教师外出培训的形式,参与人员相对较少,受益面小。基于这一现状,除了请特殊教育方面的专家来校开展讲座和指导工作外,学校领导还大力支持资源教室重点进行了"浙江省心理健康教育教师资格证书"的全员培训,既减轻了老师们外出培训的奔波疲累,又给大家提供了共同学习、充分讨论交流的学习平台。我们积极引进专家,邀请多位省、市、区心理专家来我校开展心理健康教育专题讲座。心理专家们为学校老师做了心理健康教育知识和心理游戏在教育教学中的有效运用展示,使大家能够在今后的工作中加以运用。还邀请韩似萍老师、诸晓敏等家庭教育专家做家庭教育、校园危机干预等专题讲座,理论联系实际,带给老师、家长很大的触动。

3.订阅特教文献

学校为特教专门购买了大量的书籍,订阅了相关杂志。资源教师团队也收集了许多特教知识资料,供其他教师借阅。从书中学习理论,用理论指导实践,老师们在特教理念上有了很大转变,也初步了解了一些特教训练的方法。教科室组织教师们撰写了与特殊孩子的教育小故事,整理后择优结集成册,供其他教师借鉴参考成功做法。

4.建设特教信息网络

通过购买的心理测评软件,逐步建立数据库。建设完成后,可以实现特需儿童心理测评的电子化,既提高了测评的科学性,也更便于统计分析,作为制订个别化教育计划的依据。另外,还在学校建立多个特教信息群,方便联系和相互学习。

5.开展新教师培训

学校每年新进教师较多,因此学校会定期或不定期召集新教师或者新增兼职资源教师进行关于如何初步鉴定特殊需要学生、特殊需要学生个别化教育计划设计等实践操作指导,使个案辅导工作尽快走上正常化、日常化的正轨。例如,2019年学校新进了39位新教师,人数多,为此学校组织新教师进行了为期五天的新教师岗前培训,组织参加了为期五天的心理健康教师培训,使新教师们带着满满的收获踏上教师岗位。及时的、有规划的新教师培训使学校教师素质得到了稳定发展。

6.定期进行案例研究

通过切实的案例研究,才能真正提升随班就读水平,提高随班就读实效。因此,学校一方面针对随班就读个案定期组织案例研究,另一方面也通过班主任会议、学校德育研讨会等进行同类型案例研讨,提升班主任和任课教师的理念及实操经验。

2007年,学校心理辅导站"阳光岛"被评为杭州市优秀辅导站。目前已实现全校科任教师持证率达到97.4%,51位班主任持证率达到100%。良好的心理教育基础,使教师们能够将心理辅导融入随班就读日常工作中去,从而更好地为学生服务。在此基础上,学校从2014年起建立了一支极为优秀的资源教室团队。学校资源教室团队教师以认真踏实的态度对待资源教室工作,并在培训后经过内化反省,对全体老师进行二级培训。资源教室团队的教师每学期开展相应的专题研讨,更深入推动了学校特殊教育和随班就读工作的开展。

经过这些年资源教室和随班就读工作的开展,也取得了一定的成果,学校资源教室也被评为杭州市示范性资源教室。教师们积累了一定的经验,学校鼓励教师们积极梳理总结经验,开展课题研究,提升随班就读水平。学校组建了资源教室团队,与学校教科室联合,聘请专家指导,注重科研能力的提高。只有重视丰富专业内涵,提升科研能力,才能更好地指导学校开展相关工作,才能使未来的工作更有方向、有系统、有实效地开展,从而真正做好资源教室和随班就读工作。

二、为特需学生服务,使学生健康成长

(一)分析特需学生的需求

1.慎重筛查,确定个案

为了对每个学生的基本情况有所了解,学校每年对七年级入学新生进

行基本情况档案调查,内容包括学生年龄及相应身心状况基础信息(包括纸质稿填写和电脑测量),一人一卷,存入资源教室。从新生入学开始,学校借助心理测评软件做好学生的心理健康调查[包括《中学生心理健康测量》(MHT)和《中学生人格测验》(EPQ)],并会在之后每个学期做跟踪测试(例如2019年上半年对学生做了《中学生学习能力测验》《中学生意志力测验》等),尽可能多地收集整理学生个体的相关资料。在对学生的智力、情感、学习适应、个性特征等进行全面测试的基础上,对学生的素质做出总体评价,并相应建立起学生的心理档案。

资源教室个案管理工作首先由筛查开始。筛查的依据有:学校所在区内特殊教育学校湖墅学校提供的认定名单、与小学资源教室的对接名单、医院鉴定、学校心理筛查、班主任反馈、入学成绩、各类活动表现等。根据这些依据进行综合判断,确定进入资源教室个案管理的名单。近年来,通过筛查进入资源教室个案管理的个案有情绪障碍、注意力缺陷多动障碍、选择性缄默症、听力障碍、自闭症、学习障碍、抑郁症、脑部疾病患者、有其他特殊需求的学生等。

经过初步分析排查,收集整理筛查信息,以便充分利用第一手资料,有意识地跟踪辅导,更好地开展教育工作。对于特需学生还建立了更为详细的独立的个档,有计划地进行个别化辅导和随班就读工作的指导。

2.组织研判,精准服务

确定纳入资源教室管理的个案后,组织召开个案研判会,建立随班就读个案档案,制订个别化教育计划。个别化教育计划制订中,尤其要注意根据个体实际情况制定目标和措施,并在个案管理过程中及时进行案例讨论,调整措施。

以小凯(情绪障碍)为例:小凯会以哭泣、撞门、撞墙、地上打滚等过激行为来逃避做作业或者沟通;情绪不是很稳定,很容易出现焦虑的状况;书桌、书包经常处于凌乱的状态;无法遵循较为复杂的指令;常常会打翻东西,弄脏或者损坏作业本;有注意力固执的现象,如在从事某些行为或行动时很难要求他做其他的事情,等等。根据家长的诉求,希望孩子能考上高中,能被学校录取。综合小凯表现和家长诉求,最终制定的长期目标为:能融于集体,能遵守一定的规则,培养一定的自理自立能力,达到初中毕业标准,争取被职高录取。根据长期目标再具体细化为短期目标。资源教室对小凯进行了关于社交语言、社交行为、劳动技能、规则意识、整理个人物品等行为训练,并辅以心理辅导调控情绪,以及适当的学业补救。在这一过程中,教师填写评估量表,记录辅导后的挫折与成功,调整个辅计划,用"增量"的眼光设置评价方案,察觉小凯的细微成功,鼓励其坚持,体会成功的喜悦。经过一个多学期的按照既定方案措施的实施,小凯很有进步,经过语、数学科补救教师的重点辅导,语、数考试成绩可以达到同年级水平合格以上,甚至在科学的一次章节评测中偶然获得了优秀。经评估,他的问题比较显性的是"情绪"特殊,而不是"成绩严重低下",与科任老师和家长交流后,把后期的辅导重心放到情绪的自我管理方面的训练上。只要情绪控制得当,小凯是可以按照规则参与集体生活和完成基本学业要求的。经过训练,小凯在情绪控制方面有很大进步,之后顺利通过直升面试升入了职高。

(二)提供多形式的服务内容

1.开展制度化的心理辅导

其实,很多个案都需要进行心理辅导,因此学校领导也非常重视,招聘专职心理教师负责这部分工作。学校专职心理教师对学生心理问题进行分级鉴定后,进行针对性的定期咨询。如有超出我们工作能力范围之外的,专职教师会建议班主任及家长带学生转介到更加专业的相关机构进行治疗。有些特需个案还需要进行行为训练。不同情况的个案行为训练的内容也不同。例如,对小钟(注意力缺陷多动障碍)进行有针对性的注意力训练;对小凯(情绪障碍)进行有针对性的管理情绪训练、规则意识的训练、整理个人物品的训练、劳动技能训练、社交语言训练等。

以2019学年第二学期为例,在2020年3—5月,学校资源教室已经完成了两次全员筛查。开学初第一轮筛查以班主任、任课教师为核心,根据学校心理辅导中心下发的《大关中学心理问题筛查表》《中小学心理健康动态观察表》进行初次筛查。在各班班主任的配合下全校1700余人完成,其中学习不能适应的学生10人,情绪不稳定的学生10人,已经就医确诊的心理高危学生13人。针对这次筛查,班主任和心理老师详细制定了一人一表,并定时上报《动态观察表》。为了能够更加准确地了解学生的心理状况,第二轮筛查,我校采用心理筛查软件,进行了全校学生的网上心理测评。此次筛查采用专业心理量表《中小学生心理健康诊断测验》(MHT)、《学生心理状况量表》(PHQ)、《焦虑自评量表》(SAS)施测。量表筛查出心理三类危机学生16人。

根据筛查结果,学校资源教室又做了如下干预:

◆ 学校心理评估小组根据学生的心理评估结果和个人档案,判断是否超出学校危机干预能力与范畴。

◆ 成立会谈小组,与高危学生家长进行会谈。

◆ 根据会谈结果,对相应学生做适时的转介。

◆ 按照省里的要求开足心理健康教育课,提供相关微课。

◆ 心理老师根据预警名单分别找学生谈话,并做好访谈记录。

◆ 资源教室心理辅导室按照要求定时开放,对有需求的学生进行心理辅导。

【案例】 "爱的十字架"
——疫情期间,"特殊学生"的烦恼

当"疫情"遇到"青春期+网课+更年期"已经让家长和老师忙得不可开交,但这个时候的小可,可能比其他同学更加不适应这种状况。小可是我校心理筛查预警名单上的同学,之后父母带其去医院做了相应诊断,确诊为情绪障碍。根据小可的情况,学校安排了相应的访谈以及个体心理辅导,状况一直比较稳定。但是疫情期间,小可的情绪状态波动很大。通过我校的心理咨询平台,小可多次和心理老师进行了线上的交流和咨询。

小可自述:"我昨天去理发店理发,头发剪得不是很满意,今天起来完全炸了,我就难过地哭了。爸爸狠狠批评了我一顿,我仍然止不住地大哭。他很生气,然后拽着我,把我头发剪掉了。我当时就像疯了一样,拨打了110。""感觉太不开心了。老师,人活着就这么累吗?我真的很珍爱我的头发。""我的手被生锈的剪刀划破了很痛,我希望有个理解我的爸妈。"

因为上一个学期我们已经建立了比较稳固的咨访关系,所以小可能够

没有防御地告诉老师她在家中所发生的事情。老师马上就小可对老师的信任表示感谢,并询问了小可现在的情绪状况。事情发生已经过了几个小时,小可表示自己已经停止了哭泣,但是很难原谅爸爸的行为。亲子冲突对于处于青春期的孩子是很常见的,孩子觉得父母不理解自己,只关注学习成绩;而家长觉得孩子难"搞定",不知道他们在想什么,整天做一些"无用"的事情。小可的爸爸以往对待孩子的方式都比较简单粗暴,但小可确诊之后,爸爸也在努力尝试改变自己的教养方式。"但是真的好难,有时候不经意就会爆发。"小可的爸爸在电话中和心理老师这样说。由于疫情期间的限制,所以利用网络平台分别和小可以及小可的爸爸谈话。

(1)觉察自己情绪,感受背后的需求。和家长的谈话中,家长的注意力总是放在孩子网课期间学习不认真、自控力差、拉下功课怎么办等方面的问题。关注点多放在挑孩子的毛病。心理老师建议家长去觉察自己这种认识、感觉背后的东西是什么。其实很多家长对孩子的指责,背后是自己的焦虑和担心,甚至是自己的"面子"问题。

(2)换位思考,控制情绪。如果家长能够内省前面的问题,就会比较理智地对待孩子的一些问题。当家长处于理智状态,就可以心平气和、善解人意地和孩子去沟通,也许这就是亲子关系开始缓和的一个好的信号。

(3)"我信息"的准确表达。有效的沟通是有技巧的,"我信息"的方法可以事半功倍。首先留意发生的事情。清楚地表达这件事情及其结果,而不是判断或者评估。接着表达感受,如受伤、害怕、喜悦、开心、生气等。说出哪些需要导致了哪些感受。最后提出具体的请求。明确地告知对方,我期待你的何种行动。例如,一位妈妈与处于青春期的儿子的对话:"明明,看到你在听网课的时候,还会和同学用手机聊两句,我不太高兴,也挺担心的。一方面担心你上课重要内容没听到,另一方面我觉得一个人的专注力是很重要的品质。所以,以后在上网课的时候,能够先停下来和同学聊天吗?"看似有些烦琐的一段话,但是和父母张口就来的指责相比更容易让孩子接受。

对于小可,心理老师更多的是一个倾听者、陪伴者的角色。心理老师和小可讨论了如何正确表达自己的情绪,如何学会放松的方法,希望小可能够在爸爸转变的前提下,尝试着去和爸爸说说自己内心的想法。

2.提供个性化的学业补救

根据每个个案的情况要具体制定个体补救目标。初中学业任务繁重,根据个案的实际情况,经过讨论商定明确学业补救的时间、方式、地点。

(1)时间安排。根据这几年运作的实际情况来看,随着师资培训机制的落实,学校资源教师队伍的增强、学校场地的保证以及初中学习节奏较小学快的特点,学校把特殊学生固定时段进入资源教室进行抽离式辅导调整为融合教育、抽离式辅导与按需机动辅导相结合,机动辅导场地可以在资源教室外的场地,这一变化使得在提高资源教室利用率的同时,尽可能地保证学生的随班就读融入集体的时间,更符合学生的实际情况和集体生活节奏。

(2)课程安排。为学生安排了学科补救、手工制作、快乐阅读、社团合作等课程。对于随班就读的特殊学生,教师采取的评价手段和方法肯定有别于普通学生。对特需学生的课程评价应更趋人性化,同时学校在评价特殊教育和随班就读工作时,也应该从多元的角度来评价。要正确评价特殊学生的教育效果,不仅仅是看成绩,而主要应该看他们的行为等存在缺陷方面的改善情况。评价的主要方向应考虑管理过程是否到位,学生发展势头是否平稳、是否正向发展,应保证考核的多元、公正和全面。在引导教师多元评价学生的同时,也要帮助这些学生的家长多元、全面、公正地看待自己的孩子。

(3)辅导安排。通过与任课教师的日常交流,家访时的询问,平时观察,加上研判会,分析每一位特殊学生的情况,组建辅导小组,针对每一位学生的特点,制订个别化教育计划,一人一表一档案,协同任课教师、家长等多方力量,采取集中和分散相结合的个别辅导、小组帮扶、融合教育等形式进行按需辅导。

资源教师制定个案辅导记录表格,做好个案记录,便于跟踪辅导。定期召开辅导员会议,交流辅导心得,针对个别案例提交核心辅导小组分析。个案跟踪研究也是对学生进行个案辅导记录表格制定,做好个案记录,便于跟踪辅导。定期召开辅导员会议,交流辅导心得,针对个别案例提交核心辅导小组分析。个案跟踪研究也是对学生进行特殊教育的有效途径。遇到个别特殊案例,辅导员会与班主任及时联系沟通,调整辅导计划,共同帮助学生解决问题。任课教师应协助班主任分析制订相应的辅导计划,向班主任提出建议,以更好地为这些特需学生提供个别化服务。

3.丰富资源教室课程资源

针对资源教室个案,学校资源教室设计针对其需求的课程,主要有:学科补救课程,主要以调整随班就读学生的学习现状为主要目标;特需课程,即在个案评估基础上,根据个别化教育计划确定的需要干预的内容,如情绪行为矫正、社交沟通指导、语言康复训练等;拓展课程,即根据促进个案学生潜能开发的理念,结合学校社团建设,开设资源教室课程,以满足随班就读学生和其他有需求的学生。

学校把每周五下午的"社团活动"作为逐步落实新的管理理念的突破口,根据家长、教师与学生自己的意见综合考虑,每个学生选择自己心仪的社团加入,包括特需学生。社团由老师、外聘教师负责,并聘请同学做小助手,在一系列社团活动中,以宽松活泼有趣的形式挖掘学生潜力,用各种方法激发其亲身参与的兴趣,增强了其与人交流的安全感和信心。在玩中学,在玩中找回信心,在玩中感受同伴的关爱,在玩中对全心全意帮助他们的老师建立信任……从而有利于开展个别辅导工作,也有利于营造全员接纳的良好氛围。

学校还致力于STEM教学特色研究。STEM是用科学、数学知识和先进技术,以工程思维解决现实世界的问题。其教育的核心是:发现问题——设计解决方法——利用科学、技术、数学知识实施解决方法——将解决方法传达给大家。在这一过程中需要学生们动脑动手,需要学生们之间沟通交流,感受伙伴的爱、关心、鼓励,慢慢打开心扉,提高与人交往的能力。在"以学生发展为本"的理念下,学校在有效实施资源教室方案的基础上发展学校特色,切实做到在发展中挖掘潜能、补偿缺陷,培养社会适应能力,以促进普通学校就学的特殊学生的全面发展,使随班就读工作向更深层次推进。充分发挥资源教室的各项功能,使资源教室工作融入学校日常的教育教学工作,资源教室成为一种教学资源。让它真正成为特殊学生幸福成长的乐园,健康发展的桥梁,同时具有特长的兴趣班学生可以在这里彰显个性,发挥自我。

(三)讲究方法,做到"三关注"

1.关注个辅差异

特殊学生在心理发展、智能水平等方面千差万别。即使是同一障碍类型,由于性格、障碍程度等不同,因此需要得到的个别辅导也应是有差异的。所以教师必须在课程、教学设计及效果评估等方面根据他们的实际情况进行个别化教学。在备课环节上考虑他们接受能力和实际需要,为他们设置"最近发展区"。在课堂上,给予他们足够的关注,对他们的辅导采用小步训练、多级提高,及时反馈、及时强化的方法。

2.关注评价机制

学生是多元化的,对学生的评价也应该多元化,对有特需的学生亦是如此,应采用多种方式、增量评价。

这些学生很多时候不能用简单划一的分数去评价,而是要多种方式去记录他们的表现。在这一过程中,教师填写评估量表,记录挫折与成功,调整个辅计划,用"增量"的眼光设置评价方案,发觉他们细微的成功,鼓励他们坚持,让每一个学生都体会到成功的喜悦。

在这一过程中,教师和家长等应注重心理激励。随班就读学生由于缺陷更易造成心理上的障碍,在学习、生活中和正常学生相比会遇到更多更大的困难。为此,在课堂教学中,我们提倡用"爱"沟通,用"心"教育,鼓励多一点,耐心多一点,为他们创设更广阔的发展空间,使他们能够融入班级活动,与同伴建立正常的交往。在特殊学生获得一点点进步时,我们要及时肯定他们的成功,给予他们真正的关心,让心理支持更强有力,让他们也能与普通孩子一样享受成长的快乐。

(1)日记记录的方式。很多个案的进步不是突飞猛进的进步,更多的是体现在日常的点点滴滴中。因此,日记记录的方式能够更细腻、更全面地体现学生的变化。

(2)柱状对比图、侧面图评估。对个案的情况,随班就读教师应进行前测和后测并对比,绘制柱状对比图和侧面图。资源教师与随班就读教师共同撰写前后测小结和干预后情况综述。

(3)学业水平检测记录。教师可以保留个案学生的试卷、作业、成绩报告单、画作、手工作品等作为其学业水平检测记录。

(4)活动记录及其他。鼓励这些学生根据情况多参与到集体活动中去,如无法参与大型集体活动,可以鼓励与小伙伴多互动,提高人际交往能力。参与活动的情况可以以文字或照片、视频等方式记录下来。纳入资源教室个案管理的学生在学校里能够比较好地融入集体中,像正常学生那样快乐地成长。正常学生也非常平静而友好地悦纳这些特殊同伴的存在。比如小月,刚开始经常连校门、班级门都不愿进,于是同学主动接触她,跟她讲话,陪她玩,帮她打饭。如果在校门口相遇,熟识的女同学会从她父母手中接过她的手,牵着她进入教室。这样的氛围使小月慢慢融入集体,即使还是不怎么说话,但一天天平静地来上学,一天天脸上开始生动的表情说明了一切。有一次,小月甚至邀请了几位班里的同学参加自己的生日会,令人惊讶和欣喜。

3. 关注队伍融合

在随班就读个案开展工作中,各方力量的融合联动非常重要。只有形成合力,才能达到良好的效果。

(1)与家长联动。学校、家庭一体化教育是帮助特殊学生形成良好心理品质,培养健康人格,逐步提高成绩的重要方面。家长与教师互相配合,实现训练内容的延伸和情感交流的对接,以此来促进特殊学生更好更快地发展,从而取得较好的效果。利用家校通、家校联系本、学生成长手册、QQ群、学校微信公众平台等多种方式与家长沟通,让家长知晓孩子情况。邀请家长一起参加个案研讨会,在全面了解了孩子身、心、学各方面的现状后,与家长共同商讨阶段性目标。对家长进行心理疏导工作,用换位思考的方式,给予家长尽可能多的理解、鼓励和支持。对家长家庭教育的方法予以指导。平时注重与家长的交流,利用电话、学生成长手册等,互相配合,实现训练内容的延伸和情感交流的对接,交流学生的学习情况,探讨教育的方法,以此来促进学生更好更快地发展。

仍以小月为例，因为小月在校与他人言语不多，相对来说，与父母交流较多，因此放暑假前，班主任同家长进行了沟通，指导家长利用暑期时间，多和孩子进行互动，在家中进行一些自理自立的训练，为将来升入高一级的学校做准备。8月30日，班主任及任课教师一同上门家访。刚开始小月比较拘谨，抱着妈妈不说话。谈了一会儿暑假生活，直到讲到电影《陈情令》《盗墓笔记》的话题时，小月放开了，会笑，会说哪个明星帅气。另外，据父母反映，小月暑假在家中有时会有唱歌、跳舞的行为，较原来的沉默不语有很大进步；班主任发现其家中养了几只仓鼠，以如何照料仓鼠为由和小月聊天，小月表现得非常积极，谈话时滔滔不绝。小月父亲利用暑期教小月PPT的制作方法，她已经可以独立制作简单的PPT。这些都是很可喜的进步。

在学校资源教室运作和随班就读工作的开展中，个案家长对这项工作的理解和支持程度相当重要，他们的认真配合将使个案辅导起着正向促进作用。而家长们一般对特教工作的了解几乎是空白的，因此学校资源教师有重点地对家长做了辅导培训计划设定，与家长共同商讨训练补救的重点和方法，并且按计划实施。学校对家长心理疏导工作也做了尝试，用换位思考的方式，给予家长尽可能多的理解、鼓励和支持，为他们对孩子所付出的每一份汗水加油鼓掌。

同时，学校也利用家长学校等平台和方式有侧重地对家长做了辅导培训。不仅随班就读孩子的家长有需求，普通孩子的家长也有需求，尤其是孩子进入了青春期。因此，学校非常重视青春期家庭教育的培训。除了日常家长学校之外，学校还与校外机构联手进行专项培训。如2018年，我校组织进行了六次系列的"沟通有道"青春期教育培训，家长们感觉受益匪浅。2020年疫情期间"停课不停学"开展过程中，全校各班在第七周陆续召开线上家长会，就网课出现的一些情况进行总结，各任课教师参与，班主任特别对家长关注孩子的心理状况进行指导。在初三复课前一周，初三所有班级召开第二次线上家长会，为复课做准备；在初一、初二复课前，两个年级的所有班级召开第二次线上家长会，对复课做出具体布置。在此期间，部分班级每周一次召开微家长会，就部分同学的情况进行反馈。家长会让所有的家长在茫然中得到指导，让同学们在复课前做好规划。

（2）与班主任联动。在随班就读工作中，班主任是非常重要的角色，个别化教育计划的实施过程中，班主任的参与度很重要。

（3）与任课教师联动。任课教师应分析个案优势劣势，挖掘可能发展的潜能，梳理教育教学重点，制订个别教育计划。平时课堂上，优先提问，在课堂练习时段随堂个别指导；课后主动询问，作业优先批改、优先讲解。

（4）与其他学生联动。鼓励其他学生成为爱心小伙伴。如小月常常到了校门口、班级门口会停顿不进来，爱心小伙伴会手牵手将她带进教室，平时也会主动拉着她去食堂，下楼去上体育课、计算机课等。

（5）与学校其他部门合作。校内跨组联合。与体育组联动，结合学校阳光体育活动，资源教室与体育组联动，一起制订了锻炼计划，充分利用"阳光体育运动"时间、课外活动课等时间设置了对特需学生有效的更丰富多彩的锻炼项目，请班主任与搭班老师共同带领学生们训练，一人负责全班，一人对特需学生做个别训练辅导，使特需学生融入群体中进行训练。也正是基于"大资源教室观"，学校每年举办"全民运动会"，全校师生人人参与，包括特需学生。

随班就读工作不仅是资源教室的工作，而是一项全校性的工作。校长室、教导（务）处、学生处、教科室、总务处等都应积极参与进来，形成合力（见图8-1）。

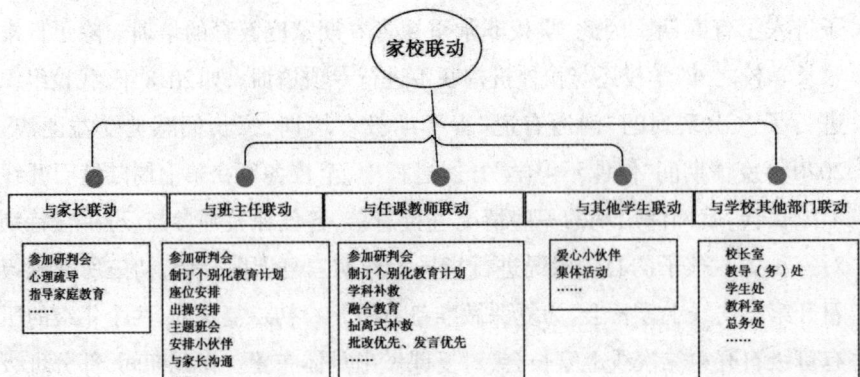

图8-1　家校联动

第三节　资源教室利用的个案分析

一、个案1:小东的成长

(一)基本情况分析

小东,15岁,个子不高,身材偏瘦。性格内向,说话声音很小,比较自卑。写作业时总爱趴在桌子上,脸侧在一旁。虽植入人工耳蜗,但听力仍较一般同学差,尤其5米外的声音听不见。英语学习很困难,作业完成度不高。语文、数学、科学成绩一般,英语成绩很不理想。

小东不能参加剧烈的体育运动,也尽量避免头部受到撞击。刚开始,体育课要做一些剧烈运动的时候,他总是站得远远的,好像和大家不是一个群体一样。有时,小东站在教室窗口,从三楼的窗口往楼下的篮球场看去,很孤独的样子。

造成小东的现状,主要有以下几个方面原因。

1.学生自身的原因

自卑心理。据家长透露他以前在农村读书,由于佩戴助听器,被其他人指指点点,让他很难接受,心理产生阴影,很难走出来,又被同学说来说去,所以他的自尊心受到伤害,从而也丧失了学习的信心。

意志薄弱。内心深处有求上进的愿望,也愿意为此付出努力,但许多时候往往不能持久。英语学习很困难,听不懂,不会写,默写比一般同学吃力,于是就产生了厌学心理,认为工夫花了,没有用,不如不出力。长期如此,就自己放弃自己,听之任之了。

2.环境的原因

小时候在农村,由于听障植入人工耳蜗,被周围人指指点点,心理自卑,不爱说话,学习也没有了动力。

学校老师向家长反馈了小东作业不能及时完成这一情况后,通过了解发现,家长为了让他能按时交作业,便把一些题目的答案写好,然后让他抄在作业本上,第二天就能按时交作业了。如此一来,本来自控能力就薄弱的他势必会更加自我放弃。

(二)制定解决方案

1.心理辅导

第一阶段针对小东的自卑心理进行疏导和认知调整。第二阶段着重于重塑学习自信(这里的"学习"是广义的概念,不仅仅指文化知识的学习)以及与同学的交往技巧。同时也是增强学习动机的过程。

对小东的心理辅导分为个别辅导和小组辅导两种方式进行。个别辅导侧重于自卑心理的疏导调整。小组辅导侧重于适应和压力辅导、人际关系辅导。

2.学业补救

根据每个个案的情况要具体制定个体补救目标。初中学业任务繁重,根据小东听障的情况和英语等学科的实际情况,经过讨论,商定辅导时间由原来抽固定时间在资源教室进行抽离式补救改为在办公室抽离式补救并增加随堂补救和课后补救。

3.行为训练

小东由于听力原因,在"两操"及其他一些需要听指令行动的方面相对较弱,因此针对性地进行了集体活动行为训练,使其能按照特定的指令参与到集体活动中去。

4.多方联动

(1)与父母联动。鼓励父母要坚持,有耐心,及时鼓励小东。邀请小东父母参加学校及校外的公益讲座。

(2)与班主任联动。考虑到其听力的情况,班主任在座位安排上始终安排他坐在教室第一排,中间靠过道的位置,方便他听讲和老师指导。在班内召开了主题班会《做一个自信的人》《承受挫折》等。在平时的班集体活动中,班主任会不露痕迹地特别关注小东的情况。

(3)与任课教师联动。任课教师根据小东原有学习基础,梳理教育教学重点,制订各学科的个别教育计划。平时课堂上,优先提问,在课堂练习时段随堂个别指导;课后主动询问,作业优先批改、优先讲解。体育课与阳光锻炼时段,体育老师会优先关注小东,对其进行锻炼指导。

(4)与其他学生联动。鼓励其他学生成为爱心小伙伴。如爱心小伙伴会在课后帮忙检查小东的笔记是否记全,会把自己的笔记借给他。

(5)校内各部门联动。2019年9月,小东升入了初三,进入关键时期。班级更换了班主任。新班主任第一时间一方面与原班主任做工作对接,另一方面则与小东父母进行沟通。9月初,学校特别召开了小东所在班全体任课教师会议,就小东进入初三后的随班就读工作进行了布置。资源教室心理专职教师也以小组辅导的方式开展了初三适应主题的小组团辅,小组成员包括小东。在辅导中了解小东的思想动态,并给予支持。这种多方联动的方式对于稳定个案情况从而取得进步起到很大的作用。

(三)多元评价成长

1.日记记录的方式

某日,又是英语早读。今天的早读要听写20个单词,这点任务对于大多数同学来说,自然是轻轻松松,他们早就去背后面的单词了。可是对于小东来说,真是难上加难,本来他的英语基础就非常薄弱,看音标读那些单词就很艰难,更不必说背了。因此,在每次背诵的10分钟内,叶老师总是会在小东的身边待上许久,耐心地教导他朗读方法和背单词的巧劲。后来,背诵单词的成绩出来了,小东对了12个,比起以往有了很大的进步。叶老师大大地表扬了他,在他的听写本上留下了"真棒",还奖了他一根棒棒糖。他不好意思地接过棒棒糖,但是脸上开心的笑容藏不住。

大课间时间,今日的小东没有往常的沉闷,并没有待在教室里,而是跟着班级的大部队一起下楼,这让顾老师和同学们十分地惊喜。因为小东不能做剧烈运动,所以他就跟着其他原因请假的同学在乒乓球桌旁边做绕圈运动。有时候,我们班跑过,他就会朝那里多看几眼。有我们班的同学落队了,他就会对那位同学做出"加油"的手势。

2.活动记录及其他

及时记录小东在日常锻炼、集体活动中的表现,鼓励小东多与小伙伴互动,提高人际交往能力。

3.学业水平检测记录

小东通过努力始终跟其他孩子一样参加同样的考试,成绩属于所在班级前列,年级中游。曾获得过考试进步奖,并被评为"校园美德少年"。平时的试卷、作业、听课表现等都可以作为评估的依据。

4.综合水平诊断侧面图

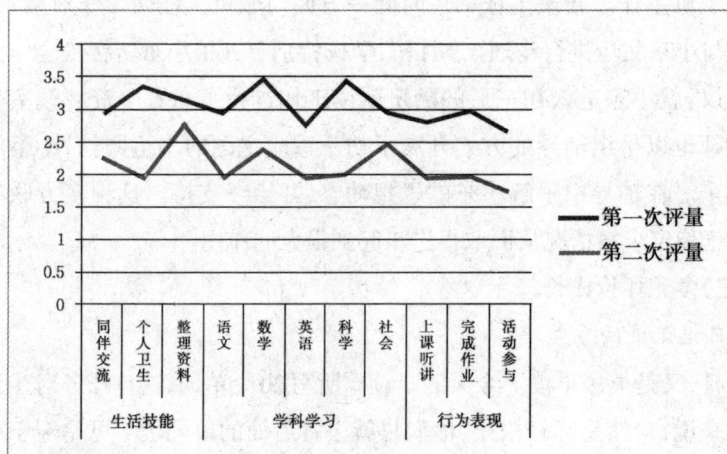

备注:

0分:尚未开始发展,完全不懂,不能通过测试。

1分:只有微小能力,略知一点,偶尔通过。

2分:已具备部分能力,能够部分通过。

3分:已具备上述能力,达到合格标准。

4分及以上:上述能力具备普通学生较好标准。

小结:根据班主任及任课教师对小东在生活技能、学科学习、行为表现三个维度,同伴交流、个人卫生、整理资料、语文、数学、英语、科学、社会、上课听讲、完成作业、活动参与11个因子的内容进行前后两次评量,制作了折线图。从图中可以看出,小东同学经过一年资源教室的辅导以及各任课教师的学业补救,在各方面都有长足的进步。小东同学由于听力障碍进入资源教室,其智力水平处于正常范围。主要是小学期间因听不到变为听不懂后续发展成为不想学的状态。所以，小东同学在改变行为习惯后，学习进步是比较显著的。

5.定期个人小结

通过2018学年给小东同学制订的补救学习计划以及对家长如何辅导小东同学进行了专门的辅导，经过学校和家庭的共同努力，小东同学的学习能力有了明显提高，课堂规范基本形成，文化课的成绩均有提升。人际关系方面也有了很大进步，能够比较好地融入现在的班集体中。

学习上培养了良好的学习习惯。由于小东同学的听力障碍，虽然安装了人工耳蜗，但是在上课的时候有些内容还是听不太清楚，这就导致他上课更容易走神做小动作。所以在上课的时候，任课教师多会走到他身边讲一些重点内容，并且时刻关注小东同学的课堂纪律。经过一学年的努力，现在小东基本上可以在一堂课集中注意力35～40分钟，并能认真完成作业。

学习心态上也有了很大的改变。由于自身原因，成绩一直不是特别理想，所以小东一谈到成绩就很自卑。这一年来任课教师和班主任对小东的学业以进步鼓励为主，并给予他更多展示自己的机会，从而改变他在学习心态上的不良认知。现在小东能够正确认识到自己的成绩在班级中的位置，给自己设立适合的学习目标，为升入高一级学校做好准备。

人际关系方面，小东也有了很大的进步。愿意主动去参加一些集体活动，比如和男生一起小幅度打篮球、跑步。9月份的团体辅导小组活动，小东主动积极参加，在活动中也积极地分享了自己的想法。

二、个案2：角色的转变

小洲——"脑洞大开"的孩子。小洲的自述：从小我就与其他的孩子不一样，5周岁时我被诊断出有先天性的脑蛛网膜囊肿，此后我经历了两次手术，命是保住了，但从此我的世界里就多了一位与我形影不离的"好朋友"——头痛病，而且是一碰就疼、一累就疼、一激动还疼。我成了每个老师和同学特别关注的对象，每个认识我的人都知道我的头不能碰，并且他们会告诉每一个刚认识我的人。

经过小洲父母的申请，小洲进入资源教室，根据小洲的情况和需求制订了个别化教育计划,计划重点在于:建立父母、老师、同学和小洲本人联动的保护机制,控制学习量和运动量;寻找适合自己的学习方法,提高学习效率;挖掘小洲的长处,树立自信。

小洲老师的叙述:进入初中阶段后,伴随着学习任务的增加和学习难度的提高,小洲不得不一次次地挑战自己,和疾病做斗争。每当小洲体力和脑力超支或在其他因素的影响下,就会受到这个疾病的后遗症的折磨——头痛欲裂并伴随呕吐等症状。这让小洲很难像其他同学一样高强度学习和写作业,而必须要时刻注意休息。每位老师都很心疼他,劝他保重身体,作业可以全免,但他却不畏病魔,顽强学习,一次一次地取得进步,学习成绩在全年级名列前茅,在初中阶段曾三次考过年级第一,并以自己力所能及的形式帮助同学,分享自己的学习方法,带动全班共同进步,被大家称为"脑洞大开"的人!

小洲以自己的表现赢得了大家的认可,被推荐评为"区运河明星小公民"。后来,小洲以优异的成绩进入了重点高中。学校与小洲所读高中进行了联系,进行了对接,并申请了资助。

小洲的自述:接受过这么多人的帮助,我也渴望帮助别人,我想我现在力所能及的就是帮助学习有困难的同学,在下课期间,我抽时间帮同学们讲解不会的题目,并且分享我的学习方法和经验。这就是我,一个普普通通的我,我就是不服输,我要战胜我的头痛病,做一个再普通不过的学生!

在这里,我们看到作为有特殊需求的学生最后成了能帮助到别人的人,成为大家学习的榜样,成了资源教室的小"资源教师"。因此转变观念,加强教育的协调、沟通与整合,使特殊学生完全被接纳,构建"学校+家庭+社区"的大社会教育体系,资源教室建设前景将更美好。

由于重视资源教室建设的制度化、标准化、特色化和专业化,教师对任何一个特殊学生都采取不放弃的态度。对这些特殊学生的教育力求全面,不仅关注他们的学业,更关注他们的身心发展健康。这也是学校开展特殊学生教育的根本目的所在。我们在教育工作中着眼于学生的终身可持续发展,面向全体学生,推动学生的全面发展。我们的教育是要实现以提升学生生命质量为核心的追求。用生命影响生命,"让每一个生命都收获成功",这正是学校的办学理念。

第 九 章

成效与展望

第一节　形成育人工作新样式

一、优化了学生成长路径

利用基于大数据的成长助力系统驱动学校管理创新发展,这是我们开发该系统的目的和初心。为每个学生自动生成"独特"的个人画像,并对比分析个体与群体平均标准的差距或优势,为学生提供个性化的"学习与发展报告",为学生自我成长提供有效的数据支持和科学指向。

1.发挥自身优势

根据平台上学生画像,学校育人校本课程设立了三大类:小公民课程群、实践类课程群、个性化课程群。其中个性化课程群、实践类课程群就是为那些有特长、有爱好的孩子们而设的平台,个性化课程群主要以社团的形式进行运行,如篮球社、足球社、排球社、乒乓球社、武术社、棋社、书画社、篆刻社、舞蹈社、话剧社、中国鼓等,活动主要以体、艺老师为指导,也可借助社会其他专业教师力量,适时指导提高。一大批有特长的学生在自己喜欢的社团中快乐学习,自己的特长和兴趣得到了极大的提高,在各类比赛中崭露头角,展现骄人的成绩。

2.发掘学生潜能

个性化课程群、实践类课程群让一大批孩子发挥了他们的优势,成为熠熠生辉的自信满满的大关学子,同样也让一大批孩子发掘出了自己的潜能,找到了自己的闪光点,增强了自信。如初三(2)班的王×对科学非常感兴趣,经常动手做一些有意义的科学实验,当然科学成绩也很棒,但是在初一时他对科学并不喜欢,成绩也马马虎虎。科学李老师想了很多办法帮助他,但收效不大。后来李老师看到他的自画像里有一句：动手能力较强。于是李老师就推荐他去了学校的海空车三模社团。王×来到这儿，发挥了他的特长——动手能力，在动手组装各种模型、遥控飞行、遥控开赛车的过程中，他忽然发现科学很有趣、很神奇，一个遥控里蕴藏着许许多多的电学知识、无线电知识，并且可以自己动手去验证、去探究，上课时老师说的那些深奥枯燥的科学原理原来就是这么有趣、简单，于是对科学探究产生了浓厚的兴趣，科学课上变了一个人，并且经常想办法把科学原理用实验演示出来给同学们看，得到了同学们的一致点赞，都说他是"科学小达人"。在初二时，他参加了杭州市中小学生科技节静态模型比赛获一等奖、市无线电测向装机比赛一等奖。更难能可贵的是，他现在科学素养越来越高了，并且有志于向这方面发展。诸如此类的学生不胜枚举，通过大数据收集信息，比较全面、真实、科学，班主任、任课教师都可以在平台上随时看到并进行分析，"三个臭皮匠顶个诸葛亮"，提高了老师们的工作效率，能及时给孩子们提供适合的平台，无形中发掘了其潜能，绽放出了其独特的光芒。

3.开展生涯规划

美国学者舒伯把一个人的生涯发展从出生到死亡分为五个阶段，分别是成长阶段、探索阶段、确立阶段、维持阶段和衰退阶段。成长阶段是指从出生到14岁，也就是到了初中二年级。成长阶段是一个人生涯的准备阶段，也是最重要的阶段。这个阶段的主要任务就是身心得到健康成长，建立自我概念，形成良好的学习习惯和行为习惯，形成健全的人格。同时这个阶段也是一个人天赋展现和兴趣发展的重要阶段，尤其是艺术和运动天赋都是在这个阶段展现出来的。探索阶段是指从15岁到24岁，大概是从初三到刚参加工作。这个阶段的主要任务就是选择适合自己的职业，并为职业的发展打下良好的基础，快速提升自己的能力。我们把这个理论作为我校德育工作的指导思想之一，开展了系统的德育课程，有意识地引导学生形成良好的学习习惯和行为习惯，同时开设多种个性化课程、实践类课程，培养学生的兴趣，发挥他们的天赋，发掘他们的潜能，为初三中考进行志愿的选择提供参考依据。

二、形成了育人工作新样式

初中综合素质分析系统，借助"四平台、五自、六小"，客观真实地记录，是学生的电子化的成长档案，是学生的可视化的前进脚印，是学生的主体化的自主轨迹。在这个过程中非常注重充分发挥学生的主体性作用，"四步"诊断，从数据统计、数据分析、处方呈现、活动推送，学生都可以自主查看、选择、践行；"五自"成长，提供让学生进行自我反省、自我发现、自我接受、自我修正、自我评价的平台；"六小"发展，向学生推送"六小"育人活动的菜单，他们可以选择适合自己的活动，学生学习动机中的主体意识被一点一点地唤醒，主体能动性、主动性和创造性得到充分发挥，不断提高道德认知、培养道德情感和意志、发展道德行为，学生的品德在这一过程中得到更好的发展，同时在德育评价中，学生的主体价值得到充分尊重，潜能也得到充分开发，个性得到和谐发展。良好的综合素质形成对学生的成才有着至关重要的作用，它会让学生拥有成长的内在动力，它会使学生具有强烈的社会责任感，更有担当，从而以更阳光的姿态融入团队和社会，培养团队合作精神。

三、实现了综合素质管理数字化

综合素质分析系统是学校育人管理者的工具，以数据管理推动科学决策。利用微信小程序端实时记录大数据，PC端实时输出综合素质分析数据，实现了学生综合素质评价录入、分析、输出、查询等的网络化，顺应了科技化的时代潮流，减轻教师记录、反馈烦琐、冗杂的工作，让教师的综合素质评价记录反馈方式轻松、信息及时，综合素质数据记录实现准确、时效，实现综合素质工作及时性、德育管理科学化。大数据综合分析反馈，将传统的综合素质管理模式进行转化，走数据化路线，通过系统软件分析能够将综合素质数据科学合理地量化，全面、精准地反映学生综合发展情况，形成学生综合素质成长处方报告，发现学生的优势与不足，对学生的综合素质发展进行干预，帮助其发挥优势，补足劣势，成就七彩人生。

具有科学性、时代性、公平性的综合素质评价体系，不仅能够激励学生更好地参与活动，激发学生的热情和上进心，同时也可以激发教师的积极性,改善当前评价体系操作性不强所带来的问题。学生处主任马老师说："德育评价因此实现了常态化。对学生的评定科学、客观,大大提升了管理学生的有效性。老师的观念转变了,从重期末结果性评价转换为重平时记录、重过程性评价。从粗放型教育转变为精细化教育,老师在教育同学的时候有话说了,能走进同学的内心了;家访的时候能因人而异讲出同学的特征了,家校互动畅通了。家长满意度提高了,家长能及时地了解到孩子在校情况和老师的评价,和孩子有话说了,亲子关系得到明显改善。"

育人活动的针对性增强,利用大数据对学生综合素质进行分析,帮助学生选择适合自己的育人活动进行实践,能够通过德育活动针对性地帮助学生不断完善自己。通过系统数据的存储功能,能够将各时期的数据进行对比,反馈育人工作的成效,突破传统以经验为主导的育人工作模式的局限性,育人的设计、组织、实施、评价都基于真实性的数据,将育人过程在数据的支撑下进行,促使学生的知、情、意、行互动发展,从而推动青少年学生综合素质的发展,进而能够帮助提升学校的育人管理水平,实现学生育人工作数字化校园建设。

四、提升了育人发展影响力

通过大数据的收集,系统分析,我们深入探索,打造大关育人特色品牌,逐步提升了育人管理的影响力。"培养有担当的运河小公民"是经过我校多年的育人实践逐渐形成的育人品牌,围绕着"有担当"这个育人目标,以学校、班级、家庭、学校、社会为纬度,外化为五大表现:自律、自主、自理、自觉、自效(见图9-1)。利用10个活动载体分别体验和

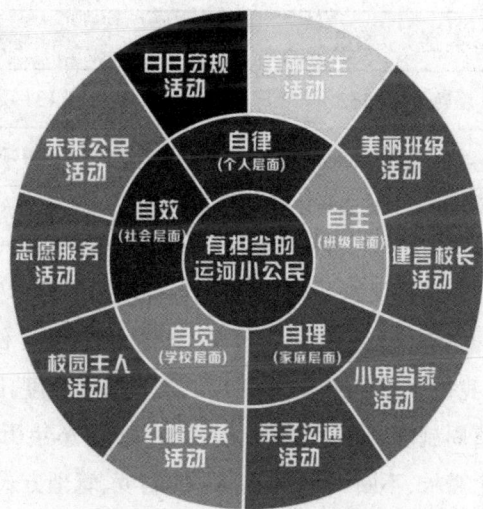

图9-1 "有担当的运河小公民"实施体系

实践,培养强化大关学子担当的素养和能力,成就学生的五彩人生。2017年《敦本务实 培养"三自"少年——大关中学"三自"育人特色》被评为区中小学十大优秀德育项目,2018年《"敦本法治"教育 让法治成为我们的信仰》被评为区中小学十大优秀德育项目,2019年"培养'有担当的运河小公民'"被评为区中小学十大德育品牌。

围绕大数据的支撑,我们不断完善"有担当的运河小公民"育人品牌的实施途径,目前,利用数据分析,精准掌握学生德育发展动态,依据实践数据,我校德育品牌主要从个人层面、班级层面、学校层面、家庭层面、社会层面开展活动。

个人层面上,我们认为就是要自律,做到"守规常坚持,努力正能量"。目前我们开展的德育活动有"日日守规"活动、"美丽学生"活动等。

班级层面上,班级是教育学生的重要阵地,我们要求在班级管理中做到自主,做到"活动我自主,创优敢建言"。通过"美丽班级"活动、"建言校长"活动等激发学生的主人翁意识和积极性,更好地凝聚了学生的智慧和担当。例如"建言校长"活动,据统计,就2019年一年,学生通过"我向校长说句话"反映的问题、建议情况如下表。问题解决了,建议采纳了,开拓了培养学生担当能力的渠道。

类别	数量	落实情况
后勤类	152	总务处第一时间落实131项;无法解决向学生做解释21项
教学类	135	教导处第一时间落实109项;无法解决向学生做解释26项
德育类	146	学生处第一时间落实126项;无法解决向学生做解释20项

学校层面上,我们通过各种活动培养学生自觉参与学校管理、自觉发展的素养,做到"参与有传承,自觉育素养"。例如我校特色"红帽传承"活动。"我是学校小红帽"是学校的学生值周制度,因头戴小红帽而得名,这项学生值周制度,我校实施于1993年,已有26年历史了,我们依据大数据,掌握学生需求,不断调整"小红帽"的制度、管理方式,致力于让学生参与学校管理,强化学生他律向自律转化,提升德育教育实效,经验在"三省六市"德育研讨

会上介绍,多家媒体报道。除此以外,我们还有"校园主人"活动,利用学生主体,积极服务社会,我校的学生会被评为"杭州市学生会工作先进集体"。

家庭层面上,家庭教育是育人的重要组成部分,我们认为,学生在家里要有自理能力,做到"尊长化于形,沟通无极限"。学校开展"小鬼当家"活动、"亲子沟通"活动等,将传承优秀传统文化与社会主义核心价值观教育融合,内化了道德精神文明教育。

社会层面上,我们提出学生应当学会自效,愿为别人贡献自己的力量,做到"爱心广传播,交往增视野"。我们开展了"志愿服务"活动。不管是G20峰会时期,还是学雷锋、公民爱心日活动,大关中学的志愿者们总是身先士卒,贡献自己的绵薄之力。我校的学生志愿者们开展了"学习雷锋春风送暖,守护运河五水共治"主题活动。2019年暑假,我校学生更是以拱墅小主人的身份与来凤的孩子们进行了为期一周的"手拉手"爱心结对活动。同时,还有"未来公民"活动。每年,我们都定期开展与德国的交流,与美国印第安纳州教育厅开展STEM课程平移活动。营造国际教育校园文化,构建国际理解教育课程,使大关学生具有国际视野,遵守国际规则,学校被评为浙江省"千校结对"优秀学校。

第二节　打造教学助力新品牌

一、培养了学生的自主学习能力

通过本系统的应用,学生真正参与到学校的教学活动中来。由于系统的设计,学生对学习状况的了解既直观又客观,不管原来学习基础如何,都能一目了然地从系统中获悉自己学习的具体状况,并能在系统平台中便捷地找到相应的治疗改进措施,学生成了学习的主人,成了自己学习状况的主宰者。

1.形成了良好的学习状态

学生成长助力系统学业诊断平台方便学生自主分析,自主诊断和改进,学生自主学习有了便捷的方法和途径,网络条件下,这种途径让师生更加方便快捷。对一些爱好广泛、精力充沛的学生而言,他们不必担心因为其他的兴趣爱好落下功课,业余时间的自主学习能将因比赛、训练而耽误的学习内容补上。学校有一位校篮球队的主力队员,更是国家级运动员,在繁重的训练任务下,学习成绩还能保持年级前十的高水平,是名副其实的双料"学霸"。每天下午4点,他都要赶赴体校进行训练,晚上10点,顶着月色回到家,中考被学军中学录取。这位同学感谢母校给了他拼搏的平台,培养了他良好的学习习惯,给了他更多自主学习的空间,才能学习、训练两不误。

校本STEM课程项目让学生带着真实问题探究知识,充满了探究的欲望;学生在通过自己的猜想假设、动手尝试、不断验证自己假设的过程中,从不成功到接近成功再到成功,获得真探究、真学习的体验,实现教学有效性和生本性的统一,让学习的过程变成学生体验成功的过程。学生在STEM课程学习中体验成功的同时增强了自信心。

××同学在机器人课程初期的编程调试时能力并不突出,周老师在一次课后反馈中观察到他对机器人的钻研和热情并不比其他入选的同学少,于是破格让他参加进阶的机器人竞赛辅导。在浓厚的兴趣驱动下,他像海绵一样吸收着新知识。在深入学习后,由于动手能力较强成为"抢手货",被其他同学争抢其加入组内,在之后的训练中也逐渐发挥出自己的潜力。后来他成为学校机器人竞赛队伍中坚力量的一员,在第十四届浙江省青少年电脑机器人竞赛"九宫智能(IER)邀请赛"中获得第一名,2016年浙江省机器人竞赛的九宫工程挑战赛上获得了二等奖。

学生在STEM空间里快速成长,如魏同学在模型课程初期,对模型的飞行原理十分好奇,在老师的指导下,他自学了初中阶段的力学相关知识;课程进行到中期时,该同学已能够在较短时间内完成一架电动线操纵飞机的安装。在模型课程的展示活动中,魏同学的表现获得学校师生的一致好评,还在杭州市科技节线操纵模型比赛中荣获三等奖。同时学校积极组织同学们参加各级各类比赛展示自我,并取得一个又一个硕果,如市中小学生科技节静态模型一等奖,无线电测向装机比赛一等奖,车辆模型房车竞赛三等奖,电动线操纵飞机技巧比赛三等奖,mono-mini电动遥控船竞速比赛三等奖,区遥控赛车总分第一,海模遥控船总分第一,团体总分第一等荣誉。同学们在STEM创新实验室里展现着自己的潜能和个性,不断向更新领域探索。

2.提升了学生的自主管理意识

学生通过对学习的管理,体验到学习生活中的主人翁地位,也尝试着将学校的事、班级的事当成自己的事去参与,展现自己的潜能,体现自己的价值。学校普遍实现了班级的自主管理,每一次的班会活动,由同学们自己根据主题,轮流设计活动环节,每一个人都积极参与……通过师生共同参与、学生自我管理的班级活动新模式,开展各种丰富多彩的班级文化活动,为学生搭建丰富的、个性化的活动平台,让学生在活动中接受教育,在活动中提升组织能力、管理能力,在活动中塑造班级文化,营造出一个个富有个性的班集体。

3.提升了学生的实践创新能力

13—14岁年龄的学生具有好动的特点,他们希望通过动手来表达自己的抽象思维,校本STEM课程满足了这个年龄段孩子们的需求。在创建杯子的3D模型课程的杯体制作探究中,鉴于学生年龄特征,课程中创设了"海绵宝宝杯、球球杯"等情境,以新鲜激发兴趣,在制作杯环的环节不直接教学圆环工具,而是让学生自主选择尝试。提供一种新鲜的学习模式,来刺激学生学习的动力;以情感激发兴趣,"感人心者,莫先乎情"。告诉每个学生这个杯子是大家第一个3D成品,将会打印出来在5月13日母亲节送给我们的母亲,让学生把自己的情感投入作品中去,培养学生的感恩情怀。如××同学的感言:STEM课程的学习,让我学会了独立思考,比如说车上的某一个部件坏了我会先自己思考去修。我们会有一些小组性的学习,我会提出我的问题一起沟通解决,实在不行再求助老师。再如××同学的收获:我一直对机器人和编程非常感兴趣,只要能合理安排好时间,兴趣是不会耽误我文化课的学习的。学了STEM课程让我的思维更敏捷、设计更有创意,上学期期末我还是全年级第一呢!

二、提升了教师的教学研究能力

1.树立了先进的教学观

教师们将"以学定教,先学后教,化教为学,研学促教"教学理念落实到课堂教学中。学校以省级课题"学导学:基于学案的初中数学教学设计与实施研究"为引领,将导学案以微课的形式进行课前导学,再根据学生的学习情况和所提问题开展有效教学。语文课的阅读教学注重让学生汲取"文学养分",边读边写,培养了阅读思考能力。英语教学突出学生的词汇积累,教研组有一整套词汇积累的应用策略,使学生在语言应用上优势突出。科学课的实验探究,使学生成为课堂的主角。

2.提高了课堂教学能力

教师们更新了教学理念,教学观由学科本位到学生立场、由知识取向到素养取向、由应对考试到应对时代的转变,并指引着教师进行跨界研究,将教学理念落实到课堂教学中。同时转变教师的教学模式,在教学中引入项目教学策略。如在初中科学实验项目教学中,从学生实际情况出发,将数字化实验与传统实验有机结合,让学生在做中学,不仅提高科学教学效率,还可以转变学习方式与教学模式。通过数字化信息系统不仅可以将一些如细胞等微小结构非常清晰地呈现给学生,也可以展示学生的实验情况,分析学生生成的错误实验操作,展示正确的实验结果,还可以随机地处理和存储各种数字化的教学材料等,从而实现了与计算机的交互控制(见图9-2)。

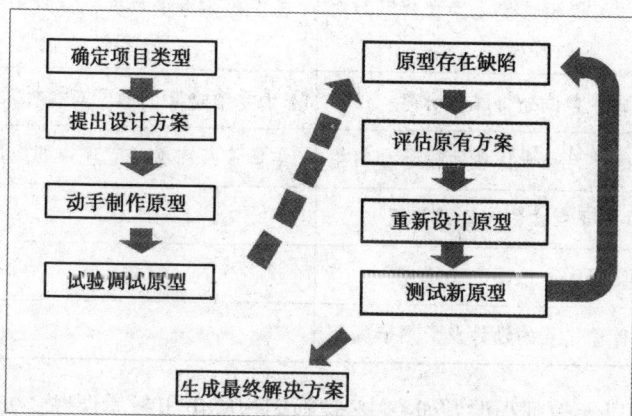

图9-2　项目教学策略

　　近两年来,各科教师借助各种平台,课例研究、开发微课和教学视频,教学能力得到快速提升。由于心中有了对学情的充分把握,有对教学问题的跟进的丰富资源,教师教学设计中经常能闪现亮点和创新之处,在同课异构活动中如鱼得水。近年来,学校与城乡共同体学校、杭师大省培学员班、区域发展群学校间进行各学科、各主题的同课异构活动,也是教师对系统实践的展示。教师们以学情诊断为基础,针对学科中难度较大、问题较多的课例,邀请教学专家和群内骨干教师点评指导,开展常态课研究;还开展结合作业、习题情况的微课研究。在市、区教研室对我校的调研中,共有50多节公开课供专家调研。在本区赛课活动中,广大教师积极参加,在多项业务评比中拔得头筹。

3.提升了教学研究水平

两年来,教师开展的教学小课题研究有20多项,研究方向和研究成果表明教学诊断研究有力地推动了教师的成长。

教师关于作业的研究课题和论文	关于学业分析研究的教师小课题
初中数学考试数据分析的利用研究	初中数学考试数据分析课例研究
基于初中科学习题精选优化课堂效率的实践研究	初中数学考试数据分析的实践利用研究
初中数学考试分析课例研究	基于学情诊断的教学有效性策略研究
初三思想品德学科课堂作业的设计和实施	学情诊断在教学管理中的应用研究
初中语文开放式作业设计初探	
初中英语作业批改方式研究	
初中英语听说作业的设计及应用研究	

在区级以上教师小课题研究中,教师们积极申报教学课题。2018年以来,在区级以上小课题申报中,立项的课题有近50项。教师们课题研究的方向越来越务实,越来越指向学生的需要。

三、初步打造了初中教学诊断新品牌

1.完善了学业分析平台

学校与城乡共同体学校、区内兄弟学校局部共享了平台软件的教学质量监控和诊断功能。兄弟学校开展联考后协同教学诊断。通过数据分析,能清晰地看到学校各自的教学优势和特色。今后,学校将"互联网+背景下的教学质量监控"作为年度重点项目,推进研究,帮助结对学校建立起自己的监控和诊断系统。

协同诊断，共求高效管理

——记××中学校长×××赴××中学进行期中教学质量分析

在区教育局"教育均衡发展"的指导下，我校和××中学组建成了"××教育发展群"，自组建以来，两校在办学思想、教学研究、文化共建、校本研修等领域全面开展合作交流活动，全面探索促进教育均衡的各项策略。

12月5日，××中学的报告厅内济济一堂，老师们或聚精会神地聆听着，或奋笔疾书地记录着，或豁然开朗地点头，或神情凝重地沉思……××中学的期中质量分析会正紧张地进行着，校长×××运用她丰富的管理和教育教学经验，利用学业分析系统，科学、到位、仔细地分析着，透过翔实的数据得出教学中的得与失，具体到每一门学科、每一个班级、每一位学生的状况。让每一位老师明白自己在前一阶段教学中的收获与问题，每一位学生学习中的成功与不足，为下一阶段的工作指明了方向与目标，向优质教育又迈进了一步。

这是两校的第三次协同教学诊断。通过两校联考，将两校考生的信息输入阅卷系统，学业分析平台便自动进行各种数据处理。通过数据分析，能清晰地看到学校各自的教学优势和特色。今后，学校将"基于科学诊断的高效教学管理研究"作为年度重点项目推进研究，帮助结对学校建立起自己的诊断系统。取长补短，群策群力，协作共享，是实现教学均衡的必然途径。

2.丰富了教学资源

构建学校教学资源体系，使教学资源的建设更加完整、系统，推进移动教学资源平台更加充实、实用，从而切实通过教学资源体系的建设和云教学平台的使用来助力学生个性化的学习、成长与发展。我们可以看到，无论是线上还是线下，课内或者课外，"智通云"移动教学平台中的教学资源正在全方位助力学生个性化成长。

【案例1】 学练测评一体,助力学校"停课不停学"

新冠肺炎疫情带来了生活方式转变的同时也引发了教育教学的变革。疫情期间,学校采用云移动教学资源平台开展远程教学、在线联考,成功实现了每位学生的一节课不落后的"宅家"学习。学生们从假期的松懈状态迅速回归到日常学习的正轨,用学、练、测、评融合一体的优质教育为学校教学和学生学习提供坚实的保障,有效提升学校的教育水平和学生的自主学习能力。

【案例2】 资源同步共享,助力课堂"决胜千里"

期末考试临近,小明同学不小心感冒,需要在家休养。期末冲刺,现在停课,课业怎么办?经过老师的指点,小明打开了平板电脑上的云移动教学资源平台,在家就能同步获取老师的教学课件、案例讲解以及习题任务等教学资源,远程跟进教师课堂,轻松实现在家与小伙伴们"一起"上课。

【案例3】 高效作业批改,助力教师"事半功倍"

小王老师是一位英语老师,每天面对堆积如山的作业不禁望洋兴叹,云移动教学资源平台的出现让小王老师大呼高效,运用电子化的习题教学资源,听力、阅读、完形一秒完工,还附带上交统计、选项分析,足足节约了几节课的批改时间,终于有"人"可以为小王老师批改作业"代劳"了,ABCD也终于不再是"乱花渐欲迷人眼"了。

【案例4】 智能错题分析,助力学生"知彼知己"

小李同学成绩中等偏上,学习认真刻苦,这不,他又在逐个学科整理错题集了,经过剪剪、贴贴、拼拼、写写等复杂操作,错题集成功出炉了。然而下次的单元检测中,同类型知识点的题目怎么又错了? 通过使用云教学资源平台中的错题库,系统根据知识点标签自动为小李同学总结薄弱知识点、推送同源错题,小李同学充分了解自身知识掌握情况的同时感慨道:被这种量身定制、个性推荐的资源平台"关心"的感觉真好。

通过构建教学资源体系和实践教学资源平台使教学与信息技术深度融合,让教学资源管理更加科学、系统、高效,从真正意义上实现减负增效,提升学校的信息化教学水平。帮助学生提升学习兴趣,提升学习效能,由被动学习转为主动学习。大数据的统计功能,使学生的巩固学习更加精准有效,有效助力学生成长。帮助教师快速、精准、高效地掌握学情,提高教学效率。通过大数据分析,更精准地了解学生的学习情况,给予针对化的指导。

第三节　走出学校发展新态势

一、走出了初中学校"适负优质"的新路子

1.有效诊断让作业更"精"

本研究融合现代教育技术建成学业分析平台,作业与知识点关联,减少了不必要的重复操练。据调查,通过系统的实施应用,初二90%的学生课后完成老师布置作业的时间能控制在2小时以内;"一本作业"要求的落实有了现实的渠道,将提高和拓展的部分任务交由系统完成;系统试题的智能推送、拓展变式让学生在作业中提高了分析能力、应用能力。

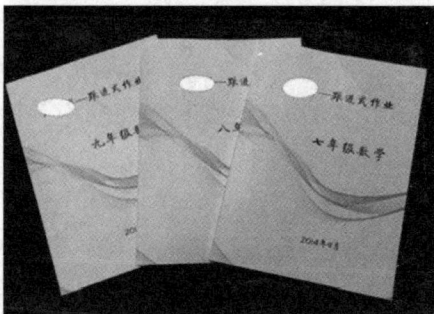

2.有效诊断让教学更有针对性

教师们以学情诊断为依据,针对学科中的疑难教学,开展研究。"大气压强"一课中,马老师以新颖的"瓶吞蛋"小实验引入新课,既吸引学生眼球又留下问题充分激发学生探究新知识的热情。围绕该实验再运用生活中常见的材料设计了大量其他小实验,把各部分的知识紧紧联系在一起。在突出重点的同时,既注重前后知识间的有机渗透,体现了知识的系统性、综合性,也培养了学生动手能力,实现了较好的教学效果。

教师们展示的公开课多以一个经典的错题,一个重要的主题来设计课

例,以短小精悍的形式,解决实际问题。针对性教学让课堂更高效,让教学更务实。

3.有效诊断让办学质量更显著

近几年,学校中考成绩继续位于本市前例,区内前茅;2020年中考成绩再创新高,成为老百姓家门口的优质初中。在学业负担减轻后,学校共开设了40个可供学生选择的社团课程,学生的个性特长得到充分的释放。"适负优质"新路径的探索成果,使学校能更自信地开展改革创新,在新一轮课程改革大潮中,学校大胆调整传统的课程布局,依据学情开展课程拓展研究,成为本市课程改革试点学校。

4.课程开发相继推进

近三年来,通过STEM课程项目式教学,同时也培养了一批富有跨界创新思维的教师。学校通过主题性活动、项目式活动等方式,改变了教师已有的教学方式、教学观念,教师在课程开发能力、实践能力、评价能力等方面都有了一定水平的提高,提升了教师各方面的素养,尤其是课程开发能力的提升。一批批精品课程涌现出来,有省精品课程"乡情古塔",市精品课程"智能机器人",区精品课程"模型课程""3D打印创意课程""让地球更美好",校精品课程"创新数字化实验""未来城市""好好搭搭创意课程"等(见图9-3)。

图9-3 校本STEM精品课程

5.培养了一批现代的"教有所长"型教师

基于大数据的学生成长助力系统的运行,学校同时培养了一批能够有效适度地应用教学技术的"教有所长"型的现代教师。如果说成为特级教师、省市名师是所有骨干教师的追求的话,那么成为"教有所长"型教师则成了所有老师的追求。三年来,我校有56位教师在不同的市、区活动中上了公开课,展现出我校教师的风采;30多位教师参加了各种场合的论坛、发言活动,阐述自己的教育理念和教学经验;有近百篇教师论文、课题在市、区获奖。更为重要的是,大部分老师都感受到了教育教学工作给自己带来了快乐,因为"教有所长"的"长"是基于自己本身的个性特点或是兴趣爱好的,不是学校强加给老师,也绝对会是独一无二的。"教有所长"型教师的发展最终受益的还是学生。我们秉承"促进师生健康发展"的办学目标,积极营造健康优美的育人环境,努力加强人文思想的培育,我们的教师运用"教有所长"设计了"塑造健康学子"的系列活动,促进师生身心健康发展。丰富的校园生活让"教有所长"型教师展示了自己,孩子们发展了自己的兴趣,提升了自己的能力,用自己的方式过着健康的生活。

二、打造了初中 STEM 教育新品牌

学校成为"中国 STEM 教育 2029 行动计划"首批领航学校、浙江省 STEM 种子学校、全国 STEM 示范学校、杭州市"育人模式创新"专项研究基地等。同时学校加入中国 STEM 教育协作联盟,被确定为浙江省评价典型培育学校,STEM 创新实验室被评为浙江省优秀创新实验室。2018 年 4 月,学校迎来了浙江省首届中小学 STEM 教育大会;8 月又迎来了第二届中旭科创教育节,共同探索适应新时代的 STEM 教育之路。2017 年和 2018 年暑假,学校分别迎来了浙江省教育厅与美国印第安纳州合作的中小学平移课堂教学项目。请进"原装"美国 STEM 课程,带来了接受国际化教育、体验前沿 STEM 课程的重大福利,助力校本 STEM 课程的国际化。

学校的 STEM 教育赢得了众多的关注和肯定,如中国教育报社、杭州日报社、浙江教育科技频道、都市快报社分别报道了学校坚持多年的新课改实

践之路与校本STEM特色课程。

STEM创客中心,有十多间国际水准的创新实验室,中心上下三层有十几间创新实验室,包括现代科技风格建设的虚拟现实实验室、未来城市实验室、智能机器人实验室、创新数字化实验室、空模实验室、海模实验室、车模实验室、3D打印创意实验室、好好搭搭实验室等,每间都具有国际水准。有几名初二同学正在虚拟现实实验室做心脏解剖活动,男生小张说:"太酷了! 这些实验在现实中不能亲身体验,现在通过VR眼镜,我们可以完全沉浸在全方位的虚拟世界里,对心脏进行观察和操作。"……

——《都市快报》相关报道摘选

学校积极打造具有生命力的校本STEM课程,从课程到课程谱系进行了开发探索,如以"乡情古塔"课程为生长点,探索融数学、科学、技术、工程、历史、文学等学科为一体的塔鉴赏、塔结构、塔文化、塔创新、塔材料、塔设计等课程谱系。通过STEM课程的项目式学习,让学生深入学习,通过调整分层分类走班教学模式,让学生能够有项目的选择权和深入学习的机会;通过STEM学习培养学生兴趣、爱好,拓展学生思维的深度与广度,提高学生解决问题的能力,帮助学生了解自己学习与职业的方向,同时唤醒学生设计意识,激发学生们无限的创新力量,不断推动学校的教育领域创新实践,努力提升教师和学生的实践创新能力。

三、创新了初中学生成长教育的新思路

依托大数据技术思维实现育人理念的思维创新。以初中生成长助力系统的过程性大数据为资源探索初中生成长规律与指导策略,从而形成基于学生多元发展的课程化的保障机制,健全初中生的管理与指导机制。建立了新的教学诊断机制,对教和学的情况不断调控、不断改进;对学生的综合培养进行规划并精准实施。提高教学的适切性,提高教师的自主反思能力,并将现代教育技术网络与教学融合,将教学改革的理念落到实处。学校已

构建的学业诊断系统在学校组织机构和评价体系的保障下，通过系统三大系统、八大助力载体实施多样分析、科学诊断、动态规划和精准施教策略，提高教师的教学能力和学生的自主学习能力；实现现代教育技术与学校新型教学模式的融合，培养师生现代教育技术素养和教学创新能力，实现教学轻负高质的目标追求。

第四节　思考与展望

基于大数据的初中生成长助力系统对学生进行客观综合性评价，为学生的成长提供反馈与指导。通过成长助力系统的评价体系，我们实时、动态、长效地掌握学生的各方面的发展情况，个性化的评价，帮助每个孩子德育行为与学习行为的改进。

基于大数据的支撑，我们以培养"勤于学习、乐于合作、勇于担当、敢于超越"的现代学子为目标，努力探寻符合时代要求，适合学生身心发展的德育活动，从个人、班级、学校、家庭、社会五个实施层面入手，进一步完善"日日守规""美丽学生""美丽班级""建言校长""小鬼当家""亲子沟通""红帽传承""校园主人""志愿服务""未来公民"十大主题活动，丰富课程活动内容，将德育活动课程化，不断改革创新，以促进学生美好成长。

同时不断改进基于学生实际的教学行为，促进了教学方式的良性转变。对学生而言，通过对助力系统里信息的处理和分析，与同学、老师的互动，达到用最少的时间、最轻的负担、最大的热情掌握更多的知识、学会更多具有实践意义的方法技能的目标，并对学习产生内驱力，形成进一步发展和创新的强烈欲望。学生的自主学习能力的提高又进一步推动了教师教学方式的优化。

研究成果具有一定的影响力。"基于网络的教学诊断系统"相关的软件平台和教学管理模式是区域教育教学信息化的重点建设项目；在面向全市的教育信息化成果展中，学校的"教学诊断"系统构建赢得了众多的关注和肯定。

"学业把脉"助力因材施教

　　学校通过自主开发,初步建成了一套比较完整的教学质量监控体系……依据数据分析,评价系统自动生成一张张数据表、曲线图、柱状图、饼图,学生的学业情况一目了然,这是教师实施诊断性教学的客观依据。如系统会对全班考试成绩做一个增量统计,如果显示负增长,教师会进一步分析原因,了解学生在学习中的困难和教学中的疏漏;通过和其他班级的横向对比,教师可明确自身教学中的短板,看到其他教师在教学中的亮点和经验。基于数据中的学情信息,各教研组开展课列研究,实践因材施教,避免重复操练,实现课堂教学的"轻负高质"。

——《中国教育报》相关报道摘选

　　中国教育报刊社、教育家杂志社、教学与管理杂志社、浙江教育报社对学校的教学诊断系统都做了重点介绍。中央广播电视总台、新华社、人民网、浙江电视台、杭州网、新浪网、杭州日报社、都市快报社、德育报社、语言文字报社对我校学校办学特色进行关注并报道,引起了极大的反响。

　　目前我们的成长助力系统仅仅支持信息的主动查看,如果一些父母因工作较忙忽略了查看,那么将无法第一时间得知学生情况,后期我们考虑完善操作功能,增加推送提醒功能,将信息网络化,通过小程序定期把学生的发展信息推送给学生、家长、任课教师等。学生教育工作无小事,我们一直在探索的路上。

参 考 文 献

[1] 盘俊春,唐浩.基于大数据与云计算技术的德育管理平台实践应用[J].中国信息技术教育,2019(8).

[2] 陆志良.学生德育管理智能分析系统研究[D].广州:广东技术师范学院,2015.

[3] 吴泽铭.基于移动互联的学生德育管理软件开发与应用[J].教育信息技术,2017(11).

[4] 霍颖瑜.基于WEB的学生德育评价系统的设计和实现[J].福建电脑,2017(2):129.

[5] 王天蔚.小学德育评价体系研究[D].昆明:云南师范大学,2017.

[6] 叶文韬.初中德育活动课程化研究[D].武汉:华中科技大学,2018.

[7] 马雁琳.中小学生道德品质评价指标体系的构建及运用研究[D].昆明:云南师范大学,2005.

[8] 王林生.云平台个性化教学资源供给模式[J].西部素质教育,2019(17):111-112.

[9] 陈显,陈兵.基于云计算的教学资源平台进行资源共享[J].电脑迷,2017(17):205.

[10] 莫恭钿.特色专业教学资源平台的功能模块分析与研究[J].企业科技与发展,2018(11):100-101.

[11] 潘军,王彦辉.基于云计算的教学资源平台构建研究[J].电子世界,2014(12):476.

[12] 刘爱萍.基于云计算的高校教学资源平台研究与设计[J].山西能

源学院学报,2019(1):44-46.

[13] 唐美莲.研究型课堂教学诊断策略的研究[J].基础与教育研究,2013(7).

[14] 祝新宇.现代课堂教学诊断观探析[J].当代教育科学,2009(10).

[15] 祝新宇.中学多样化课堂教学诊断模式[J].网络出版(中国博士论文数据库),2007(03).

[16] 孙静.探索家校共建,实践同育新才[J].智库时代,2019(19).

[17] 焦婷婷."家校共建、家校合育"模式研究[J].甘肃教育,2018(19).

[18] 王大军.浅谈家校共建,凝聚教育合力[J].学周刊,2018(14).

[19] 孙家贵.民办学校处理家校矛盾的原则与方法[J].教育文化论坛,2017(03).

[20] 饶赛华.亲子共读活动的区域路径[J].人民教育,2017(10).

[21] 魏同玉,李祥文.家校共同体的内涵、特征及建设[J].教学与管理,2017(7).

[22] 钱虹雨.共同体视野下的班级家校合作实践探索[J].江苏教育,2018(9).

综合素质评价指标标系的具体内容

杭州市大夫中学综合素质评价体系赋分标准

评定指标	项目属性	关键表现	责任部门	分值段（分）	自动评语	赋分
（一）美德少年	基本项（8分）	行为举止（3分）	班主任	（2～3）	行为举止表现优秀	撒谎：每次扣0.2～0.5分 说脏话：每次扣0.2～0.5分 打架：每次扣0.2～0.5分 扣完为止
				（1～2）	行为举止表现良好	
				（0～1）	行为举止表现一般	
		纪律遵守情况（2分）	班主任、任课教师	（1～2）	遵守纪律表现优秀	课堂违规：每次扣0.2分 迟到：每次扣0.2分 早退：每次扣0.2分 旷课：每次扣0.5分 扣完为止
				（0～1）	遵守纪律表现良好	

让每一个生命都收获成功

基于大数据构建学生成长助力系统

评定指标	项目属性	关键表现	责任部门	分值段(分)	自动评语	赋分
(一)美德少年	基本项(8分)	集体荣誉感(3分)	学生处	(2~3)	集体荣誉感很强	破坏公物:每次扣0.3分 无故不参加集体活动(班级):每次扣0.3分 无故不参加集体活动(校级):每次扣0.3分 扣完为止
				(1~2)	集体荣誉感一般	
				(0~1)	集体荣誉感较差	
	加分项(2分)	好人好事(1分)	学生处			每做一次好事,加0.1~0.5分,满分1分,加完为止
		评奖评优(1分)	学生处			每被评为一次美德少年或者三好学生,加0.5分,满分1分,加完为止
	减分项(2分)	考试作弊情况(1分)	学生处			每作弊一次,扣0.2~0.5分,扣完为止
		重大违规事项(1分)	学生处			每发生一次重大违规,扣0.1~1分,不设扣分下限
(二)劳动小能手	基本项(8分)	值日卫生工作(4分)	班主任	(2~4)	值日工作完成优秀	每无故逃避值日工作扣0.2分,扣完为止
				(1~2)	值日工作完成较好	
				(0~1)	值日工作完成一般	

评定 指标	项目 属性	关键 表现	责任部门	分值段 （分）	自动评语	赋分
	基本项 （8分）	实验操作考查 （2分）	实验教师	2	成绩良好及以上	扣分：每次扣0.1~2分
				（1~2）	成绩合格	
				（0~1）	成绩不合格	
		信息技术考查 （2分）	信息技术 教师	2	成绩良好及以上	扣分：每次扣0.1~2分
				（1~2）	成绩合格	
				（0~1）	成绩不合格	
（二）劳动 小能手	加分项 （2分）	学校、社会公 益劳动（1分）	学生处			每参加一次公益劳动加0.2分
		STEM或社团 课程（1分）	社团任课 教师			课程成绩优秀加1分，良好加0.5分，一 般加0.2分
	减分项 （2分）	大扫除等大型 卫生工作 （1分）	班主任			无故不参加每次扣0.1~0.2分等
		不按要求操作 学校实验器材 或电脑（1分）	实验、信 息技术 教师			视情节严重，扣0.1~1分不等，扣完为止

让每一个生命都收获成功

基于大数据构建学生成长助力系统

评定指标	项目属性	关键表现	责任部门	分值段(分)	自动评语	赋分
(三)梦想小管家	基本项(8分)	上课表现(3分)	任课教师	3 (2~3) (0~2)	认真积极 偶尔走神，发言较积极 经常不认真听课	视情节扣分：每次扣0.1~1分不等
		保质保量完成每天各科回家作业(3分)	任课教师	(2~3) (1~2) (0~1)	作业完成优秀 作业完成良好 作业完成一般	每有一次无故未完成记录，扣0.1~0.2分不等
		第二课堂社会实践活动(2分)	班主任	(1.7~2) (1.1~1.7) (0~1.1)	积极参与 参与积极性有待改进 参与积极性低	缺席一次扣0.3分
	加分项(2分)	征文、小报、小发明、小制作(1分)	学生处、任课教师			获校级类奖励加0.2分一次，获区级类奖励加0.5分一次
		科技特长情况(1分)	学生处、任课教师			获校级荣誉加0.2分一次，获区级荣誉加0.5分一次
	减分项(2分)	经常严重不完成、抄袭作业情况(1分)	学生处			每抄袭一次视情节扣0.1~1分不等

评定指标	项目属性	关键表现	责任部门	分值段（分）	自动评语	赋分
（三）梦想小管家	减分项（2分）	经常不认真听课情况（1分）	学生处			严重扰乱课堂行为扣0.5～1分不等
		友好相处（3分）	学生处、班主任	3	与人友好相处	有与教师、同学产生纠纷，不能妥善处理的记录，每记录一次扣0.2分
				（2～3）	与人相处较好	
				（0～2）	不能和大家友好相处	
	基本项（7分）	合作意识（2分）	班主任、任课教师	2	具有合作意识	小组合作形式的活动，每无故不参与一次扣0.2分
				（1～2）	合作意识较好	
				（0～1）	没有合作意识	
		分享担当（2分）	班主任、学生处	（1.5～2）	善于分享担当	扣分：每次扣0.1～2分
				（1～1.5）	分享担当意识较好	
				（0～1）	分享担当意识一般	
（四）沟通小主人	加分项（3分）	红帽子工作表现（1分）	学生处			表现优秀一次加0.5分
		积极参与学校和班级管理工作（2分）	学生处、班主任			参与一次视情节加0.1～1分

续表

评定指标	项目属性	关键表现	责任部门	分值段(分)	自动评语	赋分
(四)沟通小主人	减分项(2分)	伤害、歧视行为(1分)	学生处			有故意伤害和歧视同学行为记录的,一次扣0.2分,扣完为止
		顶撞教师、家长行为(1分)	学生处			有无理顶撞教师或家长的记录,一次扣0.5分,扣完为止
	基本项(8分)	卫生习惯保护视力情况(3分)	班主任	3	卫生习惯好	有不讲卫生行为记录的,一次扣0.1~1分不等,扣完为止
				(2~3)	卫生习惯一般	
				(0~2)	卫生习惯较差	
		大课间体育锻炼、课外运动(2分)	班主任	2	积极参与	无故旷操一次视情扣0.1~1分不等
				(1~2)	偶尔不参与	
				(0~1)	经常不参与	
(五)运动小健将		省体育测试(3分)	体育教师	3	良好及以上	扣分:每次扣0.1~3分
				(2~3)	达标	
				(0~2)	不达标	
	加分项(2分)	期末体育成绩80分以上(1分)	体育教师			期末体育成绩80分以上加1分

评定指标	项目属性	关键表现	责任部门	分值段（分）	自动评语	赋分
（五）运动小健将	加分项（2分）	体育特长情况（1分）	体育教师			有校级荣誉加0.2分一次,有区级荣誉加0.5分一次
	减分项（2分）	体育中考未达到21分（1分）	体育教师			中考体育成绩未达到21分扣1分
		无故不参加体育锻炼情况（1分）	班主任、体育教师			情况严重者扣1分
		仪容仪表（4分）	学生处	（3～4）	整洁大方	存在仪容仪表违规记录的,一次扣0.3分,扣完为止
				（2～3）	仪容仪表欠佳	
				（0～2）	不太注意仪容仪表	
（六）艺术小达人	基本项（8分）	音乐课情况（2分）	音乐教师	2	良好及以上	扣分:每次扣0.1～2分
				（1～2）	合格	
				（0～1）	不合格	
		美术课情况（2分）	美术教师	2	良好及以上	扣分:每次扣0.1～2分
				（1～2）	合格	
				（0～1）	不合格	

续表

评定指标	项目属性	关键表现	责任部门	分值段（分）	自动评语	赋分
（六）艺术小达人	加分项（2分）	各类艺术活动参与情况（1分）	学生处、社团教师			每参加校级艺术类活动的加0.5分，区级加1分
		有艺术特长及其荣誉情况（1分）	班主任			获校级荣誉加0.5分，获区级荣誉加1分
	减分项（2分）	传播不良信息（1分）	学生处			有相关违规记录的，扣0.1～1分不等
		奇装异服、化妆（1分）	学生处			有相关违规记录的，扣0.1～1分不等

后 记

　　近十几年,杭州市大关中学秉承"让每一个生命都收获成功"的办学理念,始终聚焦学生成长。学校于2018年6月成功立项了杭州市第三届教育科研重大课题"智慧学习:基于大数据的初中生成长助力系统的构建与运作"。课题组认真梳理了近半个世纪的办学历程,总结了大关培养学生方面的经验。在教学方面,我们对课堂、作业、评价有独到的认识;在德育方面,我们在生命教育、心理健康教育、家庭教育有特有的做法;在特长培养方面,我们有完备的课程体系、一体化的培养模式和系统思考;在教师培养方面,我们有成熟的模式,可以为学生发展提供有力支撑。基于现状,我们提出基于大数据,通过"综合素质、学业水平、个性特长"三个维度助力,结合"诊断反馈、动态规划、精准实施、定期评估"四个阶段依次推进,借助"教师发展、家校合作和身心健康"三个支持系统来帮助大关学生成长,获得成功。

　　该重大课题的阶段性思考"基于大数据的初中生成长助力系统的构建与实施"成为浙江省2019年教育规划课题。随着研究的深入,我们对助力初中生成长有了理性思考、机制研究和具体策略,学生不断获得成长,教师也取得可喜发展。中央广播电视总台、新华社、人民网、浙江电视台、杭州电视台、杭州日报社等国内主流媒体对学校办学情况进行了专访,获得了积极的社会反响。

　　本书由章继钢校长编著,李雪玲老师统稿。各章作者分别为:第一章,章继钢、李雪玲、陈书悦;第二章,章继钢、李雪玲、施学纬;第三章,张永莲、聂宇一;第四章,来燕利,刘丹;第五章,李雪玲;第六章,于碧宁、王琪;第七章,章继钢、李雪玲、何苹;第八章,祁进国;第九章,章继钢、张永莲、李雪玲、

来燕利。在此真诚感谢为本书提供教育教学案例和原创材料的老师们。

在学生成长助力系统的研究过程中,我们很荣幸得到了许多领导和专家的鼎力支持和精心指导,主要有大关中学原校长颜晓雅,浙江外国语学院肖远军教授、李春玲教授,杭州市教育科学研究院院长俞晓东、副书记沈美华、副院长金卫国、郭晨虹博士,浙江大学刘徽副教授,浙江省教育科学研究院副院长王健敏,杭州师范大学王凯教授,拱墅区教育研究院院长沈旭东,浙江大学出版社武晓华编审和杭州学海教育科技有限公司相关负责人等。当代教育名家、上海市闸北八中原校长刘金海为本书作序。在此我们表示衷心的感谢和深深的敬意!

本书是对该重大课题的一个总结。基于大数据,学校不断探索"以综合素质为导向,以课堂教学为阵地,以学情诊断为渠道,以拓展课程为舞台,满足师生成长需求,促进师生多元发展"的育人模式,保护和培养每一位学生的兴趣爱好,开发和培育每一位学生的学习潜能与特长。

鉴于我们水平有限,故书中还有很多不足之处,在此也期待着广大读者向我们提出宝贵的意见和建议。

作 者
2020年7月

图书在版编目（ＣＩＰ）数据

让每一个生命都收获成功：基于大数据构建学生成
长助力系统 / 章继钢编著． -- 北京：现代出版社，
2020.9
ISBN 978-7-5143-8869-5

Ⅰ．①让… Ⅱ．①章… Ⅲ．①中学教育－教育研究
Ⅳ．①G632.0

中国版本图书馆CIP数据核字(2020)第184195号

作　　　者:章继钢
责任编辑:光丽娇
出版发行:现代出版社
通讯地址:北京市安定门外安华里504号
邮政编码:100011
电　　话:010-64267325　　64245264(传真)
网　　址:www.xdcbs.com
电子邮箱:xiandai@cnpitc.com.cn
印　　刷:杭州万星印务有限公司
开　　本:710mm×1000mm　　1/16
字　　数:270千字
印　　张:17.75
版　　次:2021年2月第1版　　2021年2月第1次印刷
书　　号:978-7-5143-8869-5
定　　价:58.00元

版权所有,翻印必究;未经许可,不得转载